미래의 핵심 기술

近未来のコア・テクノロジー
(Kinmirai no Core Technology：5687−3)
Copyright © 2018 Naoki Mitsumura
Original Japanese edition published by SHOEISHA Co.,Ltd.
Korean translation rights arranged with SHOEISHA Co.,Ltd.
in care of TUTTLE−MORI AGENCY,INC. through Imprima Korea Agency.
Korean translation copyright © 2019 by Information Publishing Group.

미래의 핵심 기술

초판 1쇄 인쇄 | 2019년 8월 10일
초판 1쇄 발행 | 2019년 8월 14일

지 은 이 | Mitsumura Naoki
옮 긴 이 | 이영란
발 행 인 | 이상만
발 행 처 | 정보문화사

책 임 편 집 | 최동진
편 집 진 행 | 노미라

주   소 | 서울시 종로구 대학로 12길 38 (정보빌딩)
전   화 | (02)3673−0037(편집부) / (02)3673−0114(代)
팩   스 | (02)3673−0260
등   록 | 1990년 2월 14일 제1−1013호
홈 페 이 지 | www.infopub.co.kr

I S B N | 978−89−5674−837−5

미래의 핵심 기술

신경망 | 데이터 마이닝 | 블록체인 | 로보틱스 | 양자 컴퓨터

Mitsumura Naoki 지음, 이영란 옮김

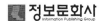
정보문화사
Information Publishing Group

들어가며

세상을 크게 바꿀 '한 기술'이 등장했습니다.

이런 뉴스를 보면 '그게 어떤 기술일까'하고 궁금할 것입니다. 그런데 여기서 '한 기술'에 해당하는 것은 하나만이 아닙니다. 특히 IT 기술 혁신의 발전은 정신을 차릴 수 없을 정도로 매년 새로운 기술이 등장하여 세간을 들썩이게 만듭니다.

인터넷이 등장한 이후 계속 증가해 온 빅 데이터의 활용이 화제가 되었는가 하면 빅 데이터 덕분에 성장한 AI(인공지능)가 바둑에서 사람을 이겼다고 떠들썩합니다. AI가 주목을 받게 되자 이번에는 벤처기업이 가상 통화로 자금을 조달했다고 하고, AI를 탑재한 자율주행차나 드론이 판매된다고 합니다. 또한 모든 IT의 기반이 되는 범용 컴퓨터에 세대교체가 일어날 것이라는 이야기도 무성합니다.

게다가 사회가 격변하는 싱귤래리티까지 화제에 올리고 있으니 이제 더 이상 IT 세계에서 무슨 일이 일어날지 상상도 못 하겠습니다. 하지만 무슨 일이 일어날지 손가락을 물고 기다리고만 있으면 변화를 깨달았을 때는 이미 시대에 뒤쳐져서 과거의 사람이 되고 맙니다. 그렇다고 해서 어지러울 정도로 바뀌는 기술을 하나하나씩 따라가자니 시간이 너무 부족합니다.

그렇다면 이런 최첨단 기술은 일부 천재나 희대의 노력가만 이해할 수 있는가 하면 꼭 그렇지도 않습니다. 왜냐하면 계속 등장하는 신기술을 모두 파악할 필요는 없기 때문입니다. 기술 혁신의 가장 중심에 있는 '기간 기술'을 확실하게 이해해 두면 새롭게 등장하는 기술을 미리 예측할 수 있기 때문에 설명을 조금만 들으면 어떤 기술인지 파악할 수 있게 될 것입니다.

AI의 경우 그 중심에 있는 것은 딥러닝이며, 딥러닝의 기반이 되는 것은 '신경망'입니다. 빅 데이터의 활용에는 '데이터 마이닝'이 필수이며, 이는 이미 모든 정보 활용의 기초가 되었습니다. 수많이 존재하는 가상 통화도 그 가치를 뒷받침하는 것은 '블록체인'이라는 하나의 장치입니다. 자율주행차나 드론도 '로보틱스'와 관련된 기초연구가 있어야 비로소 실용 레벨에 이를 수 있습니다. 그리고 기존의 범용 컴퓨터를 대체한다고 하는 수수께끼 투성이의 '양자 컴퓨터'는 양자역학과 함께 이해하면 수수께끼가 풀리고 그 정체를 파악할 수 있습니다.

이 책에서는 앞으로 변화의 중심이 될 5개의 기술에 초점을 맞춰 그것들이 어떤 기술이며, 사회와 어떻게 관련되어 있으며, 앞으로 무엇을 바꿔 갈지를 알기 쉽게 설명하고 있습니다.

미래 사회가 어떤 형태로 바뀔지는 아무도 예측할 수 없습니다. 왜냐하면 미래는 모든 요소가 복잡하게 얽혀 만들어지는 것이기 때문입니다. 하지만 이 책은 미래에 큰 영향을 줄 5개의 기술을 서로의 관계를 포함하여 설명하고 있습니다. 이 책에서 얻는 지식에 여러분이 갖고 있는 비즈니스와 관련된 전문지식을 더하면 자신의 주변의 조금 가까운 미래 정도는 예측할 수 있게 되리라 생각됩니다.

Mitsumura Naoki

CONTENTS

CONTENTS

CHAPTER 2 데이터 마이닝

CONTENTS

CHAPTER 3 **블록체인**

CONTENTS

CHAPTER 5 **양자 컴퓨터**

이 책에서 사용한 모든 도표는 다음 웹사이트에서 다운로드하여 무료로 이용할 수 있습니다. 기술 해설과 관련된 그림을 중심으로 선별하여 자료 작성 등에 활용하시기 바랍니다. 단, 데이터에 관한 권리는 저자 및 ㈜쇼에이샤가 소유하며, 허가 없이 배포하거나 웹 사이트에 게재할 수 없습니다.

정보문화사 홈페이지(http://www.infopub.co.kr) 자료실

PROLOGUE

비즈니스와 사회를 바꿀
5가지 핵심 기술

5가지 핵심 기술의 중요성

신경망 – AI 붐을 이끄는 중요 기술

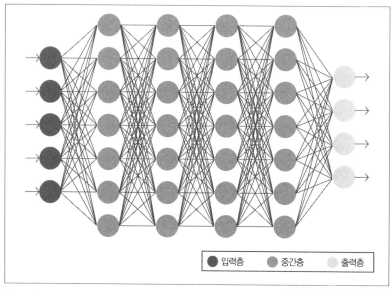

[그림 1] 신경망의 이미지

딥러닝을 나오게 한 신경망(그림 1)*은 근래 AI(인공지능)의 비약적인 발전을 뒷받침하는 중요한 알고리즘**입니다. 앞으로의 IT 발전을 예측하기 위해서는 신경망을 올바르게 이해하는 것이 절대적으로 필요합니다.

---

*   4계층 이상의 깊이를 가지고 있는 다층 신경망을 사용한 학습방법

**   문제를 해결하기 위한 절차나 해법

그런데 신경망을 '딥러닝의 기초가 되는 알고리즘'이라고만 설명해 버리면 신경망이 갖고 있는 가능성이 줄어들게 됩니다.

딥러닝이란 어디까지나 '신경망 학습 시스템'을 말합니다. 그렇기 때문에 딥러닝이 대단하니까 신경망이 중요하다고 생각하게 되면 신경망의 강점을 학습능력만으로 한정하는 것처럼 들립니다. 물론 딥러닝이 화제가 되는 이유 중 하나는 획기적인 학습 시스템을 사용하여 신경망이 갖고 있는 학습능력의 잠재력을 최대한 끌어낸 데 있기 때문에 그렇게 이해해도 틀린 것은 아닙니다.

하지만 신경망의 본질은 '생물의 신경망을 모방한 구조를 갖고 있다'는 데 있습니다. 뇌로 대표되는 생물의 신경망은 뛰어난 학습능력을 갖고 있으며, 그 장점은 '학습할 수 있다'는 데 그치지 않습니다. 복잡한 현상을 일반화하는 능력이나 적은 에너지로 계산 및 판단을 하는 능력도 뛰어나며, 신경망의 뛰어난 인식 및 지각능력도 이러한 특성에 의해 뒷받침되는 것입니다.

또한 신경망은 '에너지 절약능력'이 뛰어납니다. 그런데 기존의 컴퓨터로는 이 능력을 활용하기 힘듭니다. 계산을 수행하는 컴퓨터 자체도 신경망화해야 신경망의 진가를 발휘할 수 있습니다. 계산 회로 자체를 신경망화하는 '뉴로모픽 컴퓨팅***'의 존재에 대해서도 알아두어야 합니다.

그리고 물론 신경망 학습능력이 어째서 대단한지, 다른 알고리즘과는 어떻게 다른지에 대해서도 이해해 두어야 합니다. 본래 학습능력 자

*** 뇌 구조를 모방하여 물리적인 계산 장치를 만들려고 하는 분야. 일반적으로 말하는 '신경망'이 소프트웨어적으로 뇌를 참고하는 반면 뉴로모픽 컴퓨팅은 하드웨어적으로 뇌를 참고하고 있다.

체는 신경망에게만 있는 것이 아닙니다. 신경망 외에도 수많은 알고리즘이 존재하며, 각각 다른 특성의 학습능력을 갖고 있습니다. 그럼에도 불구하고 왜 신경망이 특출한 성과를 내고 있는지를 이해하지 않으면 신경망의 발전을 따라 갈 수 없습니다.

제1장에서는 이러한 신경망의 능력과 가능성, 딥러닝과의 관계와 그 영향력에 대해 자세히 설명하겠습니다.

데이터 마이닝 – 데이터 활용의 가능성을 크게 넓히는 분석 기법

[그림 2] 데이터 마이닝의 이미지

인터넷의 등장으로 전 세계의 기업, 가정, 교육기관으로부터 방대한 데이터를 모을 수 있게 되었습니다. 그 결과 간단히 다룰 수 없는 거대한 정보의 집합체인 **빅 데이터**가 나오게 되었고, 데이터를 지식화하는 기법인 **데이터 마이닝**(그림 2)이 주목을 받게 되었습니다.

하지만 그와 동시에 '우리는 빅 데이터가 없으니까 사용할 수 없다', '데이터 마이닝을 할 정도의 일이 아니다'라는 이야기를 많이 하는데, 이것은 잘못된 생각입니다. 빅 데이터와 함께 주목을 받음으로써 데이터 마이닝은 '빅 데이터로부터 정보를 추출하는 기법'이라는 이미지가 강한데, 데이터 마이닝은 정보가 있기만 하면 활용 가능한 도구입니다.

본래 데이터 마이닝이라는 말은 좁은 뜻으로는 '통계적인 분석 기법을 사용하여 데이터베이스로부터 정보를 추출하는 기법'을 가리키지만, 넓은 의미로는 '데이터 속에서 가치가 있는 정보를 찾아낸다'는 것을 뜻합니다. 이 의미로는 수학적인 지식이 없는 비즈니스맨이 고객 목록과 구매 목록을 대조하여 '이 상품은 젊은 여성이 사고 있다!'라고 깨닫는 것도 데이터 마이닝이라고 할 수 있습니다.

당연히 이러한 일은 데이터 마이닝이라는 말이 나오기 전부터 해 오던 일입니다. 문제는 개인의 정보처리능력을 넘어선 방대한 양의 데이터가 모인 경우나 데이터베이스에 기록되어 있는 정보를 사람이 이해할 수 없는 경우입니다. 개인의 정보처리능력은 한계가 있고 데이터베이스의 정보도 세분화되어 있어서 그 상태로는 봐도 뭐가 뭔지 모르는 경우가 있습니다. 이런 경우 데이터 마이닝에 통계적인 기법이 필요하게 되는 것입니다.

'데이터 마이닝에는 통계학적 기법이 사용된다'고 하면 어렵게 느낄수 있지만, 작업 자체는 그렇게까지 이해하기 힘든 것이 아닙니다. 난해한 수식을 사용하고 있어도 원리만 알면 의외로 간단히 받아들일 수 있을 것입니다. 또한 데이터 마이닝 기법을 올바르게 이해하면 빅 데이터와 함께 데이터 마이닝이 주목받게 된 이유와 비즈니스에 어떻게 활용할지도 보이게 될 것입니다.

제2장에서는 수식은 사용하지 않고 데이터 마이닝 기법에 대해 설명합니다. 또한 비즈니스에 응용하거나 데이터 마이닝이 활용되는 여러 분야에 대해서도 설명하겠습니다.

블록체인 – 중앙집중에서 분산관리로 상식을 뒤엎는 기술

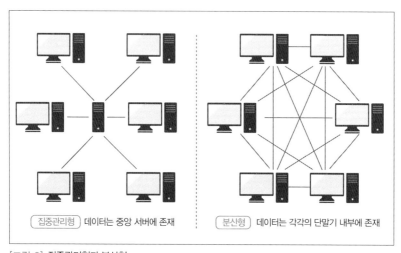

[그림 3] 집중관리형과 분산형

비트코인을 중심으로 한 **가상 통화**가 전 세계적으로 붐입니다. 가상 통화로 물건을 살 수 있는 것은 물론 주식을 발행하여 자금조달을 하는 'IPO' 대신 가상 통화와 교환할 수 있는 토큰*을 발행하여 자금을 조달하는 'ICO'라는 방법도 나왔습니다. 개인이 가볍게 사용할 수 있는 전자화폐의 일종으로 생각하는 것 외에도 기업의 운영자금으로서도 사용될 수 있는 것입니다.

---

* 가상화폐 판 주식. 화폐가 아니라 가상 통화로 자금조달을 하기 위해 기업이 발행한다.

더욱이 국가 프로젝트로서 가상 통화를 유통시키려는 나라도 나오기 시작해서 이미 화폐의 일종으로 인식되어 가고 있습니다. 가상 통화의 탄생으로 돈이라는 개념이 바뀌어 가는 것입니다.

이러한 가상 통화의 가치를 뒷받침하고 있는 것이 바로 **블록체인**이라는 기술입니다. 블록체인의 특징은 정보를 분산시켜 공동 관리함으로써 정보의 정확성을 확보한다는 점에 있습니다(그림 3). 기존의 중앙집중형 정보관리시스템과는 크게 다른 특징을 갖고 있습니다.

예를 들어 한국 돈은 한국은행, 주식은 주식회사가 해당 화폐에 관한 정보를 집중관리하고 있습니다. 이 경우 관리자가 관리를 포기하거나 신뢰를 잃어버리게 되면 화폐나 정보의 가치는 쉽게 손상됩니다. 하지만 분산형 기법으로 관리되는 화폐나 정보의 경우 특정 관리자가 존재하지 않기 때문에 그 화폐나 정보의 이용자나 협력자가 다수 존재하는 한 그 가치가 유지되는 것입니다.

블록체인을 사용한 가상 통화가 주목받은 이유는 여기에 있습니다. 전자적으로만 존재하는 디지털화폐**를 집중형 기법으로 불특정다수와 거래를 하기 위해서는 디지털화폐의 관리자에 대한 신뢰가 필요합니다. 즉, 관리자가 큰돈을 맡을 수 있을 만큼 신뢰할 수 있는 존재여야 한다는 뜻입니다. 이것은 거대기업이라도 넘기 힘든 벽입니다.

하지만 비트코인은 블록체인을 사용한 분산관리와 암호화를 조합하여 이러한 '신뢰의 벽'을 우회한 것입니다. 분산형 가상 통화의 경우 기술적으로 통화를 개발하는 조직은 존재하지만 화폐 자체를 관리하는

** 디지털화폐는 각종 전자적인 화폐를 가리키며, 가상 통화 및 암호 통화 외에 결제용 전자머니도 포함한다. 가상 통화는 한국에서는 '보유자끼리 거래 및 유통이 가능한 디지털 통화'라는 뜻을 가지기 때문에 특정 사업자 간의 매매에 이용되는 전자머니는 포함되지 않는다.

기업이나 조직은 존재하지 않고, 전 세계의 사용자가 화폐의 신뢰성을 상호 보증합니다. 이 경우 화폐를 관리하기 위한 거대한 시설도 필요 없으며, 신뢰할 수 있는 관리자를 마련할 필요도 없습니다.

블록체인은 대단히 뛰어난 구조를 갖고 있어서 그 응용범위는 화폐로만 국한되지 않습니다. 개인정보, 계약정보, 자산정보 등 여러 중요성이 높은 정보를 블록체인으로 관리할 수가 있습니다. 이러한 시도를 '블록체인 2.0/3.0' 등으로 부르고 있는데, 앞으로는 더욱 다양한 분야로 퍼져가리라 예측됩니다. 어쩌면 가상 통화에 의해 촉발된 혁명이 금융 이외의 분야에서 일어날지도 모릅니다.

앞으로 블록체인이 어떤 영역에서 사용되며 비즈니스에 어떻게 활용해 갈 지를 이해하기 위해서는 이 기술에 관해 이해할 필요가 있습니다. 활용에 대해서도 제3장에서 블록체인 자체의 설명과 함께 생각해 가겠습니다.

로보틱스 – 사람과 로봇의 관계는 새로운 스테이지로

[그림 4] 계속 발전하는 로봇

로보틱스나 로봇 공학이라고 하면 손발이 있는 로봇의 기술 개발을 떠올릴지 모릅니다. 하지만 로봇이 의미하는 범위는 굉장히 폭이 넓어서 모든 '기계'에 있어서 운동제어, 지각인식, 사고판단에 관한 기술을 모두 포함합니다. 즉, '움직이는 기계', '인식하는 기계*', '사고하는 기계**'에는 어떤 형태로든 로보틱스 관련 기술이 사용되고 있다는 것입니다(그림 4).

말하자면 Pepper나 ASIMO와 같은 인간형 로봇이나 산업용 로봇, 청소용 로봇과 같이 '로봇'이라는 이름이 붙은 기계뿐만 아니라 자율주행차나 드론까지도 로보틱스 관련 기술에 포함된다는 것입니다. 로보틱스를 이와 같이 정의하면 그 중요성을 이해할 수 있을 것입니다.

문제는 미래를 바꿀 5가지 핵심 기술로 들고 있는데 '왜 로보틱스가 앞으로 발전할지'라는 점을 간단히 이미지화할 수 없다는 데 있습니다. 왜냐하면 데이터 마이닝은 '빅 데이터', 블록체인은 '비트코인', 신경망은 '딥러닝'으로 세간을 떠들썩하게 하는 특별한 용어(Buzzword)가 있는데 로보틱스에는 그것이 없기 때문입니다.

하지만 근래 등장한 키워드를 몇 가지 들자면 이해가 될 것입니다. 예를 들어 'AI', 'IoT', 'VR' 등은 직접적인 관련성은 없지만 모두 로보틱스에 큰 영향을 주는 기술입니다. AI는 청소용 로봇이나 산업용 로봇의 판단능력을 향상시키고, 딥러닝은 로봇의 인식능력을 비약적으로 올리는데 성공했습니다. IoT에 의해 모든 로봇이 인터넷에 연결된 결과 로

---

*   카메라, 레이더, 레이저, 적외선 등의 센서를 사용하여 물체나 상황을 인식하는 프로그램이나 장치를 말한다. 자율주행차나 드론에는 반드시 탑재되어 있다.

**   상황을 인식한 후 행동으로 연결되는 사고 판단을 하는 프로그램이나 장치. 자율주행차의 경우 센서로 인식하여 핸들이나 브레이크의 조작 방법을 생각한다.

봇의 원격조작이 가능해져 응용범위가 넓어졌습니다. 또한 인터넷과 연결된 또 다른 효과로, 로봇은 정보수집기기로서도 독보적인 입장을 획득했습니다. VR 기술은 로봇과 인간을 연결하는 기술로서 활용되고 있습니다.

로보틱스는 주변기술의 비약적인 발전에 의해 앞으로 더 크게 성장해 가리라 예측됩니다. 게다가 가장 중요한 것은 **로보틱스가 사회에 끼치는 영향은 다른 기술과 비교할 수 없을 것이라는 점**입니다.

로보틱스 기술은 세상에 물체로서 존재하여 인간 사회에 직접 영향을 주는 힘을 갖고 있습니다. AI, 데이터 마이닝, 블록체인은 모두 '정보를 조작하는 기술'일 뿐 실체를 갖고 있지 않습니다. 그래서 한 기술이 직접적으로 사회를 바꾸는 힘은 없습니다. 정보에 의해 바뀌는 것은 정보에 영향을 받는 인간이나 기계의 행동뿐입니다. 즉, 정보를 올바르게 이해할 수 있는 인간과 기계의 존재가 있어야 세상이 바뀐다는 것입니다.

반면 자율주행차를 필두로 하는 로보틱스 관련 기술이 보급되면 인간사회는 놀랄 만큼 급속히 바뀌어 갈 것입니다.

제4장에서는 로보틱스 관련 기술에 어떤 것이 나와 있는지, 그것이 사회를 어떻게 바꾸어 갈지에 초점을 맞춰 설명하겠습니다.

양자 컴퓨터 – 컴퓨터의 개념을 바꿀 대발명

D-Wave Technology

D-Wave's quantum computer leverages quantum dynamics to accelerate and enable new methods for solving discrete optimization, sampling, material science, and machine learning problems. It uses a process called quantum annealing that harnesses the natural tendency of real-world quantum systems to find low-energy states. If an optimization problem is analogous to a landscape of peaks and valleys, each coordinate represents a possible solution and its elevation represents its energy. The best solution is that with the lowest energy corresponding to the lowest point in the deepest valley in the landscape.

In 2010 we released our first commercial system, the D-Wave One™ quantum computer. We have doubled the number of qubits in successive generations, shipping the 512-qubit D-Wave Two™ system in 2013 and the 1000+ qubit D-Wave 2X™ system in 2015. In 2017 we released the D-Wave 2000Q™ system with 2000 qubits and advanced control features.

[그림 5] D-Wave 양자 컴퓨터
출처: D-Wave 웹사이트
URL: https://www.dwavesys.com/our-company/meet-d-wave

5가지 핵심 기술 모두에 해당하는 공통점이 하나 있습니다. 바로 모두 컴퓨터가 연관되어 있다는 점입니다. 그 컴퓨터의 상식을 바꿀 수 있는 기술이 **양자 컴퓨터**입니다(그림 5).

양자 컴퓨터는 기존의 컴퓨터와 비교해서 한 번에 계산할 수 있는 정보량이 많습니다. 그 정보량은 2배나 3배 정도의 수준이 아니라 몇 십 배에서 몇 백 배 정도의 차이가 있습니다. 자기로 정보를 기록하던 플로피디스크가 빛으로 정보를 기록하는 블루레이디스크로 바뀐 것을 생각하면 쉽게 이해할 수 있을 것입니다. 정보를 취급하는 방식 자체도 전혀 다릅니다.

자세한 내용은 나중에 설명하겠지만 양자 컴퓨터가 다루는 1 양자 비트만으로 기존의 컴퓨터의 몇 십 배에서 몇 천 배의 계산능력을 발휘할 수 있습니다. 양자 컴퓨터가 한 번에 몇 천 양자 비트의 계산이 가능하다고 가정할 경우 기존의 컴퓨터를 경악시킬만한 성능을 갖게 됩니다.

만일 정말로 그런 컴퓨터가 나온다면 슈퍼 컴퓨터가 수행하던 모든 계산을 순식간에 끝내고 지구의 시뮬레이션뿐만 아니라 뇌의 시뮬레이션도 실현될 것입니다. 그렇게 되면 AI의 연구는 필요 없을지도 모릅니다. 신경세포의 기능을 양자 컴퓨터로 계산하면 뇌의 기능을 기계로 재현할 수 있습니다.

그런데 양자 컴퓨터가 좋은 일만 가져오는 것은 아닙니다. 기존의 통신에서 사용하는 암호는 순식간에 해독되어 버리기 때문에 암호화가 의미가 없게 됩니다. 암호화의 키로 이용되는 비밀번호 등도 같이 해독되기 때문에 해킹이나 갈취도 간단해집니다.

싱귤래리티(Singularity: 특이점)도 놀라운 이야기이지만 양자 컴퓨터의 실현에는 AI로 싱귤래리티를 실현하는 것보다 더 많은 장애물이 가로놓여 있어서 지금까지는 비현실적인 것으로 여기고 있었습니다.

그런데 근래에 들어 양자 컴퓨터가 실용화되었다는 뉴스가 종종 나오고 있습니다. 암호가 해독되어 버리는가 하고 걱정하는 목소리도 있지만 전문가는 그런 걱정은 전혀 할 필요가 없다고 설명하고 있습니다. 양자 컴퓨터란 대체 어떤 것일까요? 양자 컴퓨터에는 양자역학이라는, 물리학 중에서도 톱클래스로 난해한 학문이 관련되어 있어서 일반 사람은 설명을 들어도 이해하기 힘든 분야입니다.

그래서 제5장에서는 양자 컴퓨터와 관련된 양자역학의 기본원리에 대해 간단히 설명을 하면서 세계 각지에서 연구되고 있는 양자 컴퓨터의 원리나 종류의 차이에 대해 설명하겠습니다. 양자 컴퓨터를 올바르게 이해함으로써 양자 컴퓨터가 사회에 어떤 영향을 주고, 미래를 어떻게 바꿔 갈지를 냉정하게 예측할 수 있게 될 것입니다.

5가지 기술은 미래를 어떻게 바꿔 갈까?

지금까지 소개한 5가지 기술은 각각 독립적으로 미래를 바꿔 가는 것이 아니라 상호 영향을 주고받으면서 미래를 바꿔 갑니다. 그래서 설령 각각의 기술을 깊이 이해했다고 해도 따로따로 관측하기만 하면 상승효과로 발전을 이루는 기술의 변화에 대응할 수 없습니다. 기술들의 친화성과 상호작용에 대해 보다 폭넓게 생각해 가는 것이 중요합니다.

신경망에 의해 똑똑해진 AI는 로보틱스와 친화적이며, 이미 다양한 형태로 응용이 진행되고 있습니다. 데이터 마이닝은 신경망에 의해 그 가치를 높이고, 얻은 지식은 다음 단계로 진행해 갈 것입니다. 정보관리의 존재 형태를 바꾸는 블록체인은 정보의 분산처로 로봇을 선택하게 되며, 인간이 전혀 관여하지 않는 형태로 정보가 관리되도록 만들 것입니다. 그리고 양자 컴퓨터가 이러한 기술의 효과를 폭발적으로 높여줄 것입니다.

마지막 장에서는 5가지 핵심 기술이 어떻게 서로 관계하고 있으며 발전해 갈지를 설명하겠습니다. 지금은 아직 기술에 의해 '미래가 크게 바뀌어 가는 이유'를 제대로 이해하지 못하더라도 이 책을 다 읽을 즈음에는 막연하게나마 이해할 수 있을 것입니다. 그 후에 서문에서 말한 것처럼 자신의 비즈니스와 기술을 어떻게 연결시킬지를 생각할 수 있게 되면 다음에 진행해야 할 곳이 보이게 될 것입니다.

인공신경망

AI 붐을 이끄는 중요 기술

'똑똑한 기계'인 인공지능(AI: Artificial Intelligence, 이후 AI로 표기)을 개발하는 데 있어서 '똑똑함'의 기준이 되는 것은 아마 사람일 것입니다. 사람의 똑똑함의 근본은 뇌에 있으므로 AI를 실현하기 위한 가장 효과적인 방법은 사람의 뇌의 구조를 참고하는 것이라 할 수 있습니다.

그 성과 중 하나로 알려진 것이 **신경망**(Neural Network)입니다. 신경망은 그 개념이 착안된 지 수십 년의 세월이 지나 **딥러닝**(Deep Learning)이 출현하면서 새로이 주목을 받고 있습니다. 이 신경망이란 대체 어떤 것일까요?

사람의 뇌를 참고하면 어떤 일이 가능할까?

신경망에 대한 설명을 하기 전에 사람의 뇌를 참고로 한다는 뜻에 대해 잠깐 생각해 봅시다.

사람의 뇌를 참고로 하면 기계가 똑똑해진다는 것은 알겠지만, 본래 컴퓨터의 계산능력은 사람보다 훨씬 뛰어나고 사람의 뇌를 참고로 하지 않은 보통의 컴퓨터나 AI도 똑똑하게 행동하는 것이 많습니다. 그렇다면 사람의 뇌를 참고하는 일이 정말 필요한 것일까요?

여기서 '사람의 뇌를 참고하지 않은 AI'라는 말을 듣고 깜짝 놀란 사람이 있을지도 모르겠습니다. 실제로 신경망을 사용하지 않는 AI도 많습니다. 사실 딥러닝이 화제가 되기 전의 대부분의 AI는 신경망을 사용하지 않은 것들이었습니다. 뇌를 참고한다는 뜻을 이해하려면 그 반대로 뇌를 참고하지 않는 방식에 대해 알 필요가 있습니다.

■ 뇌를 참고하지 않고 AI를 만든다

뇌를 참고하지 않는 AI는 어떤 AI일까요? 간단히 말하자면 매뉴얼 방식의 AI입니다. 'A면 B', 'C면 D'와 같이 룰을 세세하게 정해서 그에 해당하는 것을 발견하면 액션을 취하는 방식으로, 사람이 일일이 룰을 만들어야 했습니다.

뇌는 참고하지 않지만 사람의 '논리적인 사고'를 참고하고 있다고 생각하면 이해하기 쉬울 것입니다. 만들기는 좀 귀찮지만 룰대로 일을 하는 것은 사람보다 기계가 더 잘합니다. 계산이나 퍼즐 같은 것은 너무나 간단히 풀어내며, 이 방식으로 된 AI는 체스도 사람보다 플레이를 더 잘합니다. 얼마나 잘 하냐면 사람의 뇌를 참고할 필요 따위는 없다고 생각하는 AI 연구자가 있을 정도입니다.

■ 세상은 룰을 모르는 것으로 가득 차 있다

룰이라는 것은 편리한 도구입니다. 사람도 매뉴얼을 만들고 신입사원이나 업무에 익숙하지 않은 사원에게 매뉴얼대로 일을 시킵니다. 하지만 실제 업무는 매뉴얼만 가지고 모두 처리할 수 있는 간단한 것만 있는 것이 아닙니다. 매뉴얼과는 아주 조금 다른 패턴이 수없이 등장하기 때문에 그에 맞춰 유연하게 대처해야 합니다. 그런데 룰의 약점이 의외의 곳에서 드러났습니다. 바로 '영상'이나 '소리'의 영역입니다.

시험 삼아 매뉴얼을 하나 만들어 봅시다. 다음의 동물을 보면 사진을 찍기 바랍니다.

> 머리에서 동체의 길이는 1.9–2.5m, 땅에서 어깨까지 높이는 1.5–2.0m, 체중 200–250kg. 체형은 말과 비슷하다. 동체는 흑갈색보다 약간 밝은 갈색. 사지에는 얼룩말처럼 흑백의 줄무늬가 있는 것이 특징적인데, 특히 뒷다리에 두드러져 있다. 머리에는 털로 덮인 2개의 뿔이 있다. 푸르스름하고 귀까지 닿는 긴 혀를 가지고 있다.
>
> (Wikipedia의 어느 동물 항목에서 발췌)

알고 있는 사람도 있는가 하면 모르는 사람도 있을 것입니다. 동물의 이름이나 모습이 나와 있으면 좋겠지만 어떤 동물인지 머리에 떠오르지 않는다면 과연 사진을 찍을 수 있을까요? 참고로 이 동물은 오카피입니다(그림 1).

[그림 1] 오카피

우리는 사람의 얼굴은 물론 동물이나 식물 등을 눈으로 보고 시각적으로 기억합니다. 하지만 실제 모습은 종류나 각도, 빛, 자세 등에 따라 조금씩 다르며, 가령 '일반적으로 이런 모습'이라고 말과 기호로 전달해도 아마 웬만큼 특이한 특징이 없는 한 무엇인지 알기 힘듭니다.

이와 같이 세상에는 룰만으로는 전달할 수 없는 정보가 많이 있습니다. 신경망을 사용하지 않는 AI로는 이러한 문제를 해결할 수 없었습니다. 왜냐하면 시각적인 특징을 AI에게 가르칠 방법을 몰랐기 때문입니다.

신경망이란?

룰만으로 일을 처리하는 AI는 룰을 확실하게 설명할 수 없는 얼굴의 식별이나 물체를 인식할 수 없습니다. 하지만 사람은 누구나 간단히 식별할 수 있습니다. 그래서 '사람에게는 간단한데 기계에게는 어려운 문제'를 해결하기 위해 사람의 뇌를 참고한 신경망이 주목을 받게 된 것입니다. 사람이 간단히 할 수 있는 이유는 잘 모르지만 사람의 뇌와 비슷한 것을 만들면 기계도 할 수 있을지도 모른다고 생각한 것입니다.

■ 신경망은 하나가 아니다

신경망(Neural Network)이란 직역하면 '신경세포망'이 됩니다. 신경세포는 뇌를 구성하는 세포이므로 뇌신경망이라고 바꿔 말해도 괜찮습니다.

딥러닝이 등장하여 화제가 됨으로써 신경망이라고 하면 '딥러닝의 기초가 된 컴퓨터 알고리즘'을 가리키게 되었지만 원래는 뇌신경망을 가리키는 것입니다.

참고로 우리나라에서는 그냥 '신경망'보다 인공으로 만들어진 신경망이란 뜻으로 '인공신경망'이라는 말도 사용하지만, 이 책에서는 편의상 '신경망'이라 부르겠습니다. 영어에서는 '신경망'과 '신경세포망'을 둘 다 'Neural Network'로 부르기 때문에 컴퓨터 이야기인지 잘 모르는 문맥에서는 인공(Artificial)인지 생물(Biological)인지 잘 판단해야 합니다.

컴퓨터의 신경망 이야기를 하기 전에 언뜻 보면 별 관련 없는 듯한 이 이야기를 한 이유는 신경망은 그리 간단히 이해할 수 있는 것이 아니라는 것을 알아두기 위해서입니다.

'신경망 하면 딥러닝(AI)'이라고 생각해도 틀린 것은 아니지만 뭔가 좀 부족합니다. 신경망과 AI는 떼려야 뗄 수 없는 관계에 있으며, 이 책에서 다루는 것도 대부분이 딥러닝에 관한 이야기이지만, 신경망이 갖고 있는 가능성은 그것뿐만이 아닙니다.

프롤로그에서 '뉴로모픽 컴퓨팅(Neuromorphic Computing)'에 대해 잠깐 언급했는데 신경망을 사용한 기술은 여러 가지가 있습니다. 먼저 이 부분을 이해하고 넘어갑시다.

■ 생물의 '신경망'

먼저 생물의 신경세포망에 대해 간단히 이해하고 넘어갑시다. 인공신경망이 신경세포를 참고하고 있다고 해도 상당 부분에 차이가 있습니다. 컴퓨터 전문가가 '인공신경망은 뇌를 참고(모방)했다'고 설명하면 신경세포 전문가는 아마 '전혀 비슷하지 않다!'고 말할 것입니다.

신경세포망의 경우는 신경세포가 '수상돌기(수신·입력)'나 '축삭돌기(송신·출력)'를 뻗어 다른 신경세포와 시냅스 결합이라는 정보적 연결을 만듦으로써 망(Network)을 형성합니다(그림 2).

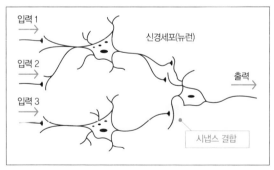

[그림 2] 신경세포망의 이미지

이 시냅스 결합을 이용하여 정보를 주고받는데, 정보전달에는 전기 신호 외에도 신경전달물질이라 부르는 각종 화학물질도 사용하고 있습니다. '정보를 주고받는다'고 말하면 단순해 보이지만 실제로는 상당히 복잡한 정보교환 구조가 존재합니다.

더욱이 신경세포는 필요에 따라 그 구조를 바꿀 수 있습니다. 세포가 늘거나 줄 수도 있고, 넓히거나 축소시킬 수도 있는 등 망의 규모는 자유자재로 변화합니다. 정보의 사용방법에 따라 필요한 것은 크게, 불필요한 것은 작게 만듦으로써 적은 에너지로 효율적인 정보 교환이 가능한 것입니다.

■ 프로그램의 '신경망'

그렇다면 컴퓨터의 신경망은 어떻게 되어 있을까요?

사실 프로그램의 신경망은 그다지 복잡하지 않고 신경세포망을 대폭 단순화시킨 것입니다(그림 3). 여기서 무엇을 단순화시킨 것인지가 프로그램의 신경망을 이해하는 데 있어 상당히 중요한 포인트가 됩니다.

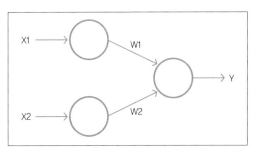

[그림 3] 인공신경망의 이미지
[그림 2]와 비교하면 형태가 비슷하다.

일반적으로 복잡한 것을 단순화시키는 경우, 중요한 것만 취하고 불필요한 것은 버립니다. 그렇다면 AI 관련해서 컴퓨터 알고리즘으로 이용되는 인공신경망은 신경세포망의 어떤 기능을 단순화시켜 재현한 것일까요?

결론부터 말하자면 인공신경망에서 재현한 것은 '신경세포들이 시냅스로 연결되어 망을 형성하고 있다는 것'과 '시냅스에 따라 연결 강도가 다르다는 것'뿐입니다. 뇌의 신경세포를 참고하고 있다는 점은 틀리지 않지만 너무 단순화시켜서 전혀 다른 것이 되어버렸습니다.

컴퓨터와 신경망

신경세포의 특징인 '세포가 연결되어 있고, 연결 강도가 각각 다르다'는 점은 뇌가 갖고 있는 학습기능 중에서도 특히 중요한 포인트입니다. 자세한 설명은 나중에 하겠지만 이 '신경세포의 재현'이라는 것은 컴퓨터 프로그램 상에서 재현되는 것에 지나지 않습니다. 컴퓨터의 계산 회로를 현미경으로 살펴봐도 신경세포처럼 되어 있는 것은 아닙니다.

일반적인 컴퓨터의 계산 회로는 0과 1을 더하거나 빼는 작업밖에 하지 않습니다. 이것을 여러 가지 조합하여 복잡한 명령을 처리하고 있습니다. 이와 똑같은 기능을 사용하여 신경망이라 부르는 계산 구조를 만든 것뿐입니다. 수학 수식을 쭉 나열하고 '이것이 신경망입니다'라고 하면 당연히 이해가 안 가겠지만 여기서 하고 있는 것은 신경세포의 특징을 이용한 계산이라고 할 수 있습니다.

뇌세포를 어떻게 분해하면 수식이 되는지 보통 사람의 감각으로는 이해할 수 없지만 뇌를 재현하는 방법치고는 상당히 비효율적인 방법이므로 그 감각은 틀린 것이 아닙니다. 그냥 프로그래머가 자신에게 익숙한 방법으로 만들었더니 그렇게 되었을 뿐입니다.

■ 계산 회로를 신경망으로 만든다

하지만 재현하고 있는 뇌의 기능은 극히 일부분뿐입니다. 뇌에는 그 외에도 다양한 기능이 있다는 것을 잊어서는 안 됩니다. 그렇다면 '좀 더 효율적이고 많은 기능을 재현하는 방법은 없을까?'하고 생각하겠지요.

사실을 말하자면 뇌의 구조를 재현하는 좀 더 효율적인 방법이 있습니다.

바로 **뉴로모픽 컴퓨팅**(NMC: Neuromorphic Computing)이라는 것으로, **뇌형 컴퓨터**라고도 부릅니다. 계산 회로 자체를 신경망으로 만들면 된다는 방식의 컴퓨터입니다.

이것은 '세포가 연결되어 있고, 연결 강도가 각각 다르다'는 뇌의 중요한 기능을 재현하고 있을 뿐만 아니라 '사용하지 않는 신경세포는 활동하지 않는다'는 에너지 절약 기능도 갖고 있는 것이 특징입니다.

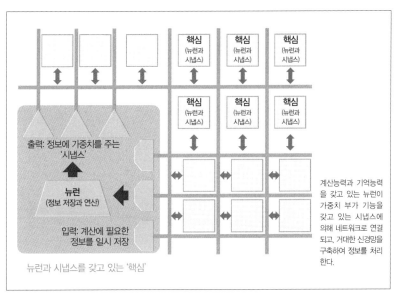

[그림 4] 뉴로모픽 칩의 구조

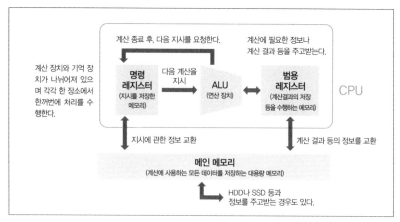

[그림 5] 일반적인 CPU의 구조

[그림 4]를 보면 알 수 있듯이 뉴로모픽 칩에서는 뉴런과 시냅스가 들어간 **핵심**이 신경세포처럼 수많이 존재하여 계산 결과를 주고받으면서 계산을 수행합니다. 한편 일반 컴퓨터는 거대한 세포에서 한꺼번에 계산을 수행하는 듯한 이미지입니다(그림 5). 수학적인 계산만 한다면 일반 컴퓨터가 더 빠르지만, 신경망을 사용한다면 뉴로모픽 칩이 더 빠릅니다.

이 뉴로모픽 칩의 경우는 현미경으로 보면 어딘지 모르게 신경세포처럼 보일지도 모릅니다.

뉴로모픽 칩으로 대량의 계산을 수행하면 구조 자체가 신경망과 비슷하므로 효율적으로 계산할 수 있으며, 사용하지 않는 칩이 쉴 수 있으므로 에너지가 절약됩니다. 컴퓨터에 신경망을 사용하는 것이 당연시되는 시대가 오면 이러한 칩이 보급될 것입니다.

■ 신경망을 좀 더 이해하기 위해

이와 같이 프로그램 신경망이 재현한 뇌의 기능은 극히 일부에 지나지 않기 때문에 재현한 기능이 다르면 전혀 다른 특성을 가지게 됩니

다. 신경세포의 '망'과 '시냅스' 기능만을 컴퓨터 프로그램으로 재현한 것
이 신경망이므로 '어떻게 재현하는지'에 따라 수많은 방식이 생겨납니다.

따라서 AI나 딥러닝에 사용되는 신경망이라고 해도 그 구조나 원리
는 각각 다르다고 할 수 있습니다. 신경망을 정말로 이해하려면 뉴런이
나 시냅스의 기능에 대해서도 좀 더 깊이 파 볼 필요가 있습니다.

인공 뉴런의 기능

이제 신경망이 뇌를 참고로 한 '세포가 연결되어 있고, 연결 강도가
각기 다르다'는 특징의 장점에 대해 설명하겠습니다. 뇌세포에는 다양
한 기능이 있음에도 불구하고 이 기능만을 재현한 데는 그에 상응하는
이유가 있습니다.

■ 세 가지 중요한 역할

신경망에서는 망을 구축하는 최소 단위가 되는 세포 부분을 '(인공) 뉴
런'이라고 부르는데, 그 구조에는 [그림 6]과 같은 이름이 붙어 있습니다.

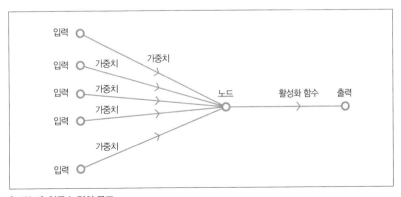

[그림 6] 인공 뉴런의 구조

역할을 자세히 이해하기는 조금 어려울 수 있지만 신경망을 이해하는 데 있어서 중요한 것은 '**입력**', '**출력**', '**가중치**'입니다. 왜냐하면 입력 부분은 신경세포에서 말하는 수상돌기이며, 출력 부분은 축삭, 가중치는 시냅스로서의 기능을 갖고 있기 때문입니다.

즉, '인공신경망의 뉴런은 신경세포가 갖고 있는 기능 중 세 가지 기능을 재현하고 있다'고 할 수 있습니다. 이렇게 생각하면 신경망이 신경세포를 얼마나 단순화시킨 것인지 알 수 있을 것입니다.

더욱이 신경망에서는 '시냅스 부분에 있어서 세포(뉴런)끼리 결합의 강도가 바뀐다'는 기능이 핵심입니다. 입력과 출력만 갖고 있는 장치는 얼마든지 있으며, 그것을 서로 연결하여 그물 모양으로 만들면 '망(네트워크)'이 됩니다. 하지만 시냅스가 갖고 있는 소위 '가중치' 기능이 그 망에 없으면 '신경망'이라 할 수 없습니다.

■ 시냅스의 기능을 재현하는 '가중치'

이제 신경망이 갖고 있는 '가중치'라는 기능이 뇌의 기능을 재현하는 데 있어서 중요하다는 것은 이해했을 것입니다. 문제는 그것이 구체적으로 무엇을 하는지 입니다. 가중치라는 것은 이름 그대로 정보와 정보의 연결에 '무게'를 부여한다는 것으로, 무게는 '중요도'나 '정도'와 같은 뜻으로 이해해도 괜찮습니다.

그리고 신경망에서는 이 '가중치'의 수치가 학습에 의해 변동합니다. 신경세포의 시냅스도 쓰면 쓸수록 연결이 강해지는 특징이 있는데, 이를 수치의 크기로 나타내고 있는 것입니다.

가중치를 바꾸기만 하면 문제가 해결되는 것인가 하고 의문이 들지 모르겠습니다. 그래서 간단한 문제를 하나 생각해 봅시다. 예를 들어 '5'라고 손으로 쓴 숫자를 판별하는 문제를 생각해 보겠습니다(그림 7).

이 정도의 문제는 수학적인 접근방식으로도 해답을 낼 수 있지만 신경망의 해법은 좀 독특합니다.

'5'라는 숫자를 분해하면 위에서 순서대로 '가로선', '세로선', '왼쪽이 열린 곡선'이라는 구조로 되어 있습니다. '5'를 판별하기 위해서는 무엇이 중요하다고 생각해야 할까요?

모두 중요하지만 '1 2 3 4 5 6 7 8 9 0'이라는 다른 숫자와 비교해 보면 세로선(사선을 포함)은 다른 숫자에도 공통적이기 때문에 '5'의 특징으로는 중요도가 낮아 보입니다. 그 다음 가로선은 숫자의 처음부터 가로선이 들어가는 것은 '5'와 '7' 밖에 없으므로, 이것은 꽤 중요한 특징이라 할 수 있습니다. 단, 손글씨의 경우는 다소 왜곡되는 경우가 있으므로 '1'에 작은 가로선이 들어가는 경우를 생각해 보면 절대적인 특징이라 할 수는 없습니다. 그렇다면 '왼쪽이 열린 곡선'은 어떨까요? 이것도 '5' 외에는 '3'과 '2'에만 있는 특징이므로 중요하다고 할 수 있습니다. 특히 아래쪽에 이 곡선이 들어간 것은 '3' 밖에 없으며, 또 다른 특징인 처음에 들어가는 '가로선'과 합쳐서 생각하면 높은 확률로 5를 특정할 수 있을 것 같습니다.

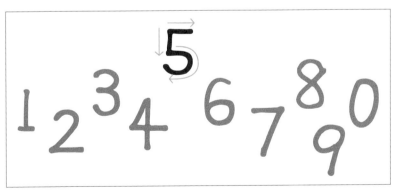

[그림 7] 손글씨 숫자

신경망에서는 입력부로부터 '가로선', '세로선', '원', '곡선' 등과 같은 정보가 들어옵니다. 그 정보는 항상 같은 부분에서 들어오므로 어느 정보가 중요한지에 따라 '가중치'를 붙여갑니다. 매 학습마다 '맞았으면 가중치를 유지', '틀렸으면 가중치를 변경'과 같은 작업을 반복해서 최종적으로 '5'를 정확하게 판별할 수 있을 때까지 반복합니다. 이 경우는 '가로선', '왼쪽이 열린 곡선' 이 두 가지가 중요하다고 인식할 수 있을 때까지 반복을 하게 됩니다.

■ 거대해지는 망

이와 같이 설명하면 간단한 것처럼 보이지만 실제로 문자 인식에서는 앞에서 말한 '5'의 판별을 성공시키기 위해 이미지 중에서 어떤 것이 '가로선'이나 '세로선'에 해당하는지에 대해서도 인식해야 합니다. 이 인식에는 앞에서 '5'를 판별하기 위해 사용한 신경망의 가중치는 도움이 되지 않으므로 별도로 '선'이나 '곡선'을 인식하기 위한 가중치를 학습할 필요가 있습니다. 신경망에서는 이 '적절한 가중치 부여'가 학습의 핵심이며, 신경망의 성능을 크게 좌우합니다*.

이 예에서는 최소한 처음에 '선', '곡선', '원', '모서리' 등을 인식한 후에 '선'이나 '곡선'과 '5'의 관계를 인식할 수 있도록 해야 하기 때문에 하나의 태스크(task)에 여러 망이 필요해집니다. 신경망에서는 이것을 **계층**이라는 형태로 구성한 후, 여러 계층을 사용하여 문제를 해결하고 있습니다(그림 8).

숫자의 판별은 상당히 간단한 부류이지만 문자의 경우는 인식해야 할 요소가 많아져 계층은 점점 더 늘어 갑니다. 이것이 더 복잡한 동물

---

* 식별해야 할 요소가 많으면 많을수록 신경망은 거대해진다.

이나 사람 얼굴이 되면 인식해야 할 요소는 더욱 증가하고 더 많은 계층을 추가해야 합니다.

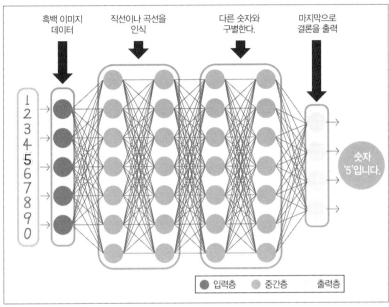

[그림 8] 신경망의 계층
첫 번째 중간층**에서 선이나 곡선을 인식하고, 두 번째 중간층에서 숫자를 인식한다.

** 중간층: 숨겨진 층이라고 하는 부분으로, 입력층과 출력층 사이에 있는 계층

지금까지의 설명으로 신경망의 구조를 대충 이해했으리라 생각됩니다. 이 구조에 의해 앞으로 사회가 크게 바뀌어 갈 테지만 이것만으로는 왜 신경망이 그렇게까지 주목을 받는지 잘 모를 것입니다.

신경망의 가능성을 올바르게 이해하기 위해서는 딥러닝을 필두로 하는 기술로 무엇이 가능한지 왜 가능한지를 알 필요가 있습니다.

딥러닝은 지금까지와 무엇이 다를까?

신경망이 복잡한 문제를 해결하려면 각각의 태스크에 맞춰 가중치가 부여된 다수의 계층이 필요합니다. 하지만 다수의 계층을 갖고 있는 신경망의 가중치 부여는 그리 단순하지 않습니다. 10층으로 된 망이 있다고 한다면 오류의 원인이 어느 계층의 어느 부분에 있는지 알기 어렵기 때문입니다.

실제로 신경망은 최근까지 겨우 3개의 계층을 가진 망밖에 만들 수 없었습니다. 당연하지만 이 상태로는 단순한 문제밖에 해결할 수 없어서 도움이 안 되는 알고리즘이라 여겨졌었습니다.

이를 바꾼 것이 딥러닝이라는 학습방법이었습니다. 딥러닝에서는 층을 4개 이상 가진, 계층이 깊은 신경망(심층 신경망)이라도 올바른 가중치 부여를 학습시킬 수 있기 때문입니다(그림 9).

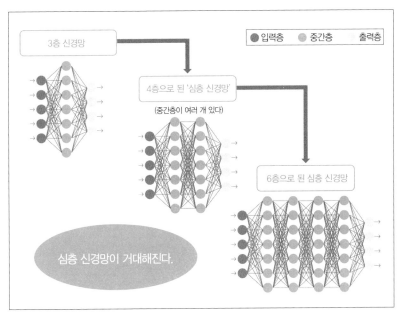

[그림 9] 딥러닝에 의해 거대해진 신경망

■ 올바른 가중치 부여 학습방법

가중치 부여 학습방법에는 여러 가지가 있지만 초기의 학습방법은 가중치 숫자를 랜덤으로 바꾸는 것이었습니다. 그중에서 우연히 잘 된 순간을 찾아서 그때의 가중치를 저장했던 것입니다.

랜덤으로 가중치를 바꾸는 방식 자체는 지금도 남아 있지만 이런 운에 맡기는 방법은 층이 깊은 신경망에서는 통용되지 않습니다.

그래서 고안된 것이 '**오차 역전파법**(Backpropagation)'이라는 방법이었습니다. 신경망의 정보는 입력에서 출력을 향해 진행되기 때문에 가중치의 영향도 입력에서 출력을 향해 나타납니다. 그 결과 최종 출력 부분의 정보가 예상하던 답과 일치하면 되므로 거기서 해답을 확인하는 것이 보통의 개념입니다.

반면 오차 역전파법에서는 출력 부분부터 순서대로 해답과 얼마나 다른지를 비교하여 오차를 산출하고, 오차를 메꾸도록 가중치를 도출합니다(그림 10). 말 전달 게임을 거꾸로 맞추도록 하는 것입니다. 이 방법으로 가중치를 수정해 가면 랜덤으로 값을 수정해 가는 것보다 훨씬 효율적으로 학습할 수 있습니다. 오차가 출력 부분에서 입력 부분으로 반대로 전달되어 가므로 오차 역전파법이라고 부릅니다.

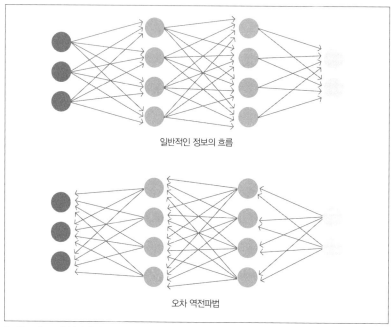

일반적인 정보의 흐름

오차 역전파법

[그림 10] 오차 역전파법
오차에 관한 정보가 역방향으로 이동해 가는 오차 역전파법. 오차 정보를 받아 거기에 맞춰 가중치를 변경한다.

하지만 이 방법도 층이 깊어지면 제대로 기능하지 못했습니다. 층이 깊으면 출력 부분에서 입력 부분까지가 멀어서 올바른 오차가 입력 부분까지 전달되지 않았던 것입니다.

예를 들어 네트워크의 제1층의 가중치에 큰 오차가 있으면 당연하지만 그 이후의 가중치도 틀려버립니다. '직선'을 인식하는 층에서 잘못하여 '곡선'을 '직선'으로 판단한 경우, 그 이후의 층에서는 '직선'과 '곡선'을 혼동해 버리는 것입니다.

층이 적으면 반복학습으로 제1층의 실수를 알아차리겠지만, 층이 깊으면 상층의 오류를 제대로 수정하지 못해서 학습이 진행되지 않았습니다. 이것은 상당한 난제였습니다. 신경망에는 무수한 뉴런이 있고 그것들이 서로 연결되어 있기 때문에 방대한 수의 가중치 설정을 조정해야 합니다.

■ 사전학습에 의한 효율의 극대화

그래서 고안된 것이 **사전학습**입니다. 사전학습이란 신경망의 층을 다층으로 겹치기 전에 학습이 간단한 '작은 망'에서 학습을 진행해 두는 방법입니다. 미리 학습을 실시해 두기 때문에 제1층이나 제2층에서 치명적인 오차가 발생하기 어려우므로 전체 망이 학습을 할 때 오차 역전파법이 잘 작동합니다.

하지만 사전학습을 한다고 해도 단순한 숫자의 인식은 괜찮지만 복잡한 문자나 이미지의 인식을 할 때는 처음에 어느 계층에 무엇을 가르쳐야 할지를 모릅니다.

이 사전학습의 방법으로 주목을 받은 것이 **오토인코더**였습니다. 오토인코더는 각각의 층에 특정 태스크를 할당하여 사전학습을 하는 것이 아니라 입력과 출력을 일치시키기만 하는 심플한 학습을 합니다.

좀 전의 숫자 '5'의 인식의 경우, 본래는 손으로 쓴 '5'를 입력하면 활자 '5'를 출력시키던 것을 그대로 손글씨 '5'를 출력시킵니다. 언뜻 보면 의미가 없는 학습처럼 보이지만 여기서 핵심이 되는 것은 뉴런의 수입니다.

입력에 대해 중간층의 수가 적기 때문에 어떤 형태로든 정보를 압축시키지 않으면 입력과 완전히 똑같은 것을 출력할 수 없습니다. 예를 들어 컴퓨터는 '5'라는 정보를 [그림 11]과 같은 형태로 처리하고 있습니다.

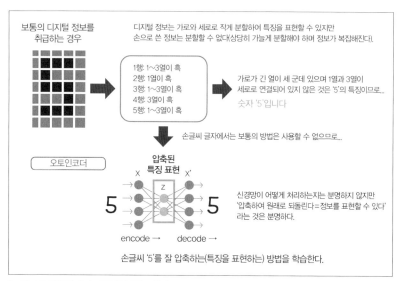

보통의 디지털 정보를 취급하는 경우

디지털 정보는 가로와 세로로 작게 분할하여 특징을 표현할 수 있지만 손으로 쓴 정보는 분할할 수 없다(상당히 가늘게 분할해야 하며 정보가 복잡해진다).

1행: 1~3열이 흑
2행: 1열이 흑
3행: 1~3열이 흑
4행: 3열이 흑
5행: 1~3열이 흑

가로가 긴 열이 세 군데 있으며 1열과 3열이 세로로 연결되어 있지 않은 것은 '5'의 특징이므로...

숫자 '5'입니다

손글씨 글자에서는 보통의 방법은 사용할 수 없으므로...

오토인코더

압축된 특징 표현

5 encode → decode → 5

신경망이 어떻게 처리하는지는 분명하지 않지만 '압축하여 원래로 되돌린다=정보를 표현할 수 있다' 라는 것은 분명하다.

손글씨 '5'를 잘 압축하는(특징을 표현하는) 방법을 학습한다.

[그림 11] 컴퓨터가 숫자를 인식하는 원리
컴퓨터는 숫자를 격자 모양으로 분해하여 인식하지만 이 상태로는 망의 중간층에 정보를 보낼 수 없다.

그대로 픽셀 단위로 출력으로 이동시킬 수는 없기 때문에* 어떤 형태로 정보를 모아서 정보를 출력하는 것입니다.

이 작업은 아이에게 말을 가르치는 작업과 비슷합니다. 직선을 처음에는 '곧게 그려진 선'이라는 설명으로 가르치지만 직선의 개념을 이해할 수 있게 되면 '직선'이라는 한마디로 무엇을 뜻하는지 알 수 있습니다. 이와 같이 일단 간단한 정보로 만들어 학습하는 것입니다.

---

* 손글씨 정보를 세로로 된 사각 픽셀 정보로 전달하려고 하면 상당히 세분하여 정보를 분할해야 한다. 그대로 다루면 정보량이 증가하고 필요한 네트워크도 비대화되어 신경망에 의한 학습이 어려워진다.

물론 신경망은 말을 배우는 것이 아니지만 이러한 처리를 망의 가중치로 부여할 수 있어야 정답을 출력할 수 있습니다. 오토인코더를 사용하여 정답을 낼 수 있게 되면 '최소한의 가중치 설정이 가능할 것'으로 생각한 것입니다.

그리고 오토인코더의 처리는 입출력을 똑같게 만들기만 하는 것이므로 간편합니다. 간단히 어느 정도의 사전학습을 할 수 있을 뿐더러 최소한의 가중치를 처음에 설정할 수 있으므로 학습의 효율도 올라갔습니다.

이 오토인코더에 의한 사전학습을 실시한 네트워크를 다층으로 겹쳐 오차 역전파법을 실행했더니 거대한 신경망에서도 학습이 잘 진행된다는 것이 밝혀졌습니다. 이것이 이른바 '딥러닝'이라 부르는 기계학습입니다.

딥러닝은 기계학습의 가능성을 어떻게 넓혔을까?

딥러닝이라는 것은 다층 신경망의 학습방법입니다. 현대의 딥러닝에서는 여기서 설명한 것을 더욱 발전시켜 오차 역전파법이나 오토인코더를 사용하지 않는 것이 등장했습니다.

하지만 '거대한 신경망에서 가중치 부여 학습'이 딥러닝에 있어서 중요한 가치를 가진다는 점에는 변함이 없습니다.

그런데 비즈니스에 있어서 중요한 것은 여기부터입니다. 지금까지의 설명으로 '엔지니어의 설명을 들어도 하나도 이해 못하겠다'는 영역에서는 아마 탈출했을 것입니다. 하지만 이것을 비즈니스로 연결시키기 위한 지식은 아직 나오지 않았습니다. 여기부터는 딥러닝의 등장으로 비즈니스 세계의 무엇이 바뀌었는지를 설명하겠습니다.

■ 신경망과 딥러닝의 관계

'딥러닝으로 무엇이 바뀌었는가'를 이해하려면 사실 딥러닝을 깊이 이해하는 것보다 신경망을 깊이 이해하는 쪽이 더 의미가 있습니다. 왜냐하면 다층 신경망이 본래 갖고 있는 능력을 끌어내기 위해 '딥러닝'이 존재하는 것이므로 딥러닝은 실제로 신경망을 돋보이게 하는 역할에 지나지 않습니다.

신경망이 무엇을 할 수 있을지를 말하자면 여기서 이야기가 처음으로 되돌아갑니다. 즉, 지금까지의 컴퓨터가 잘 못하던 '룰을 모르는 문제'를 해결할 수 있게 되었다는 것입니다.

바로 '화상인식', '음성인식' 등과 같은 영역에서 '5'란 무엇인가, '오카피'란 무엇인가 하는 시각적인 정보에 감춰진 룰을 신경망으로 파악할 수 있게 되었습니다.

여기서 말하는 '룰'이란 엄밀한 규칙과 관련된 이야기가 아니라 특정 기호, 동물, 물체에 공통되는 '특징'을 말합니다. 이것이 신경망의 강점인 **특징추출능력**이라는 것입니다. 신경망을 사용함으로써 사물의 특징을 간파할 수 있게 되어 사람밖에 못하던 태스크를 기계도 할 수 있게 되었습니다.

거기에는 복잡한 특징을 간파하기 위한 거대한 신경망이 필요하며, 그 학습을 위해서 딥러닝이 필요했다는 이야기입니다.

■ 합성곱 신경망에 의한 압도적인 식별능력

신경망이 큰 가능성을 갖고 있다고 해도 뉴런을 적당히 연결하면 성과가 나오는 망이 완성되는 것은 아닙니다. 사람의 신경세포도 그 역할에 따라 망 구조가 다르지만 신경망도 똑같습니다.

딥러닝은 화상인식에서 큰 성과를 올림으로써 화제가 되었습니다.

이때는 물론 화상인식에 특화된 신경망을 사용합니다. 바로 사람의 시각신경계를 참고로 하여 만들어진 **합성곱 신경망**(CNN: Convolutional Neural Network)이라는 것입니다.

합성곱 신경망의 특징은 그 이름 그대로 **합성곱**이라 부르는 필터링 처리와 풀링이라 부르는 압축 처리를 하는 신경망 층을 가졌다는 점입니다. 이 둘을 교대로 수행하여 마지막에 전형적인 **전체 결합 층***을 사용하여 식별함으로써 효과적인 화상인식에 성공했습니다(그림 12).

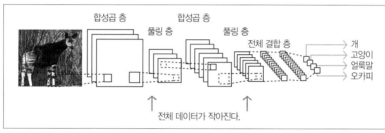

[그림 12] 합성곱 신경망의 정보처리 흐름

0
5
3

- **합성곱 층**: 화상의 특징을 골라내기 위한 처리를 한다.
- **풀링 층**: 화상의 특징을 작게 모으는 처리를 한다.
- **전체 결합 층**: 특징별로 모아진 데이터를 사용하여 식별한다.

합성곱 신경망이 성공한 비결은 이미지의 특징(색, 윤곽, 질감 등)을 각각 골라낸 후에 비교하기 쉽도록 작은 정보로 모아서 식별하기 쉽게 만든 후에 인식한 점에 있습니다.

---

* '전체 결합'이란 합성곱 신경망이 모든 뉴런을 연결하지 않는 데 반해 모든 뉴런이 연결되어 있다는 것을 의미한다.

이미지에 들어 있는 정보는 방대하여 그것을 전부 조사하기에는 정보처리에 걸리는 부담이 너무 크며, 무엇보다 중요도가 낮은 작은 변화에 사로잡히면 오인식으로 이어집니다. 다시 숫자 '5'로 예를 들자면 가로선이나 곡선이 조금 비뚤어지기만 해도 다른 숫자로 인식해 버릴지도 모릅니다. 사람의 얼굴의 경우는 그림자, 안경, 수염, 머리 모양이 바뀌기만 해도 오인식이 발생할 것입니다.

합성곱 신경망을 사용하면 인식해야 할 대상 중에서도 특히 중요한 포인트만에 집중할 수 있도록 되어 있기 때문에 대상을 올바르게 인식할 수 있는 것입니다.

 레스넷(ResNet: Residual Neural Network)

합성곱 신경망이 발전된 것으로 레스넷이라는 것이 등장했습니다. 이것은 합성곱 층과 풀링 층에서 포인트를 골라낸 정보를 원래의 정보와 비교하여 정밀도를 높이는 접근방식입니다. 이 경우 층이 깊어져도 원래의 데이터를 참조할 수 있으므로 그냥 층을 깊게 하는 것보다 학습효율이 올라갑니다. 기존의 합성곱 신경망보다 화상인식에 뛰어난 성능을 발휘했습니다.

■ 문장 다루기에 특화된 순환 신경망

신경망을 사용하여 화상인식이 가능하게 된 것만으로도 충분히 뛰어난 성과를 올렸습니다. 하지만 이미지에 들어 있는 문자를 인식할 수 있다면 문자를 조합한 문장을 인식해 주므로 더욱 좋을 것입니다. 문장의 이해에는 논리적인 사고능력도 필요하지만 감각적인 부분도 있어서 기존의 룰베이스 AI에서는 한계가 있던 태스크입니다.

왜냐하면 문장이란 것은 단어의 전후 관계기 매우 중요한 의미를 가지고, 단어가 등장하는 순서가 바뀌기만 해도 전혀 다른 의미를 가집니다. 룰을 작성할 때도 무한의 패턴이 있으며, 이미지용 합성곱 신경망은 '세세한 정보에서 특징만 뽑아내어 정리하는' 능력이 뛰어난 것으로,

문장에는 적합하지 않습니다. 그래서 고안된 것이 **순환 신경망**(Recurrent Neural Network)이었습니다.

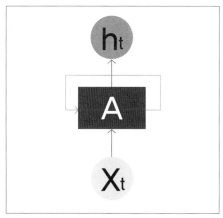

[그림 13] 심플한 순환 신경망

순환 신경망의 특징은 정보가 순환된다는 점입니다(그림 13). 합성곱 신경망과 같은 일반적인 신경망의 경우 정보는 한 방향으로만 향합니다. 이를 순환 신경망과 비교하여 **순전파형 신경망**이라고 합니다. 그런데 순환 신경망에서는 한 번 처리한 정보가 되돌아옵니다.

예를 들어 '1 2 3 4 5'라는 숫자가 있는 경우 순전파형 네트워크에서는 모두를 동시에 처리합니다. 가령 덧셈을 하는 경우는 '1+2+3+4+5=15'가 됩니다. 반면 순환 신경망에서는 이것을 1부터 순서대로 계산합니다. 이를 수식으로 나타내자면 '(((((1)+2)+3)+4)+5)=15'와 같습니다. 처음에 1, 그 다음에는 1+1, 그 다음은 3+3 …과 같이 계산해 가는 것입니다. 덧셈의 경우는 답이 똑같지만 곱셈과 덧셈이 섞여 있는 수식의 경우 어떤 망을 사용할지에 따라 답이 달라집니다.

똑같은 단어를 나열한 다음 문장을 살펴봅시다.

'나는 좋아하는 고양이를 기르고 있다'
'고양이를 좋아하는 내가 좋다'

사용하는 단어는 거의 비슷하지만 의미는 전혀 다릅니다. 당연하지만 단어만을 취한다고 해서 문장을 제대로 이해할 수는 없습니다. 문법과 함께 그 순서가 중요하기 때문입니다. 문장을 처음부터 순서대로 읽어가면서 조금씩 명확해져 가는 의미를 바탕으로 최종적인 문장의 의미를 이해할 필요가 있습니다. 이로써 좀 전의 1~5의 덧셈에서 본 '전체를 동시에 계산하는 것이 아니라 1부터 순서대로 계산한다'는 원리의 중요성을 알 수 있습니다.

독특한 신경망이지만 루프라는 특성상 다양한 구조의 순환 신경망이 존재합니다. [그림 14]는 그 일례입니다.

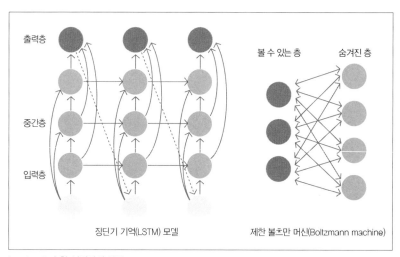

[그림 14] 순환 신경망의 종류

모두 특성이 전혀 다른 순환 신경망으로, 사용 목적도 다릅니다. **장단기 기억(LSTM) 모델**은 딥러닝의 강성과 함께 등장하여 문장 이해에 압도적인 성능을 발휘했습니다. **제한 볼츠만 머신**은 딥러닝의 등장 이전에 고안된 것이지만 비교적 응용범위가 넓고 화상인식 등에도 사용됩니다.

이처럼 신경망은 그 구조나 정보를 다루는 방법에 따라 전혀 다른 특성을 가지고 있는 것입니다.

AI가 사람과 같은 감각 기관을 획득한 순간

지금까지 합성곱 신경망과 순환 신경망을 소개했습니다. 이러한 신경망에 의해 AI는 시각을 손에 넣었고 문장도 어느 정도는 이해할 수 있게 되었습니다. 그리고 이 둘을 조합함으로써 이번에는 청각도 손에 넣게 됩니다.

■ 신경망을 조합하여 소리를 인식

합성곱 신경망이 이미지에 강하고, 순환 신경망이 문장에 강하다는 것을 배웠습니다. 그렇다면 음성은 어떨까요? 음성은 음의 집합체이자 문장(말)이기도 합니다. 소리의 이해와 말의 이해, 둘 다에 강한 신경망이 있으면 좋겠지만 실제는 그렇게 간단하지 않습니다. 그래서 여러 신경망을 조합합니다.

먼저 소리는 음파로서의 특징을 갖고 있으므로 파형으로 표현할 수 있습니다. 그러면 이미지로서 다룰 수 있게 됩니다(그림 15). 앞에서 말한 화상인식과는 대상의 특징이 다르므로 그대로 사용할 수는 없지만 합성곱 층이나 풀링 층을 갖지 않는 보통의 신경망과 조합하면 유효하게 활용할 수 있을 것입니다.

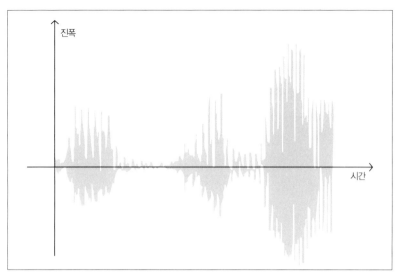

[그림 15] 소리의 파형을 신경망으로 인식한다.

그런데 말로서의 의미를 갖는 음성은 똑같은 단어라도 전후 관계로 소리가 달라집니다. 무엇보다 들린 소리를 그대로 말로 해도 선명한 음성이 나오지 않습니다. 왜냐하면 우리 사람은 무의식적으로 들리지 않은 (알아듣기 힘든) 소리를 뇌에서 보완하여 인식하고 있습니다. 즉, 사람은 청각뿐만 아니라 언어능력도 구사하여 음성을 인식한다는 것입니다.

여기서 순환 신경망이 나올 차례입니다. 들린 소리를 먼저 들린 그대로의 소리로 인식합니다. 예를 들어 '안녕하세요? 잘 지내세요?'라는 말이 실제로는 '한녕하세오, 찰 지내세요오'와 같은 소리가 되었다고 하면, 신경망은 음의 전후관계로부터 비슷한 의미를 가진 단어나 문장을 추측하여 올바른 음성으로 대체함으로써 '안녕하세요? 잘 지내세요?'로 인식하는 것입니다.

인식을 잘 못 할 때는 전혀 다른 뜻의 말로 인식하는 경우도 있지만 학습을 거듭함으로써 올바르게 인식할 수 있게 됩니다. 이러한 기술이 뛰어난 음성인식 시스템으로 이어지는 것입니다.

■ 시각과 청각을 가진 기계가 만들어 내는 가능성

이와 같이 대규모 신경망을 활용함으로써 AI는 사람과 같은 시각과 청각을 손에 넣게 되었습니다. 이것이 큰 변화의 시작입니다. 그저 보이게 되었다, 들리게 되었다는 것 뿐이지만 거기에서 들어오는 정보나 지식은 압도적입니다.

보이게 되면 본 것을 참고로 그릴 수 있게 됩니다. 그러자 AI는 유명 화가의 작품(作風)을 흉내 내어 그림을 그릴 수 있게 되었습니다. 또 들리게 되면 들은 것을 참고로 이야기를 할 수 있게 됩니다. AI는 마이크와 스피커를 사용하여 사람과 대화할 수 있게 되었습니다.

모두 그저 보고 듣는 능력을 얻게 된 것부터 시작된 것입니다. 그림을 그릴 수 있다면 그에 맞춰 동영상을 만들 수도 있으며 그림의 편집도 가능합니다. 대화할 수 있다면 문의에 응답하거나 명령을 실행할 수 있게 될 것입니다. 가능해진 것은 심플하지만 그 심플한 능력을 조합하여 발전시킴으로써 가능성이 크게 넓어진 것입니다.

비즈니스 세계에서는 신경망에 의해 펼쳐지는 가능성을 간파할 수 있을지, 새로 만들 수 있을지가 성공의 열쇠가 된다는 것은 두말할 필요도 없습니다. 시각과 청각을 얻은 AI는 비즈니스 세계를 어떻게 바꿔 갈까요?

딥러닝이 다층 신경망의 잠재능력을 끌어냈다는 것은 틀림없습니다. 그리고 다층 신경망의 능력은 AI 기술에 활용되어 AI는 비약적으로 발전하게 됩니다.

그런데 현실은 AI라는 말이 너무 널리 사용되고 있기 때문에 정말로 딥러닝이 AI의 발전에 공헌했는지 아닌지 알기 어려워졌습니다. AI의 성능 향상의 배경에는 단순히 데이터량의 증가나 계산처리능력의 향상이 요인이 된 부분도 적지 않습니다.

'AI의 발전' = '딥러닝 덕분'이라는 수식은 성립되는 듯 보여도 그렇지 않습니다. 그래서 먼저 AI란 무엇인지를 알고 그 다음에 딥러닝이 AI의 무엇을 바꿨는지에 대해 설명하겠습니다.

사회에 넘치는 'AI'를 구분하자

AI란 무엇일까요? 룰에 따르는 매뉴얼 타입의 AI가 일반적이었던 시절부터 'AI'나 '인공지능'이라는 말은 존재했으며 다양한 문맥에서 사용되어 왔습니다. 'AI'라는 말에 엄밀한 정의가 없기 때문에 실제로 어떻게 사용되고 있는지를 이해할 필요가 있습니다. 어떤 경우든 기본적으로 '똑똑한 기계'라는 뉘앙스가 있는데 이는 크게 3종류로 나눌 수 있습니다.

첫 번째는 지능이 있다고 사람이 느낄 수 있는 것이며, 두 번째는 AI 기술이 사용되고 있는 것, 세 번째는 편의상 또는 관습적으로 AI라고 부르고 있는 것입니다. 모두 해당하는 것도 있는가 하면 이중 하나만 해당하는 것도 있습니다. 다음에서 구체적으로 어떤 것을 가리키는 것인지 살펴봅시다.

■ 지능이 있다고 느껴지는 것

위 셋 중 우리가 알기 쉬운 것은 '지능이 있는 것처럼 보이는 것'입니다. 실제로 지능이 있는지, AI 기술이 사용되고 있는지 어떤지는 상관없습니다. 이 경우 '사람의 말이나 동작에 반응하기만 한다', '머리가 좋은 것 같은 말을 하기만 한다', '장애물을 피하기만 한다' 등이라도 AI로 간주합니다.

또한 모든 프로그램은 많건 적건 규정된 룰에 따라 작동합니다. 기존의 AI는 정해진 룰에 따라 작동한다고 설명했지만 단순한 룰베이스로 작동하는 AI는 Windows나 Excel*과 원리상 크게 다르지 않습니다.

주어진 일이나 사람이 느끼기에 따라 AI로 부르거나 부르지 않는 등 상당히 애매한 분류이지만 '똑똑하게 보이는 궁리' 여부에 따라 AI인지 아닌지를 판별한다고 생각하면 쉽게 이해할 수 있을 것입니다.

이러한 영역에서 너무 보편화 되어 버린 AI는 AI라고 부르지 않게 되는 **AI 효과**라는 현상이 일어납니다. 예를 들어 특정 단어에 반응하기만 하는 심플한 챗봇 등은 '대화형 AI'라고 부르는 경우도 있지만 그저 프로그램의 일종으로 간주하는 경우도 있어서 AI라고 부를 수 있을지 없을지가 모호한 존재라고 할 수 있습니다.

---

*   요즘의 Windows나 Excel에는 AI와 비슷한 기능이 탑재되어 있으므로 엄밀히는 AI 탑재형 소프트웨어로 진화했다고 할 수 있다.

■ AI 기술이 사용되고 있는 것

사람의 감각에 의존하는 것보다 AI 기술이 사용되었는지 아닌지로 판단하는 것도 한 방법입니다. 먼저 신경망이나 기계학습이 사용된 것은 AI라고 할 수 있습니다. 그 외에도 **엑스퍼트 시스템**[*]이나 **지식표현**[**]이 사용되었다고 하면 이것도 AI라고 불러도 좋습니다.

그런데 이 경우 프로그램에 AI 기술이 사용되었는지 아닌지를 사용자가 몰라서 그저 감각적으로 AI가 아니라고 생각하는 것이 있습니다. 예를 들면 지식표현 기술을 사용한 '검색 엔진'이나 기계학습 기술을 사용한 '한자변환 소프트웨어'를 AI라고 부르는 데는 거부감이 있을지도 모르겠습니다.

또 AI 기술을 어느 정도 사용해야 AI라고 부를 수 있을지 그 경계선도 알기 어렵고, 일부에 신경망이 사용된 디지털카메라를 'AI 탑재 카메라'라고 부를 수 있을지도 조금 의문입니다.

■ 편의상 AI라고 부르고 있는 것

또한 그 외에도 게임의 자동조작이나 캐릭터를 AI라고 부르는 경우도 있습니다. 최근의 게임이나 장기 AI에는 AI 기술이 사용되고 있거나 똑똑하게 보이는 뭔가가 마련되어 있는 것도 있지만 단순히 '옛날부터 적 캐릭터를 AI라고 불렀으니까', '컴퓨터가 움직이고 있다는 의미로' 등 편의상 AI라고 부르는 경우도 있습니다.

---

[*] AI의 질문에 대답해 가면 응답을 받을 수 있는 시스템. 룰베이스로 된 오래된 타입의 AI 기술이지만 의사 대신 진단을 하거나 기계 트러블의 원인을 특정하는 태스크를 수행한다. IBM의 Watson 등이 해당된다.

[**] 지식을 기계도 알기 쉬운 형태로 기술하는 기술. 엑스퍼트 시스템이나 대화형 AI, 검색 엔진 등에도 널리 사용되며, '지식이 있는 AI'를 만드는 데는 필수불가결한 기술.

최근에는 프로모션용 CG 캐릭터를 AI라고 부르는 경우도 있어서 AI라는 말의 의미가 상당히 넓어졌습니다(그림 16).

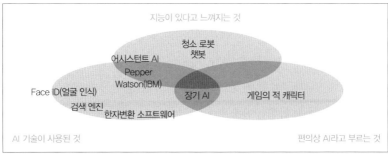

[그림 16] AI의 종류와 구분

AI에 필요한 능력은 무엇일까?

이처럼 AI를 분류해서 보면 서로 다른 시점에서 AI라고 부르는 것 중에도 몇 가지 공통점이 있습니다. 바로 **식별능력, 학습능력, 모방능력**입니다.

AI는 이러한 능력을 각각 다른 수단 및 기술로 습득하고 있으며, 경우에 따라서는 똑같은 기술이 서로 다른 능력에 영향을 주는 경우도 있습니다. 신경망이 식별능력과 학습능력 둘 다에 영향을 주는 경우도 있는가 하면, 룰베이스 기술이 식별능력과 모방능력에 영향을 주는 경우도 있습니다.

AI를 이해하고 활용할 때 중요한 것은 '어떤 기술이 사용되었는지'가 아니라 그에 의해 '어떤 능력을 획득했는지'입니다. 이것을 이해해야 비로소 AI의 활용법이 보이게 될 것입니다.

■ 식별능력의 획득

식별능력에는 사고, 판단, 인식과 같은 능력이 포함되는데, 이는 하나의 능력만으로 성립되는 것은 아닙니다. 이러한 높은 식별능력을 갖고 있는 AI의 좋은 예로 청소로봇을 들 수 있습니다.

청소로봇은 쓰레기나 장애물을 인식한 후, 올바른 청소 루트를 인식하고 자신이 지나가야 할 루트와 지나가지 말아야 할 루트를 식별합니다. 또 검색 엔진도 검색 키워드를 가지고 관련성이 있는 것을 식별한다는 의미에서 높은 식별능력과 분류능력을 갖고 있다고 할 수 있습니다.

언뜻 보면 식별능력과 관계가 없어 보이는 장기나 바둑 AI에도 판의 유불리를 판단하는 데 있어서 식별능력이 지극히 중요합니다. 상대가 놓은 수에 따라 판이 유리한지 불리한지, 그리고 그 다음에 놓을 자신의 수로 판이 유리해지는 수를 식별하지 않으면 이런 게임에서 강해지지 않습니다.

식별능력은 AI에게 있어서 가장 중요한 능력이며, 이것이 없으면 AI라고 부를 수 없다고 해도 과언이 아닙니다.

■ 학습능력의 획득

기계학습으로 대표되는 학습능력도 AI에게 상당히 중요합니다. 위에서 말한 식별능력은 사람이 만든 룰에 기계가 따르기만 해도 획득할 수 있지만, 학습능력이 없으면 AI로서의 능력을 발휘할 수 없습니다. 장기나 바둑 AI도 대전이나 기보를 통해 학습을 함으로써 높은 식별능력을 손에 넣고 있는 것입니다.

신경망은 높은 학습능력을 갖고 있는데 학습능력의 기본은 통계학입니다. 신경망도 궁극적으로는 통계적 정보를 구사하여 태스크를 수행하기만 하는 것으로, '학습능력'='통계 데이터의 활용능력'이라고 해도 좋을 것입니다.

얼굴 인식 시스템은 통계에 기초한 얼굴의 특징 데이터를 사용하여 한 사람 한 사람의 얼굴 특징을 학습하고 식별하는 데 도움을 줍니다. 이것은 분명히 학습능력에 의해 얻은 식별능력입니다. 또한 대화형 AI 등도 사람의 대화를 학습함으로써 사람다운 대화를 실현하고 있습니다.

학습능력에 의해 식별능력이나 모방능력을 손에 넣는 형태가 되므로 단독으로는 의미가 없지만 각각의 능력의 잠재력을 끌어낸다는 의미에서는 상당히 중요합니다.

■ 모방능력의 획득

모방능력은 엄밀히 말하면 '능력'이라고 할 수 있는 것은 아니지만 똑똑하게 보이기 위해서는 중요한 것입니다. 대화 AI나 어시스턴트 AI 는 사람의 대화나 행동을 흉내냄으로써 지능이 있는 것처럼 보이고 대화를 성립시킵니다. Pepper에 탑재되는 감정 엔진* 등은 사람의 감정을 모방하기 위해 만들어져 있어서 전형적인 모방능력이라고 생각할 수 있습니다.

사람의 감정을 다루는 프로그램은 AI의 태스크에 필수적인 것은 아니지만, 사람과 관련해서는 중요한 프로그램입니다. 경우에 따라서는 사람의 감정을 인식하고 컨트롤하기 위해 사용되는 경우도 있기 때문에 모방능력도 역시 중요한 능력이라고 할 수 있습니다.

---

*   뇌의 내분비계를 가상으로 재현한 엔진. AI에 의한 감정 이해와 AI 자신의 감정 생성에 활용된다.

지금까지 AI가 갖고 있는 능력에 대해 설명했습니다. 딥러닝은 그중에서도 신경망의 학습능력과 관련된 기술입니다. 신경망은 학습에 의해 높은 식별능력을 획득합니다. 이런 능력은 어떤 분야에서 활용되고 있을까요?

■ 영상분석 – 이미지의 인식과 작성

가장 먼저 성과를 올린 분야는 합성곱 신경망을 사용한 화상·영상 인식 영역입니다. 단순히 이미지 안에 들어 있는 것을 특정하기만 하는 능력이라도 얼굴 인식에 사용하면 '얼굴 인증 시스템'이 되며, 자동차나 드론에 도입하면 장애물의 인식에 사용할 수 있습니다(그림 17). 의료용으로 응용하면 X-ray나 CT 사진을 보고 질환을 찾아내는 진단시스템으로 변모를 합니다.

[그림 17] 화상인식을 사용한 보행자와 자동차의 인식
제공: 주식회사 Ficha
URL: http://ficha.jp/

이미지의 내용을 올바르게 이해할 수 있으면 이번에는 이미지를 만드는 일도 할 수 있습니다. 기존의 화가의 화풍을 흉내 내어 그림을 그리는 기술도 나왔습니다. 최근에는 동영상으로부터 물체의 움직임을

학습하여 몇 초 후 영상을 합성하는 일도 가능하게 되었습니다.

움직임을 이해할 수 있게 되면 감시 카메라에 도입할 수 있습니다. 이로 인해 범죄행위를 사전에 감지함으로써 가게에서 물건을 도둑맞는 피해가 40프로 경감했다는 테스트 결과*도 나왔습니다. 그 외에도 동영상의 인식과 이미지 생성을 조합하여 영화의 PV 제작이나 애니메이션 작성에도 활용하기 시작했습니다.

영상 분야에 관한 응용은 신경망이 무엇보다 잘 하는 분야로, 앞으로도 더욱 다양한 영상 인식과 생성에 사용되어 갈 것입니다.

▒ 문장 분야 – 대화와 번역

순환 신경망이 적극적으로 사용되면서 대화형 AI(챗봇)나 기계 번역이 크게 발전했습니다. 기존의 기계 번역은 룰베이스 번역을 했기 때문에 미리 마련한 사전 데이터베이스나 문법 규칙에 따랐습니다. 하지만 신경망을 사용함으로써 보다 자연스러운 번역이 가능해져서 예를 들면 Google 번역의 정확도는 비약적으로 향상되었습니다.

또한 예전부터 인터넷에서 수집한 데이터베이스를 활용함으로써 대화형 AI는 기존의 AI와 비교하여 발전했지만 신경망을 활용한 후로는 보다 자연스러운 대화가 가능해졌습니다.

이러한 기술을 응용함으로써 사용자는 특정 입력폼 등을 사용하지 않아도 LINE 등의 챗봇을 사용하여 정보의 조회나 문의를 할 수 있게 되어, 기업이 제공하는 서비스의 편의성도 비약적으로 향상되었습니다.

* http://www.itmedia.co.jp/news/articles/1805/28/news085.html

■ 음성 분야 – 커뮤니케이션과 통역

음성인식 분야도 빼놓을 수 없습니다. 음성인식을 활용함으로써 스마트폰이나 스마트 스피커가 음성 입력을 받을 수 있게 되어서 사용자는 키보드나 터치패널과 같은 입력기기로부터 해방되고 있습니다.

기업은 콜센터의 오퍼레이터 대신 AI를 사용함으로써 정형적인 문의 대응에는 인력이 필요 없게 되었습니다. 사람이 대응하는 내용의 문의도 AI가 정보조회 작업을 지원할 수 있게 되었습니다.

또한 음성인식과 기계 번역을 조합함으로써 외국어를 그 자리에서 번역해 주는 앱이나 서비스도 등장했습니다. Microsoft Translator(그림 18)는 스마트폰 앱이나 Skype와 협력하여 상대가 말한 말을 자막처럼 표시해 줍니다. 이런 서비스로 인해 언어의 장벽이 없어지고 있습니다.

이런 즉시 번역 기능을 이어폰으로 묶은 WT2 Translator*이라는 제품도 나와서 여행지에서 처음 만난 외국인과 자국어로 대화할 수 있게 되었습니다.

[그림 18] 상대의 음성을 그 자리에서 바로 번역한다.
출처: 한국 마이크로소프트 주식회사 웹사이트
URL: https://www.microsoft.com/ko-kr/p/translator/9wzdncrlj3pg?activetab=pivot:overviewtab

---

*   https://www.kickstarter.com/projects/17841644/wt2-real-time-earphone-translator

이런 모든 것은 신경망과 딥러닝의 등장이 계기가 된 것입니다. 하지만 신경망의 가능성은 이것으로 끝나는 것이 아니라 더욱 가능성을 펼치고 있습니다.

지금까지 본 설명에서 다룬 것은 모두 이미 보급이 시작된 기술입니다. 대부분의 기업이 실용화를 끝내고 이미 서비스를 제공하고 있는 것이므로 지금이라도 당장 사용할 수 있습니다.

그런데 딥러닝이 고안된 지는 10년이 넘었습니다. 신경망을 응용하기 위한 토대가 되는 기술은 갖춰졌다고 할 수 있습니다. 그리고 연구자들은 이미 다음 단계로 진행하기 시작했습니다. 여기서는 앞으로 AI 기술의 변화를 파악하기 위해서 확실히 알아두어야 할 기술을 소개하겠습니다.

신경망은 더욱 더 발전한다

딥러닝은 신경망을 학습시키기 위한 기술이지만 여기에는 몇 가지 제약이 있습니다.

첫 번째는 데이터가 적은 것은 학습하지 못 한다는 점입니다. 인터넷상에서 원하는 만큼 입수할 수 있는 고양이 그림이라면 몰라도, 특수한 질환의 X-ray 사진을 모으는 일은 그리 간단하지 않습니다. 교사가 있는 데이터(정답이 있는 데이터)를 줄여주는 **원숏 학습*** 등이 등장했지만 데이터 수 자체가 적어도 학습할 수 있는 방법은 별로 없습니다.

---

*   정답 라벨이 붙은 적은 양의 이미지와 라벨이 전혀 붙어 있지 않은 많은 이미지만으로 신경망을 학습시킬 수 있는 기법. 학습용 데이터의 작성 비용을 큰 폭으로 경감시킬 수 있다는 장점이 있다.

두 번째는 완전 새로운 영역의 학습은 시행착오를 수반한다는 점입니다. 고양이 그림의 학습과 사람의 얼굴을 인식하는 학습은 비슷한 듯하지만 전혀 다른 것입니다. 대량의 데이터를 사용하여 무리하게 학습시키는 방법도 없지는 않지만 효율적으로 학습시키려면 사전학습을 시키거나 초기 가중치를 조정하는 등 숙련된 엔지니어가 조정을 할 필요가 있는 경우가 있습니다.

이 둘은 어디까지나 일례에 지나지 않지만 이런 과제를 해결할 획기적인 방법이 등장했는데, 그 응용범위가 넓어서 주목을 받고 있습니다.

▒ 적대적 생성신경망으로 데이터 부족을 해결

적대적 생성신경망(GAN: Generative Adversarial Network)을 사용하면 데이터가 부족해도 신경망을 학습시킬 수 있습니다. 이 기법에서는 두 개의 신경망을 마련하고 한쪽 신경망이 생성한 데이터를 다른 한쪽의 데이터를 사용하여 식별합니다. 적대적인 역할을 갖고 있는 두 개의 신경망을 사용하여 서로 향상시킴으로써 학습을 진행하기 때문에 적대적 생성신경망이라 부르고 있습니다.

이 방법으로 어떻게 학습이 가능한지 의문이 들지 모르겠습니다. 이 방법은 '경찰'과 '위조범'으로 비유되어 서로 기술을 향상시키는 특성이 있습니다. 위조범 역할이 경찰을 속이기 위한 데이터를 만들고, 경찰 역할은 진짜 데이터와 가짜를 식별한다는 이미지입니다(그림 19).

처음에는 가짜의 정밀도가 낮아 바로 가짜라고 간파할 수 있지만, 여러 번 반복하다 보면 경찰을 속일 수 있는 진짜와 비슷한 데이터가 완성됩니다. 당연히 경찰도 이 데이터를 간파하기 위해 기술을 연마하는 중에 가짜라고 간파할 수 있게 됩니다. 이를 반복함으로써 쌍방의 능력이 올라가는 것입니다.

그리고 여기서 만든 진짜를 정확하게 식별하는 경찰 신경망을 사용하면 '화상인식 시스템'이 만들어지고, 진짜와 너무 비슷한 데이터를 만들 수 있는 위조범 신경망을 사용하면 '화상 합성 시스템'이 만들어집니다.

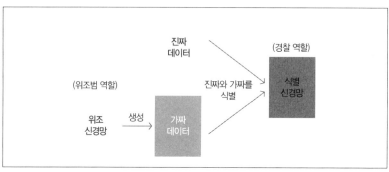

[그림 19] 적대적 생성신경망의 구조
데이터를 위조하는 신경망과 위조를 간파하는 신경망이 존재한다.

이 적대적 생성신경망을 사용하면 얼굴 인식 시스템을 만드는 데 실제로 존재하는 사람의 얼굴을 거의 사용하지 않아도 되므로 프라이버시를 보호할 수 있습니다. 또 진단 시스템의 학습에도 실존하는 사람의 의료용 데이터가 최소한만 있으면 됩니다.

화상인식 외에도 오류의 경감이나 노이즈에 강하게 하기 위한 학습에 사용되는 경우도 늘고 있어서 신경망을 이용하는 데 있어서 중요한 기술이라고 할 수 있습니다.

■ 메타학습으로 최적의 기계학습법을 배운다

딥러닝은 뛰어난 학습법이지만 딥러닝에도 여러 버전이 있기 때문에 태스크에 맞춰 잘 구분하여 사용해야 하며, 전혀 새로운 타입의 태스크에 대해서는 0부터 조정을 해야 합니다. 그래서 고안된 것이 '학습법'을 배우는 **메타학습**이라는 기술입니다.

학습법을 배운다는 것은 예를 들면 고양이를 인식하는 신경망은 어떻게 학습을 해야 할지를 다른 AI에게 학습을 시켜 놓고, 그것을 기초로 개를 인식하는 신경망을 AI로 조정시키는 것을 말합니다.

지금까지 새로운 신경망을 만드는 작업은 미세한 조정이 필요해서 시간이 걸렸습니다. 하지만 이 메타학습을 수행한 다른 AI(신경망이 아니어도 됨)를 사용하면 새로운 신경망을 효율적으로 만들 수 있게 됩니다.

신경망의 구축 및 학습에 관한 허들이 낮아지면 대기업이 마련한 AI 개발 플랫폼을 사용하지 않아도 중소기업이나 개인이 저비용으로 새로운 AI를 만들 수 있게 될지 모릅니다.

심층강화학습의 기술적 임팩트

수년전까지만 해도 바둑 AI가 사람을 넘어서는 것은 불가능하다고 했었습니다. 하지만 알파고(AlphaGo)의 등장으로 사람을 넘어서는 데 성공했습니다. 이를 가능하게 한 것이 바로 **심층강화학습**입니다. 딥러닝과 **강화학습***을 조합한 것으로, 본래 해답을 모르는 태스크에 대해서도 성과를 낼 수 있는 것이 특징입니다.

심층강화학습 자체는 그다지 새로운 기법은 아니지만 자율주행차를 비롯해 AI가 실사회에 진출하면 해답이 없는 어려운 문제에 부딪히는 경우가 늘 것입니다. 그렇기 때문에 강화학습이라는 기법은 지금 이상으로 중요한 기법이 될 것입니다.

---

*   설정된 보수가 늘어나도록 학습을 해 가는 기법. 사람이나 동물이 보수를 얻기 위해 특정 행동을 기억해 가는 데에 착안한 기법이다.

■ 룰을 0부터 자신이 찾아내는 AI

강화학습에서 AI는 설정된 보수가 늘어나도록 학습을 합니다. 보수라는 것은 상황에 따라 여러 가지 설정이 가능하지만, 바둑의 경우는 '승리'로 보수를 얻을 수 있으며, 자동차의 경우는 최단거리 통과나 흔들림이 적은 운전*으로 보수를 얻을 수 있도록 설정합니다.

AI는 다양한 액션을 취하면서 보수가 올라가는 액션을 찾아내고, 효율적으로 보수를 얻을 수 있도록 학습합니다. 이 학습방법의 강점은 정답을 몰라도 사용할 수 있다는 데 덧붙여, 상황이 시시각각 바뀌는 경우에 이용할 수 있게 됩니다. 이것은 정말 바둑에 적합한 것으로, 사람이 본 적이 없는 한 수를 두어 프로 기사를 놀라게 했습니다.

더욱이 알파고를 진화시킨 **알파제로**(AlphaZero)는 심층강화학습에 의해 룰을 전혀 모르는 상태에서 체스, 장기, 바둑을 배워, 최신 AI에게 승리를 거뒀습니다(그림 20). 지금은 아직 게임 세계에 그치고 있지만 똑같은 시스템의 AI를 사용하여 3종류의 게임을 배웠다는 점에서도 알수 있듯이 심층강화학습의 범용성은 나날이 높아가고 있습니다. 실제 사회에 진출하는 것도 시간 문제입니다.

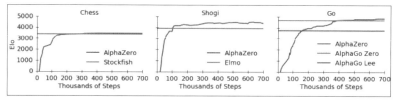

[그림 20] 알파제로는 몇 시간 만에 기존의 AI급으로 성장했다.
출처: Mastering Chess and Shogi by Self-Play with a General Reinforcement Learning Algorithm
URL: https://arxiv.org/pdf/1712.01815.pdf

＊　자율주행차가 승차감이 좋은 운전을 하기 위해 강화학습이 사용되는 경우가 있다.

■ 자율주행차와 로봇의 학습에 위력을 발휘한다

심층강화학습은 실사회에서도 다양한 학습에 응용할 수 있다고 여겨지고 있지만, 특히 주목받고 있는 것이 자율주행차와 로봇입니다. 자율주행차와 로봇은 둘 다 실사회에 사용되는 기계이기 때문에 룰베이스 시스템은 물론 특정 태스크만으로 특화한 신경망으로는 불충분합니다. 해답을 모르는 상황에 직면했을 때 학습을 통해 성장하는 AI를 사용해야 새로운 상황에 대처할 수 있습니다.

자동차의 경우 도로 상황이 시시각각 바뀌므로 최적의 운전 방법도 바뀝니다. 위험 운전을 하는 차가 나타나는 경우도 있는가 하면 시야가 나빠지는 경우도 있습니다. 주차를 할 때도 항상 교과서대로 할 수 있는 것은 아닙니다. AI는 시뮬레이션에 의해 강화학습을 하여 복잡한 상황에 대처할 수 있도록 진화해 갑니다.

또한 보행 로봇의 경우는 지면의 상황에 맞춰 발의 사용법이나 자세에 따른 이동 방법 등 시뮬레이션이나 실제 환경에서의 실험을 반복하면서 학습합니다. 이때 인간이 매번 세세하게 AI를 조정하지 않고 강화학습을 통해 조금씩 최적의 움직임을 학습시킵니다. 로봇은 시행착오를 반복하면서 최적의 움직임을 배우고 사람처럼 걸을 수 있게 됩니다.

좀 더 자세히 역강화학습

강화학습에는 보수 설정이 필수불가결합니다. 하지만 최적의 보수 설정이 되어 있지 않으면 강화학습은 성공하지 못합니다. 그래서 최적의 보수 설정을 배우기 위해 '최적의 행동으로부터 보수를 배우는 방법'이 나왔습니다. 최적의 행동을 알면 강화학습을 할 의미가 없을 것 같지만, 예를 들어 프로 드라이버가 차를 운전해서 거기서 최적의 보수 설정을 배우고 그 다음에 보통의 강화학습을 하는 것은 아무 문제가 없습니다. 역강화학습에서 발견한 보수 설정을 바탕으로 운전자가 운전했을 때와는 다른 상황을 마련하고 최적의 행동을 학습시킵니다. 올바른 보수 설정을 못 찾을 것 같은 케이스에서 역강화학습은 효과적입니다.

신경망을 사용한 AI가 사회에서 일반적으로 사용되어 보다 고도의 태스크를 실행할 수 있게 되면 지금까지는 없었던 문제가 떠오릅니다.

예를 들어 진단시스템이 암을 발견했다고 합시다. 그래서 AI는 항암제나 방사선 치료가 효과적이라고 추천했지만 의사가 추가 검사를 했더니 암이라는 확증이 없었습니다. 암일 가능성은 높지만 확증이 없는데 위험한 치료를 해야 할까요?

이런 문제를 해결하는 데 있어서 중요한 것은 판단의 근거를 제시하는 것입니다. 상사가 부하에게 '이건 그냥 이렇게 하는 거야'라고 가르쳐도 그 판단의 근거를 확실하게 제시하지 않으면 부하는 상사의 판단을 믿어야 할지 망설일 것입니다. AI의 경우도 마찬가지입니다.

■ 신경망의 블랙박스화

이 문제는 기존의 룰베이스 AI의 경우는 그다지 어려운 문제가 아니었습니다. 왜냐하면 AI가 '이 룰에 따랐습니다'라고 사람에게 전하기만 하면 사람도 판단의 근거를 이해할 수 있었기 때문입니다. 하지만 신경망은 그렇지 않습니다.

신경망이 등장한 경위를 떠올려 보기 바랍니다. 사람이 AI에게 룰을 잘 전달할 수 없는 감각적인 태스크를 학습할 수 있다는 강점이 있기 때문에 신경망이 발전한 것입니다. 어떤 의미에서는 근거를 잘 설명할 수 없으니까 AI에게 학습시키자 라는 접근방식이었기 때문에 이것을 다시 AI에게 끌어내라고 하는 것은 극히 어려운 일입니다.

또한 신경망은 뉴런의 가중치를 조절함으로써 학습하지만, 이 가중치에 어떤 의미가 있는지는 연구자도 모릅니다. AI에게 근거를 물어도

'적당히 바꿨더니 잘 되더라' 정도의 대답밖에 안 돌아올지 모릅니다.

이렇게 되면 좀 곤란할 수도 있지만 사람도 마찬가지입니다. 사람은 무의식적으로 경험에 따라 다양한 판단을 합니다. 자신이 걸을 때 발을 움직이는 타이밍이나 힘 조절에 대한 근거를 대라고 하면 아마 곤란할 것입니다. 몇 만 번의 시행착오를 거쳐 학습한 행위에 대해 AI 자신이 이해하고 있는 것은 아니라는 말입니다.

이처럼 신경망의 사고가 블랙박스화 되어 있다는 점에서 근거가 중요한 태스크에서는 사용하기 어렵지 않냐는 우려가 있습니다.

■ 블랙박스를 이해하기 위해

해결이 어려운 문제지만 신경망의 사고를 이해하기 위한 방법이 존재하지 않는 것은 아닙니다. 메타학습과 같이 신경망을 분석하는 AI를 활용하는 것입니다. 거기에 데이터베이스를 조합하여 어떤 지식을 조합하여 결론에 도달했는지를 나타내도록 하는 방법이 모색중입니다(그림 21).

다층 신경망의 가중치는 매우 복잡하고 방대합니다. 사람이 직접 분석해도 판단기준이나 그 특성을 이해할 수 없습니다. 신경망을 분석한 AI가 '이 신경망이 이렇게 반응했으니까 이런 판단에 이르렀다'고 설명해도 아마 사람은 이해할 수 없을 것입니다.

사람이 이해할 수 있는 형태로 만들기 위해서는 사람의 지식과 조합해야 합니다. 사람은 판단의 근거에 여러 가지 지식을 활용합니다. 이 지식과 신경망의 분석결과를 조합하면 '암의 특성에 반응하는 세포분석 신경망이 췌장에서 암세포의 급격한 증식을 감지했으므로 암이라고 판단했다'고 설명할 수 있게 될 것입니다.

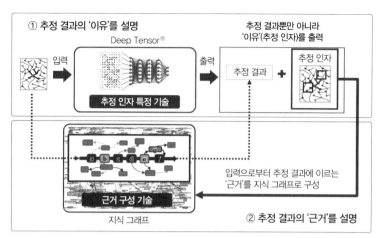

[그림 21] 판단근거를 특정하는 기술의 예
제공: 주식회사 후지쯔
URL: http://pr.fujitsu.com/jp/news/2017/09/20-1.html

이 경우 각각 '암이란 무엇인가', '췌장이란 무엇인가', '세포란 무엇인가', '증식이란 무엇인가' 등의 지식이 있어야 이러한 근거를 설명할 수 있습니다. 즉, AI를 이해하기 위한 AI와 사람의 지식을 이해하기 위한 AI가 필요하다는 것입니다.

클라우드에서 엣지로 퍼져가는 신경망

신경망을 이해하게 되니 실제로 사용해 보고 싶다는 생각이 들지 않습니까? 이미 알고 있을지도 모르겠지만 대기업이 보유하고 있는 AI 기술은 클라우드 서비스라는 형태로 이미 누구나 간단히 이용할 수 있습니다.

하지만 이제 시대는 그 다음 스텝으로 옮겨가고 있습니다. 블록체인 등으로 주목받은 **분산형 시스템**으로 이행하는 것이 AI 분야에서도 일어나고 있습니다. 집권형 **클라우드 AI**에서 분산형 **엣지 AI**로 새로운 흐름이 태어났습니다. 이것은 도대체 어떤 흐름일까요?

■ 클라우드 AI

클라우드 AI는 고도의 AI 기술을 보유한 대기업이 자사 데이터센터에서 AI를 제공하고, 사용자가 그 데이터센터에 액세스하는 형태로 이용할 수 있는 서비스입니다. 교육이 끝나 바로 사용할 수 있는 '어른 AI'부터 좋아하는 데이터를 사용하여 교육을 시키는 '아이 AI'까지 갖추고 있으며, 그중에는 0부터 AI를 만들기 위한 툴을 갖추고 있는 클라우드 서비스도 있습니다.

또한 서비스로 제공되는 것뿐만 아니라 네트워크로 연결된 단말기를 클라우드 AI가 컨트롤하는 모델도 있습니다. 단말기 쪽에 연산능력이 필요 없기 때문에 지적인 판단을 할 수 있는 소형기기를 클라우드 AI 아래에 대규모로 놓고 다룰 수 있습니다.

이러한 클라우드 AI는 서비스로서도 AI로서도 상당히 뛰어난 능력을 갖고 있습니다. 하지만 자신이 만든 AI 데이터를 대기업이 사용해 버릴 염려나 데이터센터 측의 성능에 병목 현상이 생겨 단말기 쪽의 성능을 충분히 발휘할 수 없는 우려도 있어서 만능이라고는 할 수 없습니다.

■ 엣지 AI

그에 반해 네트워크 중심부에 AI를 놓고 통괄하는 것이 아니라 단말기 쪽에 AI를 넣음으로써 단말기 단위로 지적으로 행동할 수 있게 하자는 움직임이 있습니다. 이것이 엣지 AI입니다. 클라우드 AI와 같이 통괄하는 AI에 방대한 데이터가 집중되는 일이 없기 때문에 데이터센터에 드는 부담이 경감되고 큰 데이터센터를 갖고 있지 않은 기업이라도 대규모 비즈니스를 시작할 수 있다는 장점이 있습니다.

또한 강력한 네트워크 환경이 없으면 사용하지 못하는 클라우드 AI에 비해 네트워크에 대한 의존도가 낮다는 점도 매력적입니다. 예를 들어 한 곳에서 대량의 기계를 움직이는 공장이나 네트워크 인프라가 정비되어 있지 않은 벽지에서 기계를 움직이는 건설사업 등에 대한 응용이 모색중입니다(그림 22).

단점으로는 단말기 쪽에 상당한 연산능력이 필요하다는 점을 들 수 있습니다. 고성능 AI를 탑재하려고 하면 단말기 비용이 증가하여 네트워크 인프라를 정비하는 것보다 비용이 더 들 가능성이 있습니다.

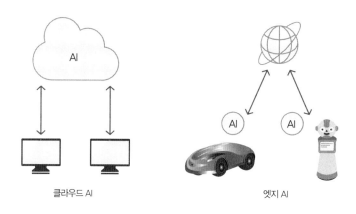

클라우드 AI   엣지 AI

[그림 22] 클라우드 AI와 엣지 AI

■ 엣지 AI를 지지하는 하드웨어 기술

단말기 쪽에서 AI를 운용하기 위한 비용이 내려가면 엣지 AI는 단숨에 보급될 것입니다. 이 방식에는 다양한 것이 있는데, 신경망의 개발단계부터 컴퓨터 쪽의 부하를 낮출 수 있는 개발 플랫폼의 제공이나 신경망용 GPU(Graphic Processing Unit)의 개발 등이 이루어지고 있습니다.

또한 엣지 AI에서는 앞에서 말한 뉴로모픽 컴퓨터(NMC) 등을 이용하는 것도 효과적입니다. GPU가 싸져서 소형기기에 탑재된다고 해도 소비 전력과 성능은 트레이드오프 관계에 있습니다. 드론이나 무인기에 탑재되는 AI는 배터리에 따라 행동 범위의 제약이 가중됩니다. 이러한 기기에 고성능 절전형 뉴로모픽 컴퓨터를 탑재시키면 고성능의 엣지 AI가 탄생하여 자율주행차와 다름없는 지능의 AI를 손바닥 크기의 드론에 탑재시킬 수 있을지 모릅니다. 엣지 AI의 능력을 최대한 발휘할 수 있는 환경이 정비되면 AI는 보다 가까운 존재가 되어 갈 것입니다.

데이터 마이닝

데이터 활용의 가능성을 크게 넓히는 분석 기법

2-1
데이터에 숨어 있는 '가치'를 찾아라

인터넷의 보급과 스토리지 기술의 발전으로 데이터를 저렴한 비용으로 빠르고 간단히 손에 넣을 수 있게 되었습니다.

바코드 리더로 상품을 스캔하면 정보가 소매점의 데이터센터에 모이고, 인터넷 쇼핑몰에서 쇼핑을 하면 고객의 나이, 성별, 주소가 들어 있는 구매 데이터가 모아집니다. SNS 상에서는 신상품에 대한 화제나 서비스에 대한 평가가 오고 가고, 자사의 웹 사이트에 액세스한 사용자는 페이지를 링크할 때마다 새로운 정보를 제공받습니다.

그리고 정보는 지금이나 옛날이나 강력한 무기이므로 거기에는 가치 있는 '뭔가'가 많이 숨어 있습니다. 하지만 그 '뭔가'는 기다리면 자연히 손에 넣을 수 있는 것이 아니기 때문에 그냥 내버려두면 계속해서 늘어나는 정보 속에 파묻혀 버리게 될 것입니다. 이러한 정보 속에 숨어 있는 '뭔가'를 찾아내는 것이 바로 **데이터 마이닝**(data mining)입니다(그림 1).

[그림 1] 계속 쌓여가는 데이터를 효과적으로 활용한다.

데이터 마이닝과 빅 데이터

데이터 마이닝을 이야기할 때 반드시 같이 언급되는 것이 **빅 데이터**입니다. 빅 데이터(big data)는 대량의 정보를 쌓아놓은 '데이터 덩어리'인데, 그 자체로는 아무런 가치가 없습니다. 의외라고 생각할지 모르겠지만 빅 데이터는 그 자체만으로는 사용 용도가 없고, 빅 데이터로부터 가치 있는 정보를 추출하는 데이터 마이닝이 이루어져야 비로소 의미를 가지게 됩니다.

반대로 데이터 마이닝은 빅 데이터가 없어도 사용할 수 있습니다. 대부분의 중소기업에는 빅 데이터라고 부를만한 방대한 데이터가 없을 것입니다. 경우에 따라서는 Excel 시트로 관리 가능한 정도의 소규모 데이터만 있을지도 모릅니다.

그런 기업에서도 데이터 마이닝을 활용하여 가치 있는 정보를 손에 넣을 수 있습니다. 이것이 무슨 뜻인지 이해하기 위해 기술적인 이야기는 접어두고 먼저 데이터 마이닝과 빅 데이터에 대해 간단히 살펴봅시다.

▨ 데이터 마이닝이란?

데이터 마이닝이란 통계학적인 분석 기법을 활용함으로써 데이터 속에서 의미 있는 정보(지식이나 규칙 등)를 추출하는 기술을 말합니다. 전문적인 이미지와는 달리 매우 넓은 의미로 사용하는 경우가 많아서 '데이터로부터 뭔가를 발견하는 작업'만으로도 데이터 마이닝이라 부르는 경우도 있습니다. 그런데 요즘은 '빅 데이터로부터 지식을 발견하기 위한 도구'라는 의미로 사용되는 경우가 많기 때문에 '데이터 마이닝은 빅 데이터가 없으면 사용할 수 없다'고 생각하는 경우가 많은 것입니다.

이 책에서는 전문적인 툴이나 분석 기법을 사용하는 것뿐만 아니라

'이 정도라면 나도 할 수 있을 것 같다'고 데이터 마이닝을 보다 가까운 존재로 느낄 수 있도록 알기 쉬운 예를 섞어서 설명하겠습니다.

■ 빅 데이터와 데이터 마이닝의 밀접한 관계

데이터 마이닝이 빅 데이터와 같이 언급되는 경우가 많은 이유는 그 새로움과 큰 효과 때문입니다. 먼저 빅 데이터는 '지금까지 존재하지 않았던 큰 데이터'임과 동시에 '활용법을 찾지 못했던 잡다한 데이터들'이기 때문에 그것을 효과적으로 활용하는 방법으로서 데이터 마이닝이 주목을 받게 되었습니다.

빅 데이터를 데이터 마이닝함으로써 손에 넣을 수 있는 정보는 개인의 힘으로는 절대로 손에 넣을 수 없었던 귀중한 정보였습니다. 그것은 갖고 있는 것만으로 회사의 큰 자산이 됩니다.

데이터 마이닝 자체는 새로운 개념이 아닙니다. 데이터 마이닝에 준하는 개념이나 분석 기법은 예전부터 있었으며, **데이터 과학자**들은 많건 적건 데이터 마이닝을 하고 있었습니다. 하지만 다룰 수 있는 데이터가 적고 컴퓨터의 처리속도도 느렸던 시대에서는 그 효과가 한정적이었습니다. 소규모 데이터 마이닝으로 손에 넣을 수 있는 정보는 머리 좋은 사람이 개인적으로 분석해도 손에 넣을 수 있는 그런 것이었습니다(그림 2).

이러한 사정 때문에 빅 데이터가 등장하기 이전의 데이터 마이닝은 숙련된 마케터를 능가할 만한 수준에 이르지 못해 그다지 주목받지 못했습니다.

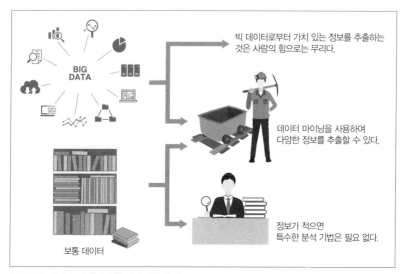

[그림 2] 데이터 마이닝과 빅 데이터의 관계
데이터 마이닝은 빅 데이터에 의해 진가를 발휘하지만, 소규모 데이터로부터도 정보를 추출할 수 있다.

■ 빅 데이터가 없으면 데이터 마이닝을 할 수 없다?

이는 중요한 사실을 시사합니다. 분명 당시는 숙련된 마케터를 능가하는 수준의 성과는 내지 못했을지도 모릅니다. 그러나 데이터를 간단히 입수할 수 있고, 처리속도도 빠른 컴퓨터가 스마트폰에도 들어가는 요즘 시대에는 초보자도 데이터 마이닝을 사용하여 숙련된 마케터 수준의 분석이 가능하게 되었다는 점입니다.

현재는 데이터 마이닝에 대한 설명서나 툴이 많이 나와 데이터 마이닝에 대한 장벽이 예전과 비교하면 대폭 내려갔습니다. 더 이상 '데이터 과학자 전용' 도구가 아니게 된 것입니다.

이 책에서 다루는 데이터 마이닝은 어디까지나 개념 설명 정도에 그치지만, 그 가치를 이해하면 실전으로 이어지는 데이터 마이닝의 활용방법도 시야에 들어 올 것입니다.

데이터 마이닝에 대한 관심이 높아짐으로써 툴이나 지식이 있으면 다양한 곳에서 활용할 수 있는 시대가 되었습니다. 실제로 데이터 마이닝을 사용하면 어떤 정보를 손에 넣을 수 있을까요?

데이터 마이닝을 할 때는 당연히 데이터가 많은 편이 좋습니다. 하지만 0부터 데이터를 모으는 시스템을 구축하려면 그에 상응하는 비용이 듭니다. 또 데이터 해석 툴이나 인력을 갖추는 일도 그리 간단하지 않습니다.

어떤 정보를 손에 넣을 수 있는지를 이해하지 않으면 데이터의 입수나 해석에 비용을 들일지 말지 판단이 서지 않을 것입니다. 그러기 위해서 데이터 마이닝으로 손에 넣을 수 있는 정보에 대해 알아둘 필요가 있습니다.

■ 데이터들의 연관성

데이터 마이닝으로 손에 넣을 수 있는 정보로 가장 심플하고 종류가 많은 것은 '데이터의 연관성'에 관한 정보입니다. 유사성이 많은 것·적은 것, 상관관계가 존재하는 것·존재하지 않는 것이 질적·양적인 정보로서 눈에 보이는 형태로 나타납니다. 그리고 이것은 데이터 마이닝의 출발점에 지나지 않습니다.

유사성을 알면 그것을 분류할 수 있습니다. 상관관계를 알면 거기서 법칙을 도출할 수 있습니다. 법칙을 알면 예측을 할 수도 있게 됩니다.

법칙을 발견하는 데에 비해 분류는 간단합니다. 예를 들어 물체의 낙하속도를 데이터 마이닝으로 검증하는 경우를 생각해 봅시다. 우리는 중력가속도가 $9.8m/S^2$라고 알고 있지만 이를 모르는 사람이 갑자기 정답을 찾아낼 수는 없습니다. 먼저 다양한 물체를 높은 곳에서 떨어뜨려보고, 낙하할 때의 '속도'나 '무게' 등을 사용하여 물체를 분류해 가는 것부터 시작해야 할 것입니다(그림 3).

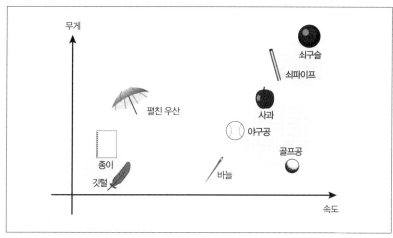

[그림 3] 무게와 낙하속도의 관계로 분류한 결과 예

[그림 3]은 모두 똑같은 높이에서 물체를 떨어뜨리는데 동일한 물체를 가지고 낙하속도를 여러 번 검증하여 평균값을 낸 것이라고 합시다. 우연이라는 요소는 배제했다고 생각하기 바랍니다. 그럼 이 데이터로부터 무엇을 알 수 있을까요?

■ 상관관계와 인과관계

위와 같이 분류해 가면 무거운 물체와 낙하속도의 상관관계가 보일 것입니다. 그렇다면 '무거운 물체는 낙하속도가 빠르다'고 말해도 좋을까요?

여기서 주의해야 할 것은 **상관관계**와 **인과관계**의 차이입니다. 상관관계는 어디까지나 통계나 데이터적으로 'A와 B는 관계가 있다'고 나타내는 것으로, 'A가 B의 원인이다'를 말하는 인과관계를 나타내는 것은 아닙니다.

쇼핑으로 말하자면 '맥주를 사는 사람이 치킨을 산다'라는 상관관계를 나타내는 데이터가 나온 단계에서 '맥주를 사는 사람은 치킨이 먹고 싶어진다'라는 인과관계를 추측하는 것은 성급한 생각입니다. 물론 먹고 싶어지는 사람도 있을 수 있지만, 안일하게 이를 연결시켜 버리면 올바른 인과관계를 도출할 수 없습니다. 실제로는 '맥주를 사면 안주가 먹고 싶어진다' → '안주 중에는 치킨이 있다'라고 하는 것이 올바른 추측입니다.

실제로 조사를 해 보면 치킨 외에도 안주로 분류되는 상품이 맥주와 함께 팔리고 있을 것입니다. 안주 중에는 단가가 비싼 상품도 많기 때문에 진열대의 배치를 궁리함으로써 수익률을 높일 수 있습니다.

데이터 마이닝으로 인과관계를 찾아낼 수 있으면 가장 좋겠지만 데이터 마이닝으로 나오는 데이터는 모두 상관관계를 나타내는 것일뿐, 거기에서 의미를 찾아내는 것은 사람의 일입니다. 상관관계를 찾아낸 것만으로 만족해서는 안 됩니다.

그럼 이야기를 처음으로 되돌려서 '무거운 물체는 낙하속도가 빠르다'는 상관관계를 나타내는 데이터는 어떻게 다뤄야 할까요?

■ 알려진 룰과 미지의 룰

신경이 쓰이는 것은 일부 '예외적인 데이터'입니다. 이런 데이터는 어떤 형태로 나오는 걸까요? 예외적인 데이터가 나온 물체를 조사해 보면 공기저항이 과도하게 크거나, 과도하게 적은 모양의 물체라는 것을 알 수 있습니다. 여기서 '공기저항을 받으면 물체의 속도가 느려진다'는 사실을 발견할 수 있습니다.

이 법칙을 몰랐다면 대단한 발견이겠지만, 이 법칙을 데이터 마이닝으로 발견하기까지의 과정을 분석하자면 이야기가 길어지므로 이것은 알려진 법칙이라고 해 둡시다. 당연한 이야기지만 데이터 마이닝에서는 다른 방법으로 이미 발견되어 있는 '알려진 룰'도 나타납니다.

지금 공기저항은 '알려진 룰'이지만 물체의 낙하속도는 '미지의 룰'이라고 합시다. 데이터 마이닝에서는 상당히 높은 비율로 알려진 룰도 발견되기 때문에 이를 제외하면서 검토를 할 필요가 있습니다.

■ 원인 분석과 데이터 재검증

여기서 우리는 '물체의 낙하속도'에 공기저항의 영향이 크다는 것을 알았습니다. 다른 물체도 공기저항의 영향을 받고 있다는 점은 틀림없습니다. 그렇다면 공기저항의 영향을 받지 않는 데이터가 필요해질 것입니다.

이 경우 '공기저항의 영향을 제외하고 계산을 한다'와 '공기저항을 받지 않는 데이터를 다시 모은다'라는 2가지 선택지가 있습니다. 운동량 계산식이나 공기저항을 정확하게 산출하는 방법을 알고 있으면 좋겠지만 여기서는 모른다고 가정하고 데이터를 다시 수집하기로 합시다.

실제 데이터 마이닝도 '이번 데이터에는 불필요한 데이터가 섞여 있다. 하지만 그런 데이터를 제외시킬 방법이 없으므로 데이터를 다시 모은다'는 경우가 종종 있습니다. 어떤 데이터가 필요한지 알면 좋겠지만 모르는 쪽이 더 많으므로 이는 어쩔 수 없습니다.

빅 데이터 규모로 데이터를 다시 모으자면 몇 개월 정도의 시간 손실이 발생하므로 데이터 수집을 설계할 때 불필요한 데이터가 있으면 제외시키는 등 데이터 설계를 유연하게 할 필요가 있습니다. 빅 데이터가 있는데 쓸모가 없게 되는 경우는 데이터 수집 방법에 문제가 있기 때문에 그런 경우가 많습니다.

■ 법칙의 발견과 미래 예측

이제 공기저항을 제외한 상태로 낙하속도를 검증했습니다(그림 4).

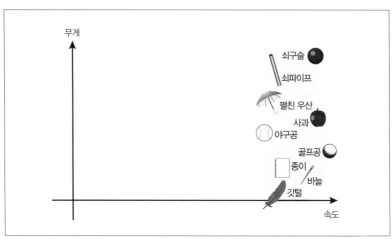

[그림 4] 무게와 속도의 관계로 분류한 결과 예(값은 대충 값)

　이 데이터를 보면 누구나 깜짝 놀랄 것입니다. 왜냐하면 낙하속도와 무게 간에 상관관계가 존재하지 않고 '낙하속도는 어떤 물체든 일정'하기 때문입니다. 이를 알았다면 그 다음은 그 속도를 조사하기만 하면 됩니다. 낙하속도가 일정하다면 추가로 낙하시키는 높이를 바꿔 보면 '높은 곳에서 떨어뜨리는 쪽이 빠르다'는 상관관계가 나타납니다. 그러면 가속도로서 '9.8m/S²'라는 숫자가 나올 것입니다.

　이것은 소위 '물리 법칙의 발견'입니다. 이로써 우리는 시험해보지 않은 것까지 알게 됩니다. 바로 100m 높이에서 물체를 떨어뜨렸을 때 몇 초 후에 초속 몇 미터로 떨어질지(공기저항을 무시한 경우)를 예측할 수 있게 되는 것입니다.

　이와 같이 데이터 마이닝을 사용하면 '데이터 취득' → '관계 발견' → '법칙 발견' → '미래 예측'으로 이어질 수 있으므로 그 위력이 어느 정도인지 굳이 설명하지 않아도 알 수 있을 것입니다.

이번에는 갈릴레오 갈릴레이의 위업을 예로 데이터 마이닝을 사용했지만, 갈릴레오는 데이터 마이닝이 존재하지 않았던 시대의 사람입니다. 이 법칙의 발견에 빅 데이터는 필요 없으며 천재라면 데이터 마이닝도 필요 없습니다.

하지만 데이터 마이닝을 사용하면 평범한 사람도 이와 근접한 곳까지 도달할 수 있을지도 모릅니다. 데이터를 모으고 연관성을 찾아내고 법칙을 찾습니다. 수학 지식이 없어도 '공기가 영향을 주지 않을까?'라는 생각이 들기만 하면 '떨어지는 속도는 일정하다'라는 사실까지는 찾아낼 수 있습니다.

데이터 마이닝의 활용과 응용

데이터 마이닝으로 무엇을 할 수 있는지 대충 이해했으면 좀 더 현실적인 활용방법에 대해 생각해 봅시다.

비즈니스 세계에서는 데이터 마이닝을 어떻게 사용할까요?

■ 고객의 구매이력으로부터 취향을 찾아낸다

인터넷 쇼핑에서 주로 사용하는 것으로 고객의 취향을 카테고리로 나눠 상품을 추천하는 방식입니다. 연관 분석이라고도 합니다. [그림 5]와 같은 데이터가 나왔다고 합시다.

[그림 5] 고객이 구매한 지역 특산물 목록(예)

고객	춘천 닭갈비	치즈 닭갈비	잔치 국수	막국수	평양 냉면	함흥 냉면
A	3번 구입	1번 구입	없음	2번 구입	없음	없음
B	2번	7번	3번	1번	없음	없음
C	1번	2번	없음	없음	1번	없음
D	6번	없음	1번	5번	없음	3번
E	3번	1번	1번	2번	1번	5번
F	없음	없음	5번	없음	4번	없음
G	1번	6번	4번	없음	5번	없음

이를 보면 치즈 닭갈비를 산 사람은 춘천 닭갈비에도 관심을 가질 확률이 높은 것 같습니다. 단순히 닭갈비를 좋아하는 것이겠지요. 하지만 춘천 닭갈비를 많이 산 사람은 잔치 국수보다 막국수에 관심을 가지고 있고, 치즈 닭갈비를 산 사람은 막국수보다 잔치 국수에 관심을 가지고 있다는 것은 이 데이터를 보지 않으면 아마 모를 것입니다.

이것만으로도 의미가 있는 데이터입니다. 왜냐하면 춘천 닭갈비를 좋아하는 사람에게 막국수를 추천하면 수익을 올릴 수 있을 듯하기 때문입니다.

하지만 여기서 좀 더 분석을 해서 고객의 주소와 연결시켜보니 '서울'과 '지방'에서 경향이 나뉜다는 것이 판명되었다고 합시다. 맛이나 지명도는 모르겠지만 서울과 지방에서 취향이 뚜렷하게 나뉜다는 것을 알게 되면 회원등록 시의 주소 등을 참고로 하여 데이터가 적은 신규 사용자에게도 상품을 효과적으로 추천할 수 있을지도 모릅니다.

먹거리 기호에 대해서는 지역마다 명확한 차이가 있습니다. 맛을 데이터화할 수 있다면 발매 전 신상품이라도 매출을 예측할 수 있을지도 모릅니다.

복잡한 수식을 사용하고 있는 것도 아니며 그저 데이터를 보고 분석하기만 하는 것이지만 이것도 데이터 마이닝의 한 종류입니다. 이로써 작은 데이터여도 어느 정도의 양이 모이면 거기서 다양한 가설을 세울 수 있다는 것을 이해했을 것입니다.

데이터 마이닝이 어떤 것인지 대강 이해했으니 이제 그 기법에 대해 좀 더 자세히 살펴봅시다. 데이터 마이닝 해석기법은 많이 있지만 해석의 목적으로 생각하면 크게 2종류로 나눌 수 있습니다.

첫 번째는 '아무 것도 모르지만 우선 데이터를 조사해 보자'는 **발견형** 방식이고, 두 번째는 '어떤 경향이 있을 테니 관련 있을 것 같은 데이터를 조사해 보자'는 **검증형** 방식입니다. 단, 양쪽 측면을 모두 갖고 있는 경우도 많아서 이 둘이 깔끔하게 나뉘는 것은 아닙니다. 각각 어떤 방식인지 설명을 하겠습니다.

새로운 연관성을 찾는 '발견형' 방식

발견형 방식은 데이터 마이닝의 대명사라 할 수 있는 방식입니다. 방대한 데이터를 분석하여 지금까지 알려지지 않은 데이터의 특성을 찾아낸다는 방식입니다. '데이터 마이닝으로 맥주와 함께 안주도 같이 팔린다는 경향을 찾아냈다'는 유명한 사례도 여기에 들어갑니다.

특징은 무엇을 찾아야 할지 확실하게 알고 있지 않으므로 실용 수준의 분석을 하기 위해서 필요한 데이터양이 많아진다는 경향이 있습니다. 당연한 데이터가 나오는 경우도 많아서 정말 아무 것도 생각하지 않고 진행해서 뭔가 나오겠지 하는 도박적인 요소가 강합니다.

그 대신 주시해야 할 데이터를 올바르게 파악하고 적절한 분석법으로 데이터 마이닝을 해서 미지의 룰을 발견할 수 있다면 그 성과는 매우 클 것입니다.

■ 검증형과의 차이

좀 더 구체적으로 이야기를 해 보겠습니다. 앞에서 언급한 예로 말하자면 '고객의 구매이력으로부터 취향을 찾아내는' 방식이 여기에 해당합니다.

좀 전의 사례에서 나온 것도 서울과 지방에서 취향이 다르다는 결과였습니다. 물론 서울과 지방에서 먹거리 취향이 다르지 않을까 하는 것은 충분히 예상 가능하므로 검증형으로 찾아낼 수도 있습니다. 이 경우는 처음부터 서울과 지방의 주소로 사용자를 나눈 후에 데이터를 검증합니다(그림 6).

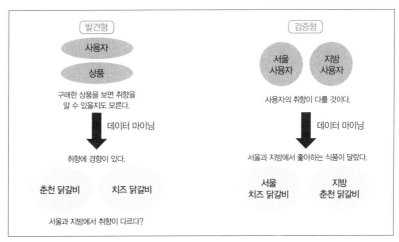

[그림 6] 발견형과 검증형의 차이

발견형도 완전히 무작위로 분석을 하는 것은 아닙니다. 위의 예에서는 '고객은 취향에 따라 사는 물건이 다르므로 구매한 상품을 보면 취향을 알 수 있다'라는 추측을 바탕으로 검증을 합니다. 검증결과를 보고 서울과 지방으로 나뉜다는 것을 알려면 '상품의 산지'나 '사용자의 주소'와 같은 데이터도 필요합니다. 하나라도 빠져 있으면 의미 있는 결과를 얻을 수 없습니다.

■ 미지의 데이터를 발견하려면?

미지의 룰을 발견하는 방법에는 여러 가지가 있지만 기본은 데이터 안에 잠재된 '공통점'이나 '차이'를 찾아내는 것입니다. 자세한 내용은 나중에 설명하겠지만 여기에는 연관 분석이나 클러스터 분석 등을 사용합니다. 각각의 연관성을 수치화하여 데이터의 특성에 따라 분류합니다.

하지만 데이터 마이닝에서는 데이터의 '공통점'이나 '차이'를 쉽게 알 수 있기만 할뿐 의미 부여는 하지 않습니다. 나온 데이터에 대해 의미를 찾고 유용하게 활용하는 것은 사람의 일입니다.

또한 기계학습에도 효과적입니다. 기계학습에 있어서 '비교사 학습'이라 불리는 학습은 원하는 결과를 모르는 경우에 사용하는데, 발견형 데이터 마이닝이 바로 그것입니다. 무엇을 찾아야 할지 몰라도 일단 많은 데이터를 학습시키고 뭔가 '특징'을 찾아내어 그것을 결과로 나타내면 되는 것입니다. 여기서 신경망을 떠올리겠지만 사실은 신경망도 데이터 마이닝 기법 중 하나입니다.

■ 어떤 지식을 찾아낼까?

'고객의 취향'이라는 것은 알기 쉬운 '미지의 정보'입니다. 취급하는 상품에 따라 취향도 다르게 나타나며, 고객에 따라서도 달라질 것입니다. 지역 특산물을 취급하지 않으면 '서울과 지방에서 취향이 다르다'라는 결과는 나오지 않으며, 또한 고객이 전국에 퍼져 있지 않으면 의미가 없는 데이터입니다. 이제 조금 다른 타입의 예를 소개하겠습니다.

전형적인 예가 스팸메일이나 악질 사용자의 판별입니다. 데이터 마이닝 이전의 단계에서는 이러한 메일이나 사용자의 특징을 알기가 힘들었습니다. 하지만 이것들은 '보통의 메일'이나 '일반 사용자'와는 다른 존재입니다. 데이터를 바탕으로 분류하면 예외적인 특징이 나타날 것입니다. '보통과는 다른 요소'를 가지고, '악질인 존재에 공통하는 요소'를 갖고 있는 뭔가를 찾아내면 그것은 스팸메일이나 악질 사용자의 특징일 것입니다.

그 외에도 '잘 팔리는 상품', '트러블이 일어나기 쉬운 서비스', '효과적인 프로모션' 등도 발견형 데이터 마이닝으로 찾아낼 수 있는 지식입니다. '잘 팔리는 상품의 특징'을 발견하면 인기 상품을 만들 수 있습니다. '트러블이 일어난 서비스의 공통점'을 알게 되면 자사 서비스가 안고 있는 문제를 전면적으로 수정할 수 있을 것입니다.

예측이나 분석을 위한 '검증형' 방식

검증형 방식은 '처음에 가설을 마련한다'는 점에서 발견형 방식과 크게 차이가 있습니다. 이 가설은 '이미 알려진 상식이나 룰'인 경우도 있는가 하면 발견형 방식에서 '새로 발견한 룰'을 가설로 이용하여 검증하는 경우도 있습니다.

기본적으로는 사람이 '데이터에는 이런 경향이 있을 터', '이런 관계가 이 데이터 안에서 발견될 터'와 같은 가설을 세우고 그에 따라 검증을 하는 형태로 분석을 합니다(그림 7).

어떤 데이터를 어떻게 조사할지는 모두 가설에 의존하기 때문에 가설과 검증법의 궁합이 좋지 않으면 데이터 마이닝의 성과를 올릴 수 없습니다. 가설이 올바른지 아닌지를 조사하기만 한다면 데이터가 적어도 검증 가능하며 의미 있는 성과를 올리기 쉽다는 특징이 있습니다.

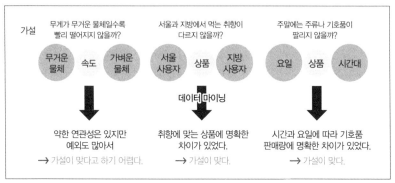

[그림 7] 검증형 데이터 마이닝

■ 가설을 먼저 세우는 의미

발견형 방식의 경우는 가설을 세울 필요가 없어서 데이터의 특성을 선례에 비추어 적절한 데이터 마이닝을 하기만 할 뿐입니다. 하지만 검증형의 경우는 가설을 처음에 세워야 합니다. 왜 일부러 가설을 세우는 것일까요?

여기에는 여러 가지 이유가 있지만, 첫 번째 이유는 사용할 데이터의 종류를 좁힐 수 있다는 점에 있습니다. '무게가 무거운 물체가 빨리 떨어진다'는 가설을 세우지 않고 데이터 마이닝을 했을 때 데이터 속에 '무게'와 '낙하속도' 외에 '모양', '소재', '제조연도', '소유자' 등이 포함되어 있으면 어떤 것이 낙하속도와 관련되는지 알 수 없습니다. 막연히 데이터를 바라봐도 중력가속도가 일정하다는 것을 발견하기 어렵습니다.

두 번째 이유는 사용할 데이터의 총량을 줄일 수 있기 때문입니다. 서울과 지방에서 먹거리 취향이 나뉜다는 것을 검증하는 경우, 해외에 사는 사람이나 주소 정보가 없는 사람은 제외시킬 수 있습니다. 또한 식품을 전혀 사지 않는 경우도 관계가 없습니다. 취향이 혼재할 것 같은 경기도를 제외하는 것도 좋을 것입니다. 그러면 필요한 데이터의 양이 줄어들 것입니다.

세 번째 이유는 가설에 따라 인과관계까지 좁힐 수 있기 때문입니다. 예를 들어 서울과 지방의 기호가 다르다는 가설이 맞다고 판명된 경우, 한 발 더 나아간 가설을 세울 수 있습니다. 예를 들어 '상품의 지명도가 기호에 영향을 준다', '강한 맛이나 재료가 기호에 영향을 준다' 등의 가설을 세워서 데이터 마이닝을 하여 지역의 차이를 검증합니다. 맛이 비슷한 식품도 지명도에 따라 큰 차이가 나거나 지명도는 같아도 맛에 따라 차이가 나타나면 서울/지방의 취향이 다른 것은 '식품의 지명도와 맛'이 요인이라고 판단할 수 있습니다.

발견형 데이터 마이닝의 경우는 여기까지 결론을 내기는 어렵습니다. 아무래도 데이터양이 많고 '맛'이나 '지명도'와 같은 정보는 가설을 세운 후에 데이터를 수집하지 않으면 보통은 갖고 있지 않기 때문입니다. 이러한 보통은 갖고 있지 않은 데이터를 수집하여 조사할 수 있는 것은 검증형만의 강점이라고 할 수 있습니다.

2가지 방식을 효과적으로 사용하려면

데이터 마이닝으로 의미 있는 성과를 얻으려면 어느 한 방식만 사용해서는 불충분합니다. 두 방식을 모두 활용하여 의미 있는 데이터를 추출해야 합니다.

　놓인 입장이나 상황에 따라 사용할 방식은 달라집니다. 자세한 분석 방법에 대해서는 나중에 설명하므로 여기서는 각 방식의 사용법에 초점을 맞춰 설명하겠습니다.

■ 무엇을 조사해야 좋을지 모르는 경우

　상사가 갑자기 '김 대리, 구매 데이터를 분석해서 보고서를 제출해'라고 했다고 합시다. 구체적인 지시나 타깃도 없고 뭐든지 좋으니까 다음 시책으로 이어질 보고서를 제출하라고 했다고 합시다. 단, 구매 데이터는 어느 정도의 양이 되므로 정보량은 충분합니다.

　이 상황에서 맨 처음에 할 일은 발견형 데이터 마이닝입니다. 구매 데이터라고 해도 현 단계에서는 어떤 데이터가 존재하는지 모르기 때문에 뭔가를 발견할 수 있을지 없을지도 모르기 때문입니다. 일단 상품 매출에 대해 데이터 마이닝을 했더니 이런 데이터가 나왔습니다.

- 매실과 함께 건조제가 많이 팔린다.
- 5월에 비해 8월에 휴대용 핫팩이 많이 팔린다.

　이 데이터를 그대로 받아들여 판매대를 만들면 좋을지 아닐지 이 시점에서는 알 수 없습니다. 검증형 데이터 마이닝을 사용하여 좀 더 확실한 데이터를 손에 넣어야 합니다.

　매실과 건조제 조합에는 인과관계가 있을까요? 시기를 조사하면 6월 이후에 증가하는 것 같으니 장마나 여름철 습기 대책으로 도시락에 들어가는 건지도 모릅니다.

　그래서 장마나 여름에는 상하기 쉬운 식재료가 많이 팔린다는 가설을 세우고 상하기 어려운 식재료와 상하기 쉬운 식재료로 데이터를 좁혀 동년 매출 변화를 조사했더니 확실히 상하기 어려운 식재료의 매출이 올라갔습니다. 입하량을 조절하여 도시락용 상품으로 판촉을 하면 효과가 있을 듯합니다.

8월에 팔리는 핫팩도 이상합니다. 하지만 겨울만큼 매출은 많지 않고 7~8월에 걸쳐 조금 증가하는 정도입니다. 그 외에도 겨울철에 잘 팔리는 다른 상품이 여름에 팔리고 있지 않은지 조사해 보니 '가디건'이나 '따뜻한 음료'도 약간 팔리고 있습니다. 어쩌면 에어컨으로 인한 추위 대책으로 사는 것인지도 모릅니다.

그래서 사무실 에어컨이 원인이라는 가설을 세우고 매출과 점포를 연결한 데이터를 수집하면 오피스 주변에서 핫팩 매출이 증가했다는 결과를 얻을 수 있을지도 모릅니다. 그러면 추위 대책 상품의 판촉도 한 번 생각해 볼만합니다.

발견형과 검증형 데이터 마이닝에 대해 이해를 했으니 이제 데이터 마이닝에서 사용하는 분석법에 대해 설명을 하겠습니다. 참고로 발견형과 검증형은 어디까지나 '데이터 마이닝의 목적'으로 나눈 방식으로, 분석법은 아닙니다. 각각 사용하기 좋은 분석 기법이 다르므로 취급할 데이터의 특성에 맞춰 분석법을 선택해야 합니다.

분석법이라고 하면 좀 복잡할 것 같지만 이 책에서는 수식 등을 사용한 구체적인 방법은 지양하고 어디까지 일반인이 데이터 분석 전문가와 최소한의 의사소통이 가능할 정도로 설명하겠습니다.

여러분 중에는 '분석은 전문가에 맡기면 된다'고 생각하는 사람도 있을 것입니다. 하지만 데이터 분석 전문가가 대상 시장과 상품, 고객에 대한 전문가라고는 할 수 없습니다. '발견형 데이터 마이닝으로 정보를 내기 바란다'고 하면 엔지니어는 정보를 취합해 주겠지만 정보에 의미를 부여하고 활용하는 것은 시장이나 상품에 정통한 사람이어야 합니다.

또한 검증형 데이터 마이닝에 필요한 가설을 세우려면 고객의 특성이나 시장 동향에 대한 지식이 필요합니다. 특이한 데이터를 발견하고 거기에 의미를 부여하는 것은 고객의 소리를 직접 듣고 있는 영업 담당자이기 때문입니다. 데이터 마이닝은 전문가의 전유물이 아닙니다. 농입에 활용할 수도 있는가 하면 주조업에도 응용할 수 있습니다.

실제로 데이터 마이닝을 실시하려고 하면 벽은 높겠지만 전문가와 함께 분석 기법을 생각할 수 있게 되는 것만으로도 큰 의미가 있을 것입니다.

　먼저 발견형에서 자주 사용하는 분석법에 대해 설명하겠습니다. 발견형의 경우 '무엇을 찾아내면 좋을지 모르는' 상황에서 정답이라 부를 수 있는 것은 없습니다. 그래서 분석에서는 '특징적인 것'이나 '관계가 있을 것 같은 것'을 찾아냅니다. 그러기 위해서는 무엇을 가지고 특징적이라 할지 관계 유무를 어떻게 파악할지가 과제가 됩니다.

　그것을 '특정 패턴'을 찾아내는 형태로 추출하는 분석법이 있습니다. 우연히 발견한 특이한 데이터는 '특징적'이라고까지는 할 수 없지만 다른 데는 없는 패턴이 빈출하면 그것은 '특징적인 패턴'이라고 할 수 있습니다.

　또한 데이터에 따라 여러 종류의 패턴이 동시에 나타납니다. 특정 데이터와 함께 나오는 경우가 많은 패턴이 있다면 아마 뭔가 '관계'가 있는 것입니다. 그러한 데이터를 분석하기 위한 기법을 소개하겠습니다.

■ 연관 분석

　연관 분석(Association Analysis)에서는 데이터와 데이터의 관계를 조사합니다. A라는 데이터가 나타날 때 B라는 데이터도 같이 나오면 A와 B는 관계가 많은 데이터로 추출합니다.

　앞에서 설명한 고객이 무엇을 샀는지를 분석하는 것도 연관 분석의 일종으로 **장바구니 분석(Market Basket Analysis)**이라고 합니다([그림 5] 참조). 장바구니 분석은 구매 데이터가 베이스가 되므로 일반적인 연관 분석과 기법은 크게 다르지 않습니다.

당연한 이야기이지만 연관 분석은 구매 데이터 외에도 사용할 수 있습니다. 예를 들어 대부분의 인터넷 광고는 사용자가 클릭한 웹페이지나 검색한 키워드를 바탕으로 '연관성이 높은 것'이 표시됩니다. 이런 것들은 어떤 형태로든 연관 분석을 하고 있다고 생각해도 됩니다.

■ 클러스터 분석(클러스터링)

'클러스터(Cluster)'는 '집단'을 뜻하는 단어입니다. **클러스터 분석**에서는 데이터의 유사성을 분석하고 대강의 카테고리를 나눌 때 사용합니다. 나중에 설명할 클래스 분류와 비슷하지만 클러스터 분석은 데이터 안에 숨어있는 패턴을 찾아내고 집합체를 만들어 가는 분석법으로, 특성이 조금 다릅니다(그림 8). 하지만 클러스터 분석으로 어떤 카테고리가 존재하는지를 파악한 후에 클래스 분류로 연결해 가면 효과적입니다.

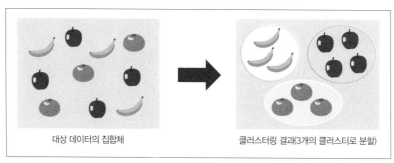

대상 데이터의 집합체   클러스터링 결과(3개의 클러스터로 분할)

[그림 8] 클러스터 분석의 예

[그림 8]과 같이 잡다한 데이터에 대해 클러스터 분석을 걸어 어떤 카테고리로 되어 있는지를 알아내면 데이터를 상당히 다루기 쉬워집니다. 예를 들어 고객을 '헤비 유저', '평균 사용자', '라이트 유저', '잠재 유저' 등으로 나눌 수 있다면 그에 따라 효과적으로 접근할 수 있습니다.

마케팅적인 방식 외에도 클러스터 분석은 기계학습 등에도 자주 사용하며, 단어나 그림을 클러스터 분석함으로써 그 의미를 이해하는 데도 도움을 줍니다. 게다가 고려해야 할 요소가 너무 많은 경우에는 요소를 좁혀 이해를 돕는 기능을 갖고 있는 **주성분 분석*** 등을 병용하는 경우도 있습니다.

데이터 마이닝은 그 효과가 크기 때문에 아무래도 마케팅과 같이 언급되는 경우가 많지만, 기계학습을 비롯한 패턴 추출도 응용범위가 넓기 때문에 용도에 대해서도 알아두면 좋을 것입니다.

신경망 – 취급할 데이터의 폭을 넓혀 난제를 해결한다

데이터 마이닝에서 신경망도 잊어버리면 안 됩니다. 신경망이라고 하면 딥러닝이나 AI를 연상하지만 기계학습에 사용되는 학습용 데이터는 데이터 마이닝을 하여 수집합니다. 그리고 데이터 마이닝으로 얻은 데이터로 학습한 AI는 기존의 방법에서는 어려웠던 분야의 데이터 마이닝을 가능하게 했습니다.

신경망이 데이터 마이닝에 준 영향은 크게 둘로 나눌 수 있습니다. 첫 번째는 취급할 데이터의 폭을 넓힌 것이고, 두 번째는 학습에 의해 고도의 분석이 가능해진다는 점입니다. 이 둘에 초점을 맞춰 데이터 마이닝 방법으로서 신경망을 살펴보겠습니다.

---

*   여러 요소를 갖고 있는 데이터에 관해 영향도가 큰 요소를 '주성분'으로 파악하여 분석하는 기법. 데이터를 이해하기 쉬운 형태로 바꿔 데이터가 갖고 있는 요소의 의미를 파악하기 쉽게 만든다.

■ '사용 불가능한 빅 데이터'를 사용 가능하게 만든다

신경망 덕분에 예전에는 기계에게 어려웠던 이미지나 음성인식이 가능해졌다는 점에 대해서는 이미 다뤘습니다. 이는 데이터 마이닝을 할 수 있는 데이터로 이미지나 음성이 추가되었다는 것을 의미합니다*.

예를 들어 카메라 영상으로부터 가게에 들어온 손님의 성별이나 연령을 파악할 수 있게 되어 그것을 패키지나 디자인, 매출로 연결시켜 분석할 수 있게 되었습니다. 또한 SNS에 올린 사진이나 영상을 분석하여 글만으로는 파악할 수 없었던 트렌드 등도 이해할 수 있습니다.

문장에 관한 데이터 마이닝(특히 **텍스트 마이닝**이라고 함)도 신경망에 의해 발전하고 있습니다. 단어를 취득하기만 하는 기존의 데이터 마이닝에서는 할 수 없었지만 이제는 문장의 뜻을 포함한 마이닝이 가능해져 상품에 대한 '호의적인 글'이나 '부정적인 글'을 파악할 수 있습니다. 소설이나 가사를 데이터 마이닝하여 히트를 예측할 수 있게도 되었습니다.

데이터 마이닝을 사용할 수 있는 영역이 넓어진 결과, 기계가 이해할 수 없는 데이터로 가득 찬 '사용 불가능한 빅 데이터'의 데이터 마이닝도 가능해져 이 또한 주목을 받는 요인이 되었습니다(그림 9).

---

* 　지금까지는 구조화된 데이터라 부르는 '기계가 학습하기 쉬운 구조로 된 데이터'밖에 사용할 수 없었지만 비구조화 데이터라 부르는 '사람은 알지만 기계는 이해하기 어려운 데이터'를 다룰 수 있게 되었다.

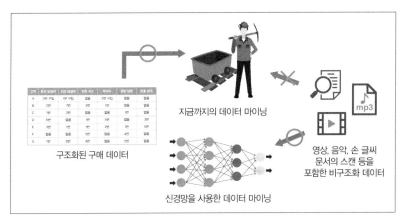

고객	추천 담당버	시즌 담당버	신차 대수	학생수	유망 냉번	희총 냉번
A	3번 구입	1번 구입	없음	2번 구입	없음	없음
B	2번	7번	3번	1번	없음	없음
C	1번	2번	없음	없음	1번	없음
D	6번	없음	1번	5번	없음	3번
E	3번	1번	1번	2번	없음	5번
F	없음	없음	5번	5번	4번	2번
G	1번	6번	4번	없음	5번	없음

구조화된 구매 데이터

지금까지의 데이터 마이닝

영상, 음악, 손 글씨
문서의 스캔 등을
포함한 비구조화 데이터

신경망을 사용한 데이터 마이닝

[그림 9] 신경망과 데이터 마이닝

■ **보다 고도의 분석이 가능해졌다**

이미지나 음성과 같이 다루기 힘든 데이터를 다룰 수 있게 된 이유는 신경망이 갖고 있는 특징추출능력 때문입니다. 이 능력은 그저 단순히 다룰 수 있는 데이터의 폭을 넓힌 것뿐만 아니라 기존의 방법으로는 분석이 어려웠던 특징을 찾아내는 데도 도움을 주었습니다.

이미지나 음성을 포함하는 데이터는 구매 데이터와 같이 단순하지 않습니다. 이미지는 수많은 종류의 색이 섞여 있으며, 음성은 조금만 파형이 달라도 의미가 달라집니다. 이를 구분할 수 있다는 것은 데이터의 종류가 많아도 각각의 데이터에 아주 약간의 차이밖에 없어도 자세한 분석을 할 수 있다는 뜻이 됩니다.

매출 예측에 사용하는 데이터의 경우도 '유사품의 과거 매출'뿐만 아니라 '유행하는 상품의 종류와 매출', '인터넷상의 평가', '상품 패키지' 등도 포함되어 있어서 경우에 따라서는 상품의 맛이나 기능과 같은 난해한 정보까지 포함하여 예측을 세울 수 있습니다.

물론 신경망에 의한 분석에는 학습을 빼놓을 수 없습니다. 그리고 학습에는 대량의 데이터가 필요합니다. 분석하고 싶은 데이터뿐만 아니라 신경망의 학습에 사용할 데이터까지 필요하다는 점을 고려하면 '빅 데이터'가 필요해진 이유를 이해할 수 있을 것입니다.

여기서 '신경망 데이터 마이닝은 나한테는 무리인가'라고 비관적이 될 필요는 없습니다. 이미 존재하는 학습이 끝난 신경망을 이용하는 방법도 있으며, 분야에 따라서는 학습이 필요한 데이터가 상당히 적은 신경망도 있습니다. 가능성이 크게 숨어있는 분석법이므로 다양한 이용 방법을 검토해야 할 것입니다.

■ 교사 학습과 비교사 학습 신경망

강력한 데이터 마이닝 툴인 신경망은 발견형과 검토형 데이터 마이닝 둘 다에 사용할 수 있다는 특징이 있습니다.

발견형은 미지의 특징을 찾아주므로 정답이 무엇인지 가르쳐주지 않는 '비교사 학습'을 사용하여 신경망을 구축하고, 데이터를 대강 분류하는 클러스터 분석에 가까운 작업을 할 수 있습니다. 이미지를 종류별로 나누는 경우나 성분이 비슷한 상품이나 소재를 나눌 때 '어떻게 나눠야 할지 모르겠는' 분야에 사용할 수 있습니다. 단, 나눈 데이터의 의미까지는 모르므로 판단하는 것은 사람의 몫입니다.

검증형으로 사용하는 경우는 정답이 무엇인지 가르쳐주는 '교사 학습'과 결합합니다. 분류 방법이 미리 정해져 있으므로 '이 데이터는 이렇게 나눌 수 있다'와 같은 가설이 있는 상태에서만 사용할 수 있습니다. 마케팅에서 사용하는 경우는 '잘 팔리는 상품', '잘 안 팔리는 상품'의 정보를 상품이나 시장의 데이터와 함께 부여하여 학습시킴으로써 신상품이 어느 정도 팔릴지를 예측할 수 있습니다.

클래스 분류 – 특정 룰로 정보를 분류하고 유용한 형태로 바꾼다

　지금까지 소개한 데이터 마이닝 기법은 많건 적건 '데이터를 분류한다'는 요소를 갖고 있습니다. 좀 더 확대시켜 말하자면 데이터 마이닝이라는 기법 자체가 데이터를 분류하는 기술이라고 해도 좋습니다. 이제 데이터를 어떻게 분류하는지 특성에 따라 나눠 설명하겠습니다. 지금부터는 '데이터를 특정 클래스로 분류하는 것(클래스 분류)'에 특화된 기법에 대해 소개하겠습니다.

　클래스 분류란 말하자면 카테고리로 나누는 것을 말합니다. 패턴 추출과 비슷한 부분이 있지만 '나누는 방법이 정해져 있는지 없는지'라는 점에서 큰 차이가 있습니다. 패턴 추출은 특징이 있다, 비슷하다, 연관성이 있다는 것을 찾기만 하는 작업입니다. 이에 반해 클래스 분류는 '이 클래스로 나눌 수 있다'라는 가설을 기초로 데이터를 나눠가므로 기본적으로는 검증형 방식이 됩니다.

　패턴 추출과 달리 데이터 마이닝이 끝난 시점에서 각각의 데이터가 특정 의미를 가진 '클래스'로 나뉘기 때문에 나중에 의미를 생각할 필요가 없습니다. 신경망의 경우 비교사 학습은 '패턴 추출', 교사 학습은 '클래스 분류' 등으로 구분하는 경우가 있습니다.

　이와 같은 특성이 있기 때문에 클래스 분류는 데이터 안에 어떤 것이 들어 있는지 알고 있는 상태에서 실시합니다. 클래스를 나누는 방법에 따라 상당히 많은 기법이 있지만, 여기서는 각각 특성이 크게 다른 '의사결정나무 분석'과 '서포트 벡터 머신'을 소개하겠습니다.

■ 의사결정나무 분석

의사결정나무 분석(Decision Tree Analysis)이란 '할퀴는 동물인가 →
YES', '멍멍하고 짖는가 → NO', '밝은 곳에서 눈이 세로로 가늘어지는
가 → YES' 등과 같이 어떤 특징과 일치하는지를 조사해서 특정 특징을
갖고 있는 것을 '고양이' 등으로 분류하는 분석법입니다.

기법 자체는 지극히 심플하며 데이터가 적어도 간단히 사용할 수 있
다는 특징이 있습니다. 의사결정나무의 구조(그림 10)가 적절하면 상당
히 편리한 도구가 됩니다.

트러블슈팅 등에서 '콘센트가 빠져 있는가 → 아니오', '전원 버튼이
ON인가 → 예'와 같이 질문 사항이 나열되어 있는 것이라고 생각하면
쉽게 이해할 수 있을 것입니다. 대응하는 부서를 '클래스'로 분류해 놓
고 질문의 대답에 따라 클래스 분류를 하면 문의를 처리할 부서를 결정
할 수 있습니다.

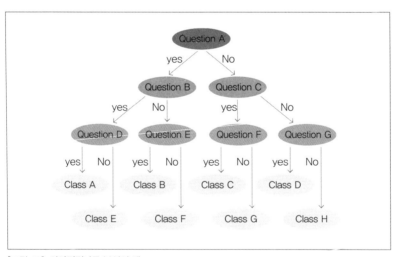

[그림 10] 의사결정나무 분석의 예

단순한 것만 가능한 것처럼 보이지만 질문 부분에 '특정 수치가 ○○ 이상'과 같이 수치를 사용하면 복잡한 현상 분석에도 사용할 수 있습니다.

하지만 기본적으로는 '분류되는 클래스'와 '분류하는 데이터'에 관해 확실하게 이해하고 있는 것이 전제 조건입니다. 의사결정나무의 구조가 과도하게 거대해지거나 복잡해지면 데이터의 약간의 차이나 오류가 원인이 되어 잘못된 클래스 분류가 일어날 수도 있기 때문입니다. 상당히 편리한 방법이지만 의사결정나무 분석이 적합한 케이스인지 아닌지를 잘 생각해서 사용할 필요가 있습니다.

■ 서포트 벡터 머신

서포트 벡터 머신(Support Vector Machine)은 복잡하게 보이는 분석이지만 원리 자체는 그다지 어렵지 않습니다. 데이터를 분류하기 위한 경계선을 찾아내, 그 경계선에 따라 데이터를 분류하는 방법입니다.

이 경계선을 찾아낼 때 서로의 데이터가 가까워지는 점을 **서포트 벡터**라고 하며, 이 부분에서 서로 가장 떨어진 부분에 경계선을 긋습니다 (그림 11). 경계선을 그으면 그것을 기준으로 새로 등장한 데이터를 분류하면 되므로 그 다음은 기계적으로 분류할 수 있습니다.

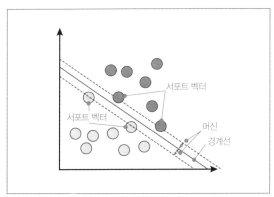

[그림 11] 서포트 벡터 머신에 의한 분류

간단한 듯 보이지만 서포트 벡터(다른 분류지만 가까운 곳에 있는 점)까지의 거리(머신)가 최대가 되는 경계선을 긋는 것은 의외로 간단하지 않습니다.

점과 점의 중간에 선을 그으면 좋겠지만 그을 수 있는 선은 하나가 아닌데다가 어느 점을 서포트 벡터로 할지에 따라 기준점이 달라지기 때문입니다. 어떤 데이터든 한 번에 선을 정할 수 있는 계산식이 없기 때문에 경계선은 기계학습으로 구합니다. 말하자면 딱 좋은 부분을 찾아낼 때까지 반복해서 선을 긋는다는 것입니다. 이상적인 경계선을 발견하면 기계학습은 성공한 것이 됩니다.

기계학습을 사용한다고 하면 발견형 방식처럼 들리지만 서포트 벡터 머신으로 찾아내는 경계선은 사람이 분류한 데이터를 기계가 분류할 수 있도록 하기 위한 것입니다. 즉, 학습에 사용하는 데이터는 교사 데이터입니다. 사람은 분류 방법을 알지만 기계는 모르기 때문에 서포트 벡터 머신을 사용한다는 것입니다.

그리고 서포트 벡터 머신에는 또 다른 큰 장점이 있습니다. 직선으로는 나타낼 수 없는 경계선도 **커널법***이라는 기법을 사용하면 차원을 늘려 경계를 만들 수 있습니다(그림 12).

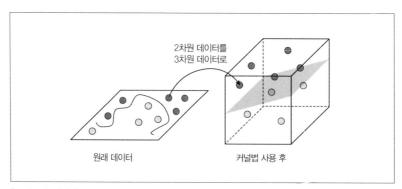

2차원 데이터를
3차원 데이터로

원래 데이터　　　　　　　커널법 사용 후

[그림 12] 커널법
커널법을 사용하여 직선 외에도 분류할 수 있다. 그림은 2차원을 3차원으로 만든 예

좀 이해하기 힘들지도 모르겠지만 분류에 필요한 정보는 점끼리의 거리와 점과 경계선의 거리입니다. 이것을 무리하게 정해진 파라미터로 나타낼 필요는 없습니다. 차원을 늘려 계산하기 쉬운 형태로 바꿔서 나타내면 됩니다.

이해하기 힘들다면 '데이터를 깔끔하게 분류하기 위한 경계를 만드는 방법을 생각하는 것이 아니라 커널법을 사용하여 경계를 따라 데이터를 잘 나열할 수 있는 방법을 생각한다'고 이해해도 상관없습니다. 서포트 벡터 머신은 잘 나열하기 위한 차원이나 수치의 설정 방법을 기계학습으로 구하는 것입니다.

이로써 서포트 벡터 머신은 보다 복잡한 데이터 분류에 사용할 수 있어서 실용성이 높아졌습니다.

회귀 분석 – 과거의 매출이력으로부터 미래의 매출예측을 만들어낸다

데이터를 분류하다 보면 서서히 룰과 같은 것이 보이기 시작합니다. 이것을 명확하게 만드는 분석법이 **회귀 분석**입니다. 발견형 데이터 마이닝에서 상관관계와 같은 룰이 보이기 시작할 때 이를 검증하기 위해 사용합니다.

또한 '이것이 A이고, 저것이 B'와 같이 분명하게 나눠가는 클래스 분류와는 달리 회귀 분석은 'A가 변화하면 B도 변화한다'와 같이 전혀 다른 척도로 데이터를 분석합니다. 당연히 용도도 전혀 다릅니다.

---

*   복잡한 구조를 가진 데이터를 나타내는 파라미터 차원을 늘려 데이터를 보다 더 분석하기 쉬운 심플한 분포로 바꾸는 방법

회귀 분석이라고 하면 어렵게 들릴 수도 있지만 이것도 수행하는 것 자체는 심플합니다. 'y = ax + b'라는 식을 본 적이 있을 것입니다. 이런 식은 그 자체로 '데이터와 데이터의 관계'를 나타내고 있습니다. 이것을 안다면 데이터의 상관관계를 이해할 수 있습니다. 즉, 회귀 분석이란 데이터 분석을 가지고 함수를 만들어내기 위한 분석 방법이라 할 수 있습니다.

회귀 분석을 하면 데이터의 상관관계가 명확해지므로 미지의 데이터를 예측할 수 있습니다. 매출 예측은 물론 소재의 내구성이나 고장 확률을 알 수 있습니다. 또 상관관계가 '있다' 또는 '없다'를 분명히 하기 위해서도 효과적이므로 알고 싶은 정보에 영향을 주는 요소를 파악하는 데도 도움이 됩니다.

■ 단순 회귀 분석

단순 회귀 분석(Simple Regression Analysis)은 가장 심플한 회귀 분석입니다. '한 줄의 직선상에 대부분의 데이터가 실리는' 데이터에서 사용할 수 있는 분석법으로, 바로 'y = ax + b'와 같은 식을 만듭니다. 말하자면 하나의 데이터가 변화하면 다른 쪽의 데이터도 변화한다는 단순한 상관관계에 있는 데이터를 분석하기 위한 것입니다.

예를 들어 우유의 구입금액을 회귀 분석해보면 중량과 비례한다는 것을 알 수 있습니다(그림 13).

아마 초등학교나 중학교 이과 실험에서 데이터를 표시하여 딱 좋은 부분에 선을 긋는 작업을 한 적이 있을 것입니다. 단순 회귀 분석은 이러한 일을 합니다.

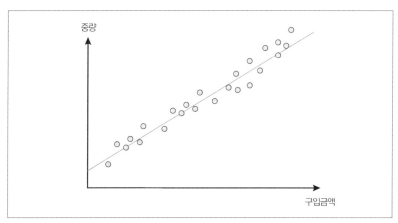

[그림 13] 단순 회귀 분석의 예

하지만 실제 분석에서 깔끔한 직선이 계속 이어지는 케이스는 드물며, 무리하게 회귀 분석을 해서 직선을 그으면 오차가 커져버립니다. 그래도 어디까지면 오차가 적은 직선이 계속되는지를 아는 것도 중요합니다. 명확한 상관관계가 무너지는 시점이나 상관관계를 만들 요소를 아는 것만으로도 앞으로의 방책을 생각하는 데 도움이 될 것입니다.

■ 다중 회귀 분석

다중 회귀 분석(Multiple Regression Analysis)은 2개 이상의 요소로 상관관계가 만들어지는 경우에 사용하는 분석법입니다. 수식으로 나타내자면 '$y = ax_1 + bx_2 + cx_3 + dx_4$'와 같은 느낌일 듯합니다. 참고로 '$y = ax^2 + bx + c$'와 같은 경우도 다중 회귀 분석에 들어갑니다(수식이 어려운 분은 그냥 넘어가도 됩니다).

데이터 나열 방법이 직선이 아니라 곡선이 되는 경우나 본래 x와 y로 나타낼 수 없을 정도로 요소가 많은 경우 등 대부분의 데이터가 이 다중 회귀 분석에 해당하는 것들입니다.

수식을 쓰면 복잡하게 느껴질 수도 있지만 수식은 신경 쓸 필요가 없습니다. 왜냐하면 수확할 '사과의 크기'가 '일조시간'과 '강수량' 둘 다와 관계가 있다면 이것은 다중 회귀 분석으로 분석할 항목이기 때문입니다. 우유의 예에서는 우유의 '구입금액'이 '우유의 중량' 외에도 '우유의 소비량'과 관계가 있다면 이것도 다중 회귀 분석이 됩니다.

전혀 다른 요소가 여러 개 얽혀있는 경우에서는 그래프 등으로 만들 수 없기 때문에 감각적인 예측이 어렵습니다. 하지만 각각의 요소 중에서 어떤 요소의 영향이 큰지, 무시할 수 있을 정도의 요소는 없는지 등을 확인하는 데는 도움이 됩니다.

그 외에 요소가 하나여도 단순 회귀 분석으로 깔끔하게 취합되지 않는 경우에도 곡선을 만들 수 있는 다중 회귀 분석이 편리합니다.

예를 들어 우유의 양이 늘면 늘수록 구입금액은 올라가지만, 1kg당 납품 가격은 내려가는 경우입니다. 이 경우 한 번에 많이 사면 할인을 받을 수 있습니다. 단순 회귀 분석도 가능하지만 오차가 커지기 때문에 유용성에 문제가 생기므로 다중 회귀 분석을 해서 곡선으로 만들면 오차가 적은 선을 그릴 수 있습니다.

2-4
데이터 마이닝이 영향을 준 분야

지금까지 보아왔듯이 데이터 마이닝에는 다양한 기법과 방식이 있으며, 그에 따라 많은 정보를 손에 넣을 수 있습니다. 설명 중에 나온 구체적인 예는 이해를 돕기 위해 마케팅 관련 예를 중심으로 들었지만 데이터 마이닝이 유익한 분야는 그 외에도 많이 있습니다.

IT의 발전에 의해 모든 정보가 데이터화되어 있으므로 거기서 유용한 정보를 추출할 수 있는 분야가 늘고 있습니다. 어떤 분야에서 데이터 마이닝을 사용하고 있는지 그 대표적인 것을 선별하여 소개하겠습니다.

데이터 마이닝이 바꾼 비즈니스

비즈니스 분야에서는 '데이터가 돈이 된다'라는 생각에서 관심이 높고 취급하는 데이터의 양도 많기 때문에 이른 단계부터 데이터 마이닝을 응용하고 있습니다. 마케팅은 데이터 마이닝에 의해 강해진 분야라고 할 수 있습니다.

앞에서 말한 마케팅 외에도 제조나 물류와 같이 물건을 취급하는 분야나 돈을 직접 취급하는 금융 및 보험에도 큰 영향을 주고 있습니다. 더욱이 교육 분야에도 응용이 진행되는 등 이제 비즈니스 업계에서 데이터 마이닝은 상식이라고 할 수 있습니다.

■ 마케팅

마케팅은 본질적으로 정보를 다루는 비즈니스로, 데이터 마이닝의 역할이 지극히 큽니다. 다루는 정보가 여러 분야에 걸쳐 있어서 '고객', '상품', '시장', '경영' 등 비즈니스와 관련된 모든 정보가 데이터 마이닝의 대상이 됩니다.

매출이나 고객의 프로파일링을 통해 고객이 무엇을 원하는지, 어떤 고객에게 주력해야 할지, 그리고 상품을 어떻게 판촉해야 효과가 클지 등을 분석하기 위해 데이터 마이닝을 사용합니다. 그저 상품을 팔기만 하는 것이 아니라, 시장 상황을 분석하고 자사의 경영전략에 관한 정보를 수집하고 경영진에게 유익한 정보를 제공하는 것도 데이터 마이닝의 업무 영역입니다.

또한 소매업과 같이 고객을 직접 대하는 영역에서는 상품이나 고객 외에도 '위치', '땅값', '주민', '교통 인프라' 등도 데이터 마이닝의 대상이 됩니다. 이러한 정보는 고객에 대한 2차적인 정보로, 잠재고객의 구매력이나 집객력을 가늠하는 바로미터가 될 것입니다.

이와 같이 데이터 마이닝의 대상을 헤아리자면 끝이 없습니다. 데이터 마이닝과 비즈니스가 교차하는 곳에는 반드시 데이터 마이닝을 주무기로 하는 마케터가 있다고 해도 과언이 아닙니다.

■ 제조 및 물류

데이터 마이닝은 마케팅뿐만이 아닙니다. 제조나 물류에도 사용하고 있습니다.

먼저 제조 분야에서는 제조 속도나 정밀도(완성도) 등을 데이터로 축적해서 어떤 제조방법이 효율적인지, 정밀도를 높이려면 어떤 방식이 있는지와 같은 시점에서 데이터 마이닝을 사용합니다. 마케팅과는 달리 단기간에 방대한 양의 제품을 만드는 제조 분야에서는 약간의 차이도 큰 이익으로 이어집니다. 불과 몇 초만 빨라도 단 0.1%라도 더 높은 완성도를 요구하는 것이 제조업계의 현실입니다. 사람의 감각으로는 알 수 없는 데이터를 취급하는 경우도 많아 데이터 마이닝 툴이 특히 큰 의미를 가지는 분야라고 할 수 있습니다.

마찬가지로 방대한 양의 상품을 비축 및 수송하는 물류 분야도 데이터 마이닝이 필수불가결합니다. '사물의 움직임'을 데이터로 모아 효율적인 재고관리나 수송경로, 종업원의 배치 등을 모색합니다. 특히 물류 분야는 수요는 폭발적인데 사람이 부족하기 때문에 데이터 마이닝이 위력을 발휘하는 분야입니다. 조금이라도 사람을 줄이고 조금이라도 연료소비를 줄이고 조금이라도 빨리 물건을 전달하기만 해도 회사의 이익이 몇 배로 늘어나기 때문입니다(그림 14).

제조 및 물류에 관한 데이터 마이닝은 이미지를 잡기 힘들지만 잘 활용한다면 소매 분야의 마케팅보다 더 큰 이익으로 이어지는 분야라 할 수 있습니다.

[그림 14] 데이터 마이닝은 제조업부터 소매까지 사용한다.

■ 금융 및 보험

금융이나 보험 분야에서의 데이터 마이닝도 빼놓아서는 안 됩니다. 돈의 움직임은 그 자체가 정보이므로 이를 데이터 마이닝하지 않는다면 손해입니다.

금융 분야에서 실제로 사용한 예로는 환율과 주식의 변동을 데이터 마이닝으로 분석하는 것이 있습니다. 방대한 변동 데이터를 마이닝하여 그 다음 변화를 예측하는 것입니다. 하지만 그것뿐만 아니라 마케팅과 마찬가지로 고객의 분석에도 사용하여 고객의 신용도를 분석하고 융자금액을 기계적으로 도출함으로써 사람이 일절 개입하지 않고 금융 거래가 이루어질 수 있도록 합니다.

보험의 경우는 위험 평가가 보험료에 직접 영향을 줍니다. 문제는 위험 평가에 관한 지표의 개수입니다. 지표는 한둘이 아니라 분야에 따라서는 몇 십 종류에 달하기 때문에 이러한 지표를 사람의 손으로 체크하면서 평가하는 것은 불가능합니다. 데이터 마이닝을 사용하여 다양한 지표를 고려한 위험 평가가 이루어지므로 보험료를 보다 유연하게 산출할 수 있게 되었습니다.

금융 및 보험 분야에서는 정보 자체가 상품이 되는 일도 있습니다. 그 결과 이 분야에서 데이터 마이닝은 거래에 직접 관여하는 경우도 많으며, 그 외의 분야에 비해 그 영향이 비교적 눈에 보이는 형태로 나타난다고 할 수 있습니다. 최근에 늘어난 새로운 서비스에 데이터 마이닝이 어떻게 관계하고 있는지를 생각해 보는 것도 재미있을지 모릅니다.

■ 스포츠

엔터테인먼트 중에서도 특히 데이터 마이닝이 인기인 곳이 바로 스포츠입니다. 야구에서는 예전부터 데이터 마이닝과 유사한 기법을 사용해 왔지만, 지금은 축구나 농구, 올림픽 경기에도 사용하고 있습니다.

야구의 경우 TV 방송 중에 데이터 마이닝 결과가 표시되어 타자가 좋아하는 코스나 싫어하는 코스가 눈에 보이는 형태로 나타납니다(그림 15). 팀 전략을 짤 때 이용하거나 타자의 특징을 분석하여 야수의 배치 (수비 배치)를 바꾸는 일이 지금은 당연시되고 있습니다.

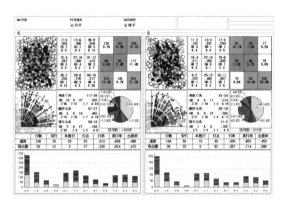

[그림 15] 야구에 데이터 마이닝을 사용한 예
제공: 데이터 스태디엄 주식회사

올림픽 경기에서는 제조 및 물류와 마찬가지로 아주 작은 숫자의 변화가 모든 것을 좌우합니다. 그래서 폼의 차이나 도구의 차이를 수치화해서 영점 몇 초의 성과를 위해 데이터 마이닝을 사용하게 되었습니다.

스포츠는 보통 기술과 관계없는 사람이라도 데이터 마이닝의 위력을 쉽게 볼 수 있는 분야이기도 하고, 그 성과가 분명하게 보인다는 점에서 큰 주목을 받고 있습니다. 하지만 지금까지 한국에서는 감과 경험에 의존하는 경우가 많은 분야였습니다. 반면 미국을 중심으로 스포츠를 비즈니스 차원으로 전개하는 나라에서는 적극적으로 활용하기 시작했습니다. 우리나라에서도 데이터 마이닝은 스포츠 업계를 바꿀 한 수가 될지도 모릅니다.

연구나 교육 분야에도 데이터 마이닝이 크게 영향을 끼치고 있습니다. 특히 눈부신 분야는 AI이지만 방대한 데이터를 취급하는 생명과학에서도 데이터 마이닝이 사용되기 시작했습니다.

그리고 이러한 연구 분야의 발전을 뒷받침하는 것이 바로 교육입니다. 데이터 마이닝은 효율적으로 교육시키고 우수한 연구자나 학생을 세상에 내보기 위해서도 사용되고 있습니다.

■ 교육

교육은 '서비스 제공자인 교사가 고객인 학생에게 교육 서비스를 제공한다'는 구도라고 생각할 수 있습니다. 학생의 이해도와 교사나 교재의 질이 '성적'이라는 형태로 직접 나타납니다.

교사, 학생, 교재, 커리큘럼, 성적을 데이터화하여 데이터 마이닝을 하면 학생에게 최적의 교사, 교재, 커리큘럼이 보일 것입니다. 국내에서는 학원이나 사립 교육기관에서 도입하기 시작했으며, 해외의 경우 대학에서도 데이터 마이닝이 활용되고 있습니다.

또한 기계학습과 결합한 온라인 교육 시스템도 도입되어서 테스트 결과로부터 과제를 발견하고 해결 방법까지 자동으로 제안해 주는 서비스도 등장했습니다.

앞으로 학생 한 명 한 명을 데이터 마이닝 함으로써 최적의 교육 방법을 찾아내는 방식이 더욱 일반화될 것입니다.

■ AI

제1장에서 설명했듯이 최근에 급속히 발전한 분야가 기계학습에 의해 성장하는 유형인 AI입니다. 학습용 데이터는 있기만 하면 다 좋은

것은 아닙니다. 학습에 적합한 것을 방대한 데이터 속에서 골라낼 필요가 있습니다. 이를 뒷받침하는 것이 바로 데이터 마이닝이며, 그 데이터를 선별하는 능력 또한 기계학습으로 향상시킬 수 있습니다.

데이터 마이닝에 있어서 데이터의 '분류', '예측', '연관성 발견' 능력은 그대로 AI의 능력이 됩니다. 신경망은 데이터 마이닝의 도구이자 AI이기도 하기 때문에 이 부분의 명칭이나 정의는 조금 모호해집니다.

특히 영향이 큰 것은 '이미지'와 '언어' 데이터를 다루는 영역입니다. 신경망에 의한 이미지 분류 능력은 이미 사람의 수준을 능가했습니다. 인터넷상의 모든 언어 데이터를 다루는 AI는 인간 퀴즈왕에게도 이길* 정도가 되었습니다. 이런 성과의 뒤에는 반드시 데이터 마이닝이 존재합니다.

앞에서 말했듯이 지금은 데이터 마이닝과 AI를 구별할 수 없을 정도로 그 연구 및 응용 분야가 혼재해 있습니다. 데이터 마이닝이 통계분석기법의 한 분야에 지나지 않았던 시대와 비교하면 정말 큰 변화라고 할 수 있습니다.

▨ 생명과학

AI 외에 영향을 크게 받은 분야로 생명과학이 있습니다. 데이터 마이닝을 다룬 분야는 특히 **생명정보과학**이라고 부르는 경우가 있습니다. 이 분야에서는 DNA나 단백질 구조를 해석할 때 데이터 마이닝을 사용하는데, DNA의 경우는 '염기'가, 단백질의 경우는 '아미노산'의 구조가 데이터 마이닝의 대상이 됩니다.

이미지를 잡기 힘든 분야이지만 생물을 단백질 덩어리로 보고 그 DNA나 구조를 해석하려고 하면 빅 데이터에 필적하는 양의 데이터가

---

*   IBM의 Watson은 미국의 퀴즈 프로그램 'Jeopardy!'에서 사람을 이겼다. 그 외에 요리나 영화 PV 제작 외에 질환 판별에도 사용되고 있다.

필요합니다(그림 16). 그래서 데이터 마이닝에 슈퍼컴퓨터를 사용하는 경우도 드물지 않습니다.

또한 사람의 생명과 직결되는 분야라는 점에서 여기서 얻어지는 성과는 매우 크다고 할 수 있습니다. DNA 구조의 해명을 비롯하여 유전적 질환의 특정, 신약 개발, 유전자 재편성으로 이어지는 등 우리의 생활을 크게 바꿀 가능성을 품고 있습니다.

방대한 데이터를 취급하는 것이 당연한 특성상, 새로운 데이터 마이닝 기술의 등장으로 분석능력이 비약적으로 향상되는 경우도 많아 그 영향이 현저히 두드러지는 분야이며, 앞으로도 더욱 주목을 받을 분야입니다.

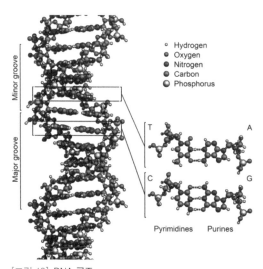

[그림 16] DNA 구조
출처: Wikipedia "File:DNA Structure+Key+Labelled.pn NoBB.png"
URL: https://en.wikipedia.org/wiki/File:DNA_Structure%2BKey%2BLabelled.pn_NoBB.png

■ 재료과학

의류, 전지, 자동차, 컴퓨터 등 세상의 모든 분야에서 탄소섬유나 금속 등 뭔가 '재료'가 사용됩니다. 이러한 기기의 성능향상에는 소재개발을 빼놓을 수 없습니다. 이러한 소재를 연구하는 분야가 바로 재료과학입니다.

기존에는 경험과 감으로 진행하던 재료개발이지만 여기에 데이터 마이닝을 결합함으로써 신소재 연구개발이 비약적으로 발전했습니다. 데이터 마이닝과 재료과학을 융합시킨 분야를 특히 **머티리얼 인포매틱스** (Materials Infomatics)라고 하는데, 이 분야에서는 데이터 마이닝으로 소재를 분석하고 신소재 개발로 연결시킵니다.

소재에는 다양한 원소가 사용되는데 그 조합과 구조로 성질이 크게 바뀝니다. 재료과학에서 사용하는 원소는 80종류가 넘기 때문에 거기에 구조와 비율까지 조합하면 수많은 데이터가 발생합니다.

데이터 마이닝의 발전으로 이러한 데이터 분석이 쉬워졌을 뿐만 아니라 AI와 결합함으로써 개발과 분석 프로세스가 가속화되어 크게 발전하고 있는 분야입니다. 특히 배터리 개발 등에서 성과를 올리고 있어 전기자동차나 스마트 전지에 혁명을 일으킬 날이 머지 않았습니다.

데이터 마이닝으로 바뀌는 정보의 가치

앞에서 말했듯이 이미 모든 사물이 정보화되어 데이터 마이닝의 대상으로 분석되고 있습니다. 정보가 있는지 없는지, 정보가 있으면 분석할 수 있는지 없는지, 분석 결과를 활용할 수 있는지 없는지로 기업이나 연구기관의 성과가 크게 달라집니다. 그에 따라 정보의 가치도 바뀌었습니다.

정보는 중요합니다. 이는 옛날부터 변함이 없습니다. 하지만 지금은 정보의 종류와 양이 유래 없이 증가하여 언뜻 보면 무의미해 보이는 데이터도 가치를 가지게 되었습니다. 어수선하게 쌓여 있는 화물에, 휴지

통에 버려져 있는 영수증에, 배수구로 흘러가는 머리카락에 가치 있는 정보가 가득 차 있다는 것입니다.

하지만 그 정보 속에서 가치를 찾아낼 수 있을지 없을지는 사람에게 달려 있습니다. 그야말로 데이터 마이닝을 이해하는지 아닌지에 따라 가치를 끌어 낼 수 있을지 없을지가 갈리는 것입니다. 변해가는 정보의 가치에 따라 사회는 어떻게 변해 갈까요?

■ 정보 매매의 형태가 바뀐다

정보에 가치가 있어서 대부분의 기업이 원하게 되면 그것을 이용하는 것에 불신감을 느끼는 사람도 있을 것입니다. 옛날에는 아무렇게나 취급되던 개인정보도 지금은 법률에 따라 엄격하게 관리하도록 되었습니다. 그 결과 정보의 가치가 지금 이상으로 올라갑니다.

간단히 손에 넣을 수 있는 데이터의 가치는 그렇게 높지 않지만 손에 넣기 어려울수록 가치는 올라갑니다. 특히 '개인정보'에 관한 데이터의 가치는 비약적으로 올라가서 매매에 따라 거액의 이익을 얻을 수도 있습니다.

이미 '회원은 무료', '회원은 할인'이라는 형태로 정보제공에 의한 할인 서비스가 일반화되었습니다. 하지만 앞으로는 개인이 능동적으로 정보를 제공함으로써 얻을 수 있는 형태가 되어 갈 것입니다. 예를 들면 이미 소셜 미디어에 축적되어 있는 데이터를 파는 기업*이나 영수증을 사들이는 기업**도 등장했으며, 지금까지는 특정 기업이 독점하던 구매 데이터를 개인이 기업에게 제공하게 되었습니다.

---

*   https://datacoup.com/

**   https://jp.techcrunch.com/2018/06/12/one-hundred-thousand-receipt/

이러한 정보를 취급하는 **데이터 플랫폼**은 계속 증가하고 있으며 많은 기업이 안정적이고 효율적인 데이터 플랫폼 구축을 서두르고 있습니다.

특히 IoT 기기로부터 얻을 수 있는 방대한 데이터의 취급에도 관심이 모아지고 있으며, 이것을 매매하는 플랫폼 구축도 모색하기*** 시작했습니다.

정보를 사고 파는 것이 당연시되면 기업은 정보를 얻을 수 있는 제품이나 서비스를 판매할 때 '얻을 수 있는 정보의 이익'을 가미한 가격을 설정하게 됩니다. 그러면 그것을 구입하는 사용자는 구입과 동시에 정보제공에 동의함으로써 자신의 정보를 판매하게 되는 것입니다. 앙케이트에 답을 하면 무료로 사용할 수 있는 서비스 등이 그 전형적인 예입니다. 모르는 사이에 우리 모두가 정보 매매에 참가하고 있는 것입니다.

■ 데이터 마이닝으로 다양한 기술의 발전이 가속화된다

데이터 마이닝에 의해 AI의 개발이 가속화되었듯이 정보에 의해 기술의 발전도 가속화될 것입니다. 구글, 페이스북, 트위터가 수집하고 있는 데이터를 마이닝함으로써 AI는 동물의 모습을 이해할 수 있게 되었으며 사람과 대화할 수 있게 되었습니다. 이것이 얼마나 중요한 것인지 상상하기 어렵지 않을 것입니다.

앞으로도 데이터 마이닝에 의해 기술적인 발전은 더욱 가속화되겠지만, 그중에서도 생명과학의 데이터 마이닝과 병행해서 의료 분야에서는 그 경향이 더 두드러질 것입니다.

이미 의료 업계에서는 임상시험으로 얻은 '약품에 의한 신체의 영향'이라는 정보에 대해 사례를 지불하고 있습니다. 하지만 임상현장에 있

*** http://www.isp.co.jp/case/01/

어서 의료 데이터는 의료기관이 전자 카르테 등의 형태로 데이터화하여 축적하고는 있지만 아직은 매매에 제한이 걸려 있어 연구에는 활용할 수 없는 상태입니다. 무단으로 매매하는 경우도 적지는 않지만 제약 없이 자유롭게 쓸 수 있는 나라도 많습니다.

의료 데이터는 민감한 정보라는 이유도 있어서 데이터의 유동성은 나라나 기업에 따라 제각각입니다. 한편 이미 의료 데이터의 대규모적인 데이터 마이닝은 각 분야에서 시작되고 있으며 연구개발의 속도에도 차이가 생기기 시작했습니다.

데이터 마이닝 경쟁의 승자가 기술개발 경쟁의 승자가 될 날도 머지않았습니다. 우리도 안전한 데이터 취급에 유의하면서 데이터 마이닝을 효과적으로 활용해 갈 필요가 있습니다.

블록체인

중앙집중에서 분산관리로
상식을 뒤엎는 기술

가상 통화뿐만이 아닌 블록체인의 가능성

블록체인이라고 하면 가상 통화(암호화 통화)를 떠올릴 것입니다. 왜냐하면 블록체인 기술은 가상 통화의 핵심기술로 주목을 받아 가상 통화의 주역과 같은 이미지로 말하는 경우가 많기 때문입니다.

하지만 블록체인이라는 기술의 가치는 정보의 신뢰성을 기술적으로 보증한다는 점에 있습니다. 이것은 신뢰할 수 없으면 사용할 수 없는 모든 정보에 활용 가능한 기술로, 통화에 국한된 기술이 아닙니다. 블록체인은 무엇에 사용할 수 있으며, 어떻게 퍼져갈 기술인지에 대해 설명하겠습니다.

블록체인과 가상 통화

먼저 블록체인은 통화에 사용됨으로써 그 가치를 널리 인정받았다는 점에 주목해 봅시다. 가상 통화 외에도 예전부터 전자 거래에 사용되는 디지털 통화는 있었습니다. 하지만 왜 블록체인을 사용한 것이 이렇게까지 주목을 받은 것일까요? 그 이유는 블록체인이 보증해 주는 '정보의 신뢰성'에 있습니다.

여러분도 알고 있듯이 모든 거래는 통화에 의해 이루어집니다. 물론 때에 따라서는 노동이나 정보, 물건 등 그 외에 가치가 있는 것을 대가로서 지불하는 거래도 있지만 대부분은 통화를 사용합니다. 그 이유는 왜일까요?

정답은 심플합니다. 바로 '통화의 가치를 신뢰할 수 있기 때문'입니다. 5만 원 지폐에는 5만 원의 가치가 있습니다. 이는 지극히 신뢰할 수 있는 정보입니다. 5만 원 지폐 외에 5만 원의 가치를 가지는 것도 존재하지만 '국가에 의해 발행된 통화'는 그 무엇보다 신뢰할 수 있는 존재입니다(그림 1). 단, 이것은 '통화를 발행한 국가'를 신뢰할 수 있는 경우로 한정됩니다.

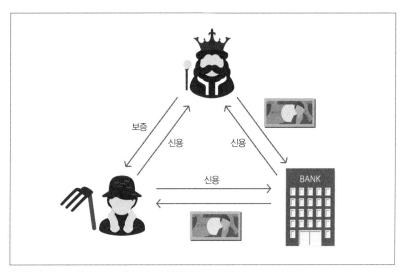

[그림 1] 통화는 국가를 신뢰함으로써 성립된다.

■ 조직이 아닌 기술을 신뢰하는 통화

그렇다면 국가나 그와 유사한 강력한 조직이 존재하지 않으면 통화의 신뢰성은 보증되지 않는가 하면 반드시 그렇지는 않습니다. '신뢰성을 보증하는 구조'만 존재한다면 통화로서 이용할 수 있습니다. 그래서 등장한 것이 블록체인입니다.

기술적인 설명은 나중에 자세히 하기로 하고 블록체인을 사용함으로써 위조나 변조되지 않는 통화가 탄생했습니다. 이 기능은 통화에 있어서 상당히 중요한 요소로, 가상 통화는 블록체인이라는 기술을 신용하는 통화라고 할 수 있습니다. 신뢰성이 보증되어 있기 때문에 통화로서 널리 유통되고 있는 것입니다.

기술을 신뢰한다는 의미와 통화의 가치

기술을 신뢰한다는 것은 어떤 뜻일까요? 실제로 통화를 사용할 때 국가를 신뢰할 수 있을지를 진지하게 조사하는 사람은 적듯이, 블록체인이라는 기술을 올바르게 이해하고 사용하는 사람은 소수일지도 모릅니다.

기술을 이해하기 전에 먼저 '기술을 신뢰할 수 있으면 무엇이 달라지는지'를 이해할 필요가 있습니다. 블록체인은 정보의 신뢰성을 기술적으로 보증하기 위해 언뜻 보면 쓸데없이 보이는 장치와 난해한 구조를 많이 채택하고 있습니다. 이러한 구조의 의미를 이해하기 위해서도 조직이 아닌 기술을 신뢰하면 무엇이 바뀌는지를 살펴봅시다.

■ 국가라는 존재가 개입하지 않는 통화

가상 통화에는 통화의 유통을 관리하기 위한 나라나 기업, 공동체가 모두 필요 없습니다. 물론 가상 통화의 신뢰성을 높이기 위한 기술자는 필요하지만 가상 통화에 사용되는 기술은 대부분 공개되어 있기 때문에 기술을 이해할 수 있는 지식만 있다면 자신의 눈으로 신뢰성을 확인할 수도 있습니다.

하지만 직접 사양이나 코드를 보고 신뢰성을 판단할 수 있는 사람은 적을 것입니다. 가상 통화 사용자 모두가 블록체인 기술의 코드까지 이해할 필요는 없습니다. 그 대신 안전성을 확인해 주는 기술자를 신뢰함으로써 가상 통화를 신뢰할 수 있다고 판단하는 것입니다. 이 경우 기존의 통화 구도는 별로 바뀌지 않고 '지폐의 위조를 막는 힘이 있는 권력자' 대신 '기술적인 안전성을 확인하는 기술자'를 믿게 되는 것뿐입니다(그림 2).

어느 쪽을 더 신뢰할 수 있을지는 판단하기 어려운 부분이지만 마치 종교처럼 '안전하니까 나를 믿어'라고 하는 것보다 기술을 자세하게 설명한 다음 '이런 구조로 되어 있으므로 안전합니다'라고 하는 쪽이 더 신뢰가 가지 않을까요?

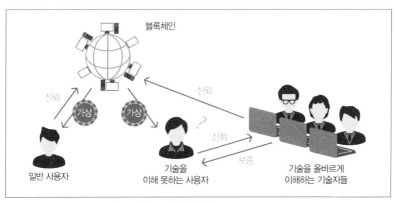

[그림 2] 가상 통화는 기술을 신뢰함으로써 성립된다.
기술을 이해 못해도 기술자 조직을 신뢰하면 성립된다.

사람이 아니라 기술을 신뢰한다는 방식에 거부감이 있는 사람이 있을지도 모르지만, 사실 우리는 평소에 이것을 하고 있습니다. 우리가 제조원가 100원인 만 원 짜리 지폐를 손에 넣기 위해 귀중한 시간을 들이는 것도, 사고를 일으키면 생명과 직결되는 자동차를 매일 타는 것도, 국가나 제조업체를 신뢰하고 있기 때문입니다.

가상 통화에 대한 신뢰는 '차가 안전하게 움직인다'는 신뢰와 형태가 비슷합니다. 즉, '차는 안전한 이동수단이니까 탄다'와 '가상 통화는 위조되지 않으니까 자산으로 갖고 있다'는 구도가 비슷하다는 것입니다.

이 구도는 지금까지의 통화와는 성질이 크게 다릅니다. 자동차나 가상 통화에서 신뢰하는 대상은 기술이나 기술을 제공하는 제조업체라서 국경이 있는 존재가 아닙니다.

가상 통화에는 국경이 없기 때문에 나라를 넘어서 자산이 이동됩니다. 또한 대규모의 관리자가 필요 없으며, 그 유지에 필요한 기술자는 소수여도 상관없습니다. 궁극적으로 블록체인의 구조는 주체적으로 참가하는 사용자와 자원봉사자에 의해 유지됩니다. 나라의 규제에 얽매이지 않고 자유롭게 거래할 수 있는 가상 통화는 나라를 초월한 활동이 당연하기 때문에 앞으로의 생활에는 빼놓을 수 없는 기술이 될 것입니다.

■ 가상 통화나 디지털 통화의 가치

가상 통화는 매력적인 존재이기는 하지만 현재의 통화도 여러 가지 규제가 있어서 다루기 어렵다고는 해도 충분히 신뢰할 수 있는 존재입니다. 은행 거래도 그렇게까지 신뢰할 수 없는 것은 아닙니다. 가상 통화와 비교하여 지금의 통화에 가치가 없다고는 생각하지 않습니다.

그렇다면 가상 통화는 얼마나 더 편리하고 신뢰할 수 있는 것일까요? 가상 통화 붐의 원천을 거슬러 올라가면 그 계기는 신뢰성과 더불어 '선진성'에도 있습니다. ICO와 같이 가상 통화에 의한 출자의 경우, 기존의 방법보다 간단히 출자를 받을 수 있고, 더 빨리 큰 회사를 만들 수 있는 등 가상 통화를 활용한 새로운 시도가 늘고 있습니다. 또한 금융업계에 응용되면 거래 속도도 훨씬 빨라질 것이라 예측됩니다.

가상 통화가 앞으로 큰 가능성을 갖고 있다는 점은 틀림없습니다. 하지만 가상 통화 붐이 퍼진 최대 요인은 역시 가치가 오르락내리락하는 '투기성' 때문이라 할 수 있습니다. 이 부분은 가상 통화의 본질적인 가치와는 따로 분리해서 생각할 필요가 있습니다.

여러분 중에는 '가상 통화는 그냥 정보이니까 가치가 없다'고 생각하는 사람이 있을지도 모릅니다. 하지만 우리가 사용하고 있는 화폐는 이른바 신용에 의해 가치를 가지는 '신용화폐'라 부르는 것으로, 화폐 자체가 가치를 가지는 '본위화폐*'가 아닙니다. 지금까지의 통화는 위조나 변조가 횡행하거나 관리하는 국가가 없으면 그저 종이조각에 지나지 않습니다. 정보로밖에 존재하지 않는 가상 통화와 그 본질은 다르지 않습니다.

좀 더 말하자면 가상 통화와 마찬가지로 정보로밖에 존재하지 않는 디지털 통화도 이미 많이 나와 있어 우리 생활 속에 침투해 있습니다. 결제전용 전자머니인 'T-money'나 이용자끼리 교환이 가능한 'Pay Pal' 등이 이에 해당합니다. 이러한 디지털 통화는 기업이 모든 것을 관리하고 있기 때문에 그 기업이 망하면 가치를 잃어버립니다. 이러한 특성 때문에 가상 통화만큼 신용을 얻고 있지 않지만 엄연한 가상 통화의 일종입니다.

이러한 디지털 통화도 이미 스마트폰이나 인터넷을 통해 물건을 살 수 있으며 이것만으로 생활하는 것도 가능합니다. 가상 통화에 의한 출자를 받아 운영하는 기업에서는 급여가 가상 통화로 지불되는 경우도 많으며, 일부에서는 국가가 대대적으로 가상 통화의 이용을 촉진하기도 합니다. 이미 가상 통화의 시대가 시작되었다고 해도 과언이 아닙니다.

---

* 금이나 은 등으로 만들어지는 화폐. 그 자체가 그에 상응하는 가치를 지닌다.

다시 말하자면 가상 통화의 강점은 '정보의 신뢰성을 기술적으로 보증할 수 있다'는 점에 있습니다. 관리자가 필요 없거나 아니면 관리자를 특별히 신뢰할 필요가 없어진다는 점은 매력적이지만 이것만으로는 가상 통화의 배경에 있는 '블록체인의 매력'까지는 전달되지 않을지도 모릅니다.

정보란 신뢰할 수 없으면 가치가 없습니다. 뉴스 정보든 SNS 정보든 저명인의 연설이든 그 정보를 신뢰할 수 없으면 아무 의미가 없습니다. 반대로 말하자면 신뢰할 수 있는 정보에는 가치가 있으며 사물을 바꿀 수 있는 힘이 있습니다. 그렇게 생각해보면 '정보의 신뢰성'이란 통화에 국한되는 것이 아니라는 것을 알 수 있습니다.

가상 통화의 등장으로 인해 블록체인에는 다양한 전망이 그려졌습니다. 그 결과 가상 통화에서 금융업계로 퍼져가는 **블록체인 2.0**이나 금융업계 이외로도 퍼져가는 **블록체인 3.0**과 같은 구상이 태어난 계기가 되었습니다(그림 3).

각각의 구상에 공통되는 것은 중개자가 필요 없다는 점입니다. 가상 통화의 경우 돈과 사람들 사이에 가치를 보증하는 국가가 필요 없게 되었지만 블록체인이 발전하면 무엇이 필요 없어질까요?

또한 블록체인 2.0 이후에서는 가상 통화처럼 열린 블록체인뿐만 아니라 기업 내에서 사용하는 프라이빗 체인이라 부르는 형태도 등장합니다. 그 치이를 이해한 후에 블록체인의 미래에 대해 생각해보면 좋을 것입니다.

[그림 3] 발전하는 블록체인

블록체인	용도	기능	변화	서비스
1.0	통화로서 활용	가상 통화의 유통을 기록	통화의 발행조직(국가 등)이 필요 없어서 관리 비용이 내려간다.	비트코인 라이트코인
2.0	금융업계에서 응용	실제 통화의 유통·계약 등을 기록	금융 서비스(은행이나 증권회사)의 관리 비용이 내려간다.	이더리움 NEM Ripple
3.0	금융 이외에서 응용	모든 데이터를 기록	데이터의 관리(클라우드 서비스나 서버) 비용이 내려간다.	Hyperledger 등※

※ 2.0 기술은 경우에 따라서는 3.0에 응용할 수도 있다. 각각 기술적인 정의가 있는 것이 아니라 어디까지나 용도에 따른 차이로 구별하고 있다.

좀 더 자세히 | 퍼블릭 체인과 프라이빗 체인

블록체인에는 다양한 사용자*가 참가할 수 있지만 참가자를 한정한 블록체인을 구축할 수도 있습니다. 이를 프라이빗 체인이라고 합니다(그림 4). 한편 참가자를 한정하지 않고 누구나 이용할 수 있는 블록체인을 퍼블릭 체인이라고 하는데, 각각 요구되는 시스템에 큰 차이가 있습니다.

가상 통화 등에서 사용하는 것은 퍼블릭 체인이지만 조직 내에서 사용하는 것이나 기업이나 단체가 참가자를 한정하여 서비스를 제공하는 경우는 프라이빗 체인**에 해당합니다.

각각 '악의적인 사용자를 어느 정도 예상해야 할지', '참가자 수를 컨트롤할 수 있을지'라는 점에서 큰 차이가 있습니다. 구조는 프라이빗 체인이면서 퍼블릭 체인과 같은 대규모 네트워크를 설계할 수도 있어서 일률적으로 분류할 수는 없습니다.

또한 프라이빗 체인은 퍼블릭 체인과 비교하여 네트워크 규모를 비교적 컨트롤하기 쉽다는 점에서 빠르고 유연하며 지금 이상으로 다양한 설계로 블록체인을 만들 수 있습니다. 블록체인 2.0 이후에는 기업 등이 관리하는 프라이빗 체인이 증가되어 블록체인형 시스템은 보다 일반화되어 가리라 예상됩니다.

---

* 블록체인에 참가하는 사용자를 네트워크상의 결절점을 의미하는 '노드'라고 부르는 경우가 있다.

** 프라이빗 체인과 유사한 블록체인으로 '컨소시엄 체인'이 있다. 조직 내부뿐만 아니라 조직 외의 참가자도 고려하고 있으며, 퍼블릭과 프라이빗의 중간이라고 할 수 있지만 실질적인 구조는 프라이빗 체인을 따른다.

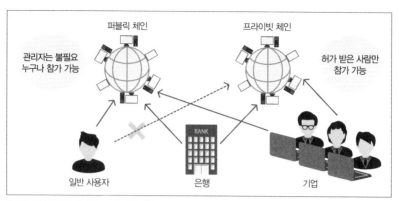

[그림 4] 퍼블릭 체인과 프라이빗 체인
프라이빗 체인에는 일반 사용자는 참가할 수 없다.

■ 블록체인 2.0

블록체인 2.0에서는 금융업계를 중심으로 변화가 일어납니다. 금융기관은 데이터센터나 서버를 기점으로 하여 여러 업무를 수행하고 있지만, 블록체인을 사용하면 그런 업무를 어느 정도 효율화할 수 있습니다. 경우에 따라서는 금융기관 자체가 필요 없어질 가능성도 있습니다. 블록체인으로 효율화되는 업무를 간단히 정리하면 [그림 5]와 같습니다.

[그림 5] 블록체인(BC) 방식 시스템에 의해 효율화되는 금융 업무

업무	현재	블록체인 2.0
송금 등	은행이 중개한다. 업무 시간 이내	가상 통화나 은행의 새로운 BC 방식 시스템을 이용. 시간에 구애받지 않으며 해외송금도 싸고 빠르다.
쇼핑 결제 등	신용카드 회사가 본인 확인과 결제를 한다. 수수료가 발생한다.	BC 방식 결제 시스템을 이용. 수수료가 거의 들지 않는다.
자산 관리 등	증권회사, 신탁은행, 부동산회사가 자산 관리를 위탁받고 있다. 시간이 걸리며 자유롭게 거래할 수 없다.	자산 관리 BC 시스템을 이용하여 개인간에 자유롭게 거래할 수 있다.
자금 조달 등	증권거래소에서 주식의 신규공개(IPO)를 하여 자금조달. 시간이 걸리며 거래소에 따라서는 제약도 있다.	가상 통화의 신규공개(ICO)에 의해 자금조달. 거래소는 필요 없으며 빠르고 광범위하게 접근할 수 있다.

업무	현재	블록체인 2.0
계약 체결 등	서류의 발송, 날인, 사인으로 이루어진다. 시간이 걸린다.	계약 관리 BC 시스템에 의해 즉시 체결이 가능해진다.
개인정보·거래 관리	기업 내부의 데이터센터에서 일원 관리되고 있다. 데이터센터의 안정성·안전성에 의존한다.	지사나 부서별로 연결되는 BC 기반 네트워크에서 관리. 데이터센터에 의존하지 않는다.

송금의 경우 이미 가상 통화 시스템으로 가능해졌으며, 자금조달도 일부에서 시작하고 있습니다. 기본적으로 자산을 갖고 있는 사람들 사이에 들어가는 '신뢰할 수 있는 제삼자'가 불필요해졌기 때문에 개인과 기업, 개인과 개인, 기업과 기업, 기업과 투자가 등이 직접 거래를 할 수 있습니다.

또한 쇼핑의 결제나 계약의 경우는 **스마트 계약**(smart contract)이라는 자동 계약 시스템이 블록체인으로 가동되고 있습니다. 이것은 넓은 의미에서는 자동화된 계약 시스템을 가리키므로 자동판매기도 여기에 해당되지만, 블록체인과 관련해서는 블록체인을 사용한 계약·합의형성을 가리킵니다. 여기에는 **이더리움***이라는 블록체인 플랫폼이 유명한데, 참가하는 사용자가 공증인과 같은 역할을 하여 플랫폼 자체가 일종의 공증인 역할을 하는 기능을 다하고 있습니다.

이러한 계약 등과 관련된 정보관리에 특히 큰 장점이 있는 것이 금융업계입니다. 금융업계처럼 신뢰성이 중시되고 역사가 있는 분야에서는 '종전의 방식이 새로운 방식보다 더 신뢰할 수 있다'고 여기고 있기 때문에 편의성이 떨어지는 경우가 많아서 '종이와 도장(사인)'이 주류였습니다. 한국뿐만 아니라 미국이나 유럽의 금융업계조차 중요한 계약에는 '종이와 사인'을 사용하고 있어서 정보화가 진행되지 않는 상태가

---

* 스마트 계약에 특화된 블록체인. 플랫폼 상에서 자유롭게 계약을 작성할 수 있다.

지속되고 있습니다. 이것을 블록체인을 사용하여 바꾸려 하고 있는 것입니다.

■ 블록체인 3.0

여기까지는 금융업계에 한정된 이야기였지만, 이 분야에서 더욱 퍼져가는 것이 블록체인 3.0입니다. 금융업계보다 정보화가 진행되어 있는 분야나 신뢰성이 금융기관만큼 중시되지 않는 분야가 대상이 됩니다. 구체적으로는 과학, 의료, 제조, 물류 등 폭넓은 비즈니스가 포함됩니다.

블록체인을 사용하면 과학 분야에서는 논문이나 실험 데이터의 변조가 불가능해지며, 전 세계의 과학자가 실험 데이터를 공유하는 플랫폼이 탄생할 것입니다.

의료 분야에서는 치료에 관한 정보나 환자의 데이터가 암호화되어 블록체인 상에 저장되고, 의료기관만이 참가할 수 있는 플랫폼에서 공유하도록 될 것입니다. 그러면 어떤 병원에서 포기한 환자가 다른 병원에서는 치료 가능하다는 것을 알게 될지도 모릅니다.

제조나 물류 분야에서 블록체인을 사용하게 되면 데이터 관리 비용이 절감되어 제조물의 모든 정보가 정확하게 기록되게 될 것입니다. 자동차업계의 경우는 전기자동차의 배터리 잔량이나 주행거리 등을 기록하는 데이터베이스의 구축을 검토하고 있습니다.

또한 일반기업에서도 사내용 프라이빗 체인을 이용함으로써 그룹 기업이나 지사를 포함한 블록체인을 구축할 수 있어서 데이터센터의 관리 비용이 절감될 것입니다. 소규모 기업의 경우도 사원 한 명 한 명이 단말기를 네트워크에 참가시킴으로써 프라이빗 체인을 구축할 수 있습니다.

그런데 블록체인의 정보는 나중에 변경할 수 없다는 특성이 있어서 신뢰는 할 수 있지만 유연성이 떨어진다는 단점이 있습니다. 때문에 지금까지의 데이터베이스가 전혀 필요 없어지는 것은 아닙니다.

블록체인 2.0 이후로 가장 중요한 것은 '컴퓨터상의 디지털데이터를 신뢰할 수 없는' 시대가 끝난다는 점입니다. 지금까지는 간단히 지워지거나 변조될 우려가 있었던 데이터도 블록체인에 넣으면 사라지지도 바뀌지도 않을 것입니다. 디지털 데이터가 '확실히 존재하는' 시대가 시작되려고 하고 있습니다.

이제 블록체인이 '왜 신뢰할 수 있는지'를 살펴봅시다. 블록체인을 신뢰할 수 없으면 블록체인 상의 데이터도 신뢰할 수 없습니다.

블록체인의 개요

자세한 설명을 하기 전에 간단히 그 개요만 설명해 보겠습니다. 블록체인의 근간이 되는 기능은 이름 그대로 **블록**과 **체인**입니다. 블록은 정보 덩어리를 의미하며, 체인은 정보의 연결을 가리킵니다. 블록과 체인의 연결은 가계도를 떠올리면 쉽게 이해할 수 있습니다.

'자신이 누구인지'를 정확하게 정의하려면 자신을 낳아준 부모와의 연결을 가리키는 것이 효과적입니다. 그리고 부모에게도 부모가 존재하므로 그것을 연결해 가면 가계도가 그려집니다. 이것은 블록체인의 기본형과 비슷합니다.

돈의 입출을 기록하는 '장부'도 이와 비슷합니다. 현재 예금 수치가 정확한지 아닌지는 장부를 보면 명확히 알 수 있습니다. 변화하는 정보가 맞는지 확인하려면 이력을 살펴보는 것이 가장 좋습니다.

그런데 가계도와 장부는 모두 변조가 용이하기 때문에 이것만으로는 블록체인의 신뢰성을 설명하기 어렵습니다. 그래서 사용하는 것이 **합의형성(Consensus)**이라는 방법으로, 기록되어 있는 정보를 변경하려고 하면 관계자에 의한 확인이 필요합니다.

확인되고 승인되지 않으면 변경이 허가되지 않으므로 항상 올바른 정보가 기록된다는 것입니다(그림 6). 장부를 변경하려고 할 때는 반드시 회계사가 체크를 하도록 하는 것이라고 생각하면 됩니다.

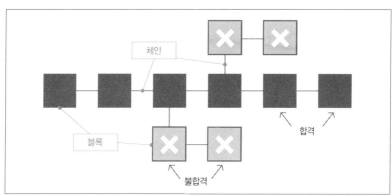

[그림 6] 블록체인의 개념도
중앙이 메인 데이터이고, 엑스표(×)는 체크 시에 버려지는 데이터를 나타낸다.

이로써 신뢰성이 충분히 확보되었다고 생각하겠지만 회계사와 짜고 정보를 변조하는 것도 가능합니다. 체크를 하는 쪽이 의도적으로 못 본 척 한다면 사실은 돈이 늘지 않았는데 늘었다고 기재하거나 과거 데이터를 몰래 바꾸는 일은 간단합니다. 그래서 나온 것이 **분산관리**라는 방법입니다(그림 7).

이것은 말하자면 가계도나 장부를 관계가 있는 사람이든 없는 사람이든 모두가 공유한다는 방식입니다. 장부를 고쳐 쓰면 다른 사람이 공유하고 있는 데이터와 일치하지 않으므로 고쳐 쓸 수 없습니다. 새로운 정보를 추가할 때는 회계사뿐만 아니라 회계 지식이 있는 사람 전원이 체크를 합니다. 정보를 변조나 위조를 하려면 정보를 공유하고 있는 전원을 속여야 하는 것입니다.

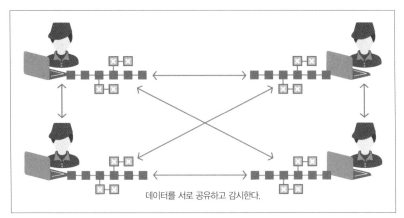

데이터를 서로 공유하고 감시한다.

[그림 7] 분산관리의 이미지

　그래도 돈을 뿌리면 매수가 가능할 것 같지만 전원이 변조를 허가하면 모두가 공유하고 있는 모든 정보가 신뢰성을 잃게 되어 모든 정보가 가치를 잃어버리게 됩니다. 가상 통화의 경우는 자신이 변조를 허가한 탓에 자신이 갖고 있는 통화의 가치가 폭락하는 것입니다. 그걸 알면서 변조를 허가하는 사람은 없을 것입니다. 그래서 정보를 갖고 있는 전원이 룰을 지킨다는 의식이 작용하여 변조나 위조가 일어나지 않는 것입니다.

　그 외에 정보와 관련된 개인을 특정할 수 없도록 **암호화**하는 것도 중요합니다. 프라이빗형 블록체인과 같이 관계자끼리 공유하는 경우라면 모를까 퍼블릭형 블록체인에서는 관계없는 사람도 정보를 공유하므로 보이고 싶지 않은 정보도 공유하게 됩니다. 그래서 이를 막는 기술이 필요합니다.

　이것으로 블록체인의 구조가 신뢰성을 보증하도록 되어 있다는 것을 이해할 수 있을 것입니다. 그럼 지금부터 요소 하나하나를 좀 더 자세히 살펴봅시다.

블록 – 정보의 최소단위, 기본이 되는 정보가 들어 있다

블록은 앞에서 말했듯이 블록체인에 있어서 데이터의 덩어리입니다. 하나의 블록에는 주로 **데이터, 해시, 논스**(nonce)*가 들어 있습니다(그림 8). 해시와 논스에 대해서는 나중에 설명하겠지만 거래가 일어날 때마다 데이터가 추가되어 해시와 논스가 새로 바뀐 블록이 만들어집니다.

계속해서 늘어가는 이 블록이 블록체인의 기본입니다. 우선은 블록의 구조를 올바르게 이해하도록 합시다.

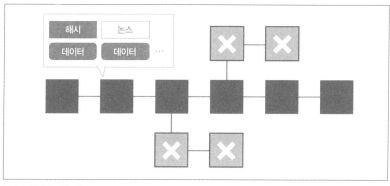

[그림 8] 블록의 내용

■ **데이터**

블록체인에서 어떤 데이터를 취급하고 있는지에 따라 달라지지만 가상 통화의 경우 데이터에는 주로 거래 데이터가 들어 있습니다. 하지만 블록 안에 갑자기 데이터를 넣는 것은 아닙니다.

장부의 경우 거래를 기재하기 전에는 영수증을 모아둘 것입니다. 이처럼 'A가 B에게 100원 보냈다', 'B는 C에게 300원 보냈다' 등과 같은

---

* 논스는 반드시 필요한 것은 아니지만 퍼블릭 체인에서는 비슷한 역할을 가진 정보가 필수다.

거래 기록을 먼저 모읍니다. 모은 기록을 검증하면서 '맞다고 생각되는 것'을 블록에 넣어 작성합니다. 블록 안에 넣은 데이터는 다른 참가자도 검증하므로 처음부터 올바른 것만 넣는 것이 중요합니다.

　블록이 작성되면 그 이후의 거래기록은 다음 블록에 들어갑니다. 그 결과 과거부터 현재까지의 모든 데이터가 블록 안에 들어가 블록체인에 저장되는 것입니다.

　이와 같이 모든 거래기록이 저장된다는 것이 중요합니다. 장부, 가계도, 역사책, 실험 리포트 등도 마찬가지지만 도중에 정보가 사라지는 경우는 신뢰성이 현저히 떨어집니다. 돈, 가계, 사건, 화학반응 등은 거기에 이를 때까지의 경위가 올바르게 파악되지 않으면 그것이 확실히 존재한다고 제3자가 확인할 수 없기 때문입니다.

　그런데 블록체인에 저장되는 정보는 '과정'에 대해서는 올바르게 기록되지만, 기록된 정보(영수증의 내용)가 정말 올바른지 아닌지는 별개의 문제입니다. 블록체인에서는 기록된 정보가 법적으로 유효한지 보증하지 않기 때문에 정보를 기록할 때까지의 프로세스도 잘 생각해야 합니다.

■ 해시

　블록에는 데이터 외에 '해시(Hash)'라는 정보가 기록됩니다. '잘게 썰다', '저미다'와 같은 뜻을 갖고 있는 단어인데, 이 경우는 하나 앞의 블록 정보에 대응하는 ID*라고 생각하면 됩니다. 이 값은 블록의 내용이 조금이라도 달라지면 전혀 다른 값이 되어 버립니다.

---

* 　'요약 값'이라 부르는 경우도 많다.

이 해시 값은 새로 블록을 만들 때 하나 이전의 블록에 대해 **해시 함수**라는 특수한 계산법을 적용해서 자동으로 생성됩니다. 해시 함수는 이 정보가 핵심으로, 원래의 정보가 조금이라도 달라지면 생성되는 값이 크게 변화하는 특성을 갖고 있습니다. 해시 함수는 암호화에 사용되는 함수로, 해시 값으로부터 원래의 데이터를 추측하는 것은 불가능합니다**. 그래서 해시 값을 봐도 앞의 블록에 어떤 정보가 들어 있는지 모릅니다.

해시 함수에도 여러 종류가 있는데, 예를 들어 'A가 B에게 100원 보냈다'는 정보를 MD5라는 해시 함수로 **해시화*****해보면 'b08032b4d05d10ac5a3d73f7cdbff3d4'라는 정보가 됩니다. 이 값에 특별한 의미는 없으며, 원래의 데이터를 해시 함수로 계산하면 이런 값이 된다는 것뿐입니다. 시험 삼아 'A가 B에게 110원 보냈다'라는 정보를 넣어보면 'd3789aa28dbf49fa0ee64274459a5208'이라는 값으로 바뀝니다. 첫 번째 문자부터 다르므로 차이를 바로 알 수 있습니다.

이와 같이 앞의 데이터를 아주 조금 건드리기만 해도 해시 값은 달라집니다. 즉, 그 다음 블록에 '이전 블록의 해시 값'을 넣어두면 이전 데이터를 변조했을 때 그 다음 블록에 포함되는 해시 값과 일치하지 않게 되므로 변조가 바로 발각되는 것입니다.

** 해시 함수의 종류에 따라서는 함수의 계산 방법으로 예측할 수 있는 경우도 있는 등 예측하기 어려운 안전한 함수와 예측하기 쉬운 함수가 있다.

*** 해시 함수를 사용하여 해시 값을 바꾸는 것. 해시화하면 원래 데이터의 크기나 종류 등에 상관없이 항상 똑같은 길이의 값으로 바뀐다.

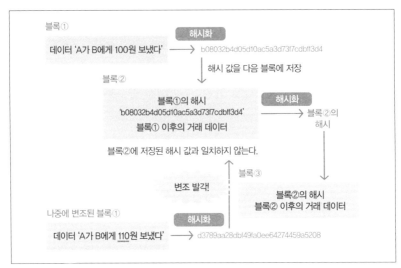

[그림 9] 해시 값의 참조로 변조를 막는다.

　[그림 9]의 '블록①'의 변조에 성공하려면, 다음 블록인 '블록②'도 변조할 필요가 있습니다. 하지만 '블록②'를 변조하면 그 다음의 '블록③'에 들어 있는 해시도 바뀌므로 '블록③'도 변조해야 합니다. 최신 데이터에 도달할 때까지 변조를 거듭하지 않으면 안 되므로 상당히 귀찮은 작업이 될 것입니다.

　그래도 아무도 모르도록 한꺼번에 변조를 하면 언뜻 보기에는 모순이 없는 블록체인 데이터가 만들어집니다. 물론 공유하고 있는 데이터와 일치하지 않으면 들키겠지만 공유하기 전의 새로운 데이터라면 들키지 않습니다. 그래서 보다 확실하게 변조를 막기 위해서는 '블록체인 참가자에 의한 합의 장치'와 '고속으로 변조할 수 없도록 하는 장치'가 필요합니다.

■ 논스

'합의 장치'에 대해서는 '합의' 항목에서 설명하겠지만, 블록 안에는 한꺼번에 데이터를 추가할 수 없도록 하는 장치가 마련되어 있습니다. 그 기능을 하는 것이 '논스'입니다. 논스는 영어로 'nonce'라고 표기하는데, 유래는 'number used once'에서 왔습니다. 이 숫자도 해시와 마찬가지로 보통 사람이 봤을 때 존재 이유를 모르는 수수께끼 같은 수치이지만 변조 감지에 중요한 역할을 하고 있습니다.

논스란 말하자면 '블록을 작성하는 추첨'에 있어서 '추첨권'과 같은 것입니다. 거래 데이터(해시화된 것)에 당첨번호* 논스를 넣어서 해시를 만들면 '000000000000006f4d357271edcf682'와 같이 '0'이 나열된 해시가 나옵니다. 당첨번호 외의 '꽝 논스'를 넣으면 0이 나열되는 일은 없습니다.

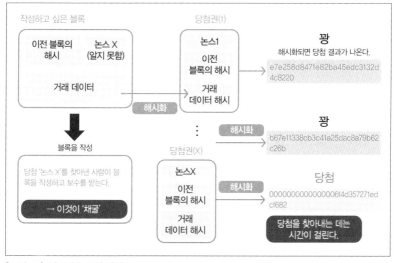

[그림 10] 채굴과 논스의 관계

---

*   당첨번호가 되는 논스는 여러 개 존재하므로 채굴자가 다른 당첨번호를 찾아내는 경우가 있다.

그리고 운 좋게 당첨번호 논스를 발견한 당첨자에게 블록을 작성할 권리와 보수가 주어집니다. 이 당첨번호를 찾는 것이 **채굴**(mining)이라고 하는 작업으로, 이 채굴 보수를 목적으로 추첨에 참가하는 자를 **채굴자**(miner)라고 합니다(그림 10).

이것만으로는 채굴이 의미가 없는 작업 같지만 당첨되었는지 아닌지를 확인하려면 해시 값을 계산해야 합니다. 그리고 당첨번호는 좀처럼 나오지 않습니다. 번호를 바꾸면서 몇 번이고 몇 번이고 당첨번호를 찾을 때까지 계산을 반복합니다. 이 계산량이 일종의 추첨권 대금처럼 기능해서 특정 채굴자가 혼자서 여러 번 당첨되는 것을 막아 줍니다.

이 당첨번호인 당첨 논스를 거래 데이터나 이전 블록의 해시와 같이 블록 안에 넣어 둡니다. 당첨번호는 거래 데이터에 의해 전혀 다른 번호로 바뀌므로 데이터를 변조하면 당첨번호도 바뀌어 버려 같이 넣어 둔 당첨권의 논스는 변조와 동시에 꽝으로 바뀝니다. 블록 안의 논스가 당첨인지 꽝인지는 계산하면 알 수 있으므로 당첨권이 들어 있어야 하는 곳에 꽝이 들어 있으면 데이터가 변조되었다는 것이 됩니다.

더욱이 변조가 발각되기 전에 꽝을 당첨권으로 교체해도 당첨번호인 논스를 발견하는 데 시간이 걸리기 때문에 꽝이 되어 버립니다. 하물며 체인으로 연결되어 있는 모든 블록을 변조하는 것은 불가능합니다(그림 11).

채굴자들은 이러한 블록을 항상 체크하고 있습니다. 변조 블록을 포함한 체인을 승인하면 블록체인의 신뢰성이 떨어져 보수로 받을 수 있는 통화의 가치가 하락합니다. 때문에 부정한 데이터를 포함하는 체인은 최종적으로는 파기됩니다. 결과적으로 블록의 변조나 부정 데이터를 블록화하는 것은 쓸데없는 일입니다. 해킹을 할 만한 계산능력이 있다면 보통은 채굴을 하는 쪽이 득이 된다는 구조로 되어 있기 때문에 블록체인의 신뢰성을 떨어뜨릴 공격을 할 메리트가 없다는 것도 채굴의 큰 특징이라 할 수 있습니다.

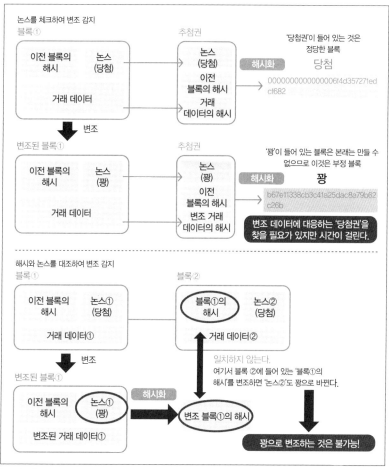

[그림 11] 변조 감지의 원리

더욱이 당첨번호라는 것을 나타내는 '0'은 많이 나열될수록 당첨확률이 낮아지고 계산에 힘이 듭니다. 당첨자가 많은 경우에는 당첨으로 간주되는 0의 개수가 늘고, 반대로 적으면 줄어듭니다. 이 0의 개수는 당첨확률을 설정하는 '역(Threshold)'이며, 채굴의 난이도를 나타냅니다. 적절한 난이도 설정이 블록체인의 신뢰성과 유용성의 균형을 유지하는 비결입니다.

또한 프라이빗 체인과 같이 참가자가 한정되어 있는 경우는 논스를 사용하지 않아도 단순히 '전원이 체크할 때까지 블록을 추가하지 않는다'는 방법도 사용할 수 있습니다. 자세한 것은 나중에 설명하겠지만, 논스가 불필요하면 채굴도 필요 없어지므로 가상 통화의 블록체인(퍼블릭 체인)과는 완전히 다른 구조를 가집니다.

체인 – 정보(블록)들의 연결

이처럼 블록에는 변조를 막기 위한 다양한 장치가 마련되어 있습니다. 이제는 블록끼리를 연결하는 '체인'에 대해 생각해 봅시다.

체인은 새로 만들어진 블록을 오래된 것에 연결하는 장치인데, 여기서 중요한 것은 앞에서 말한 해시입니다. '이전 블록의 해시'는 아이가 갖고 있는 부모의 DNA처럼 절대적인 것으로, 서로의 연결을 강하게 만듭니다.

해시는 블록이 조금이라도 변조되면 바뀝니다. 그리고 해시는 다음 블록 안에 저장되기 때문에 블록을 나중에 하나라도 바꾸면 그 이후의 해시는 모두 바뀌게 되어 체인을 다시 만들어야 합니다. 이는 가계도에 DNA가 기재되어 있는 것과 비슷한 것으로 DNA가 하나 바뀌면 유전에 의해 그 사람 이후의 DNA도 모두 다시 쓰지 않으면 안 되는 것과 똑같습니다.

또한 가계도상에 한번 존재했던 사람을 지울 수 없듯이 한번 만들어진 체인은 간단히 삭제할 수 없습니다. 만일 그 가계도(체인)가 잘못되었다면 다른 계통을 처음부터 만들고 그 정당성을 인정해야 합니다. 이것이 **포크**(분기)라는 현상입니다.

■ 포크

　포크는 변조나 실수로 인해 발생하는 경우도 있지만 자연히 발생하는 경우도 있습니다.

　퍼블릭 체인의 경우 블록 생성에는 채굴이 필요하지만 동시에 진행하던 2개의 채굴이 동시에 끝나는 일이 있습니다. 그러면 2개의 정답이 동시에 나타나서 블록이 분기됩니다. 저장된 데이터가 똑같다 하더라도 각기 다른 논스를 포함한 블록으로 해시를 생성하면 다른 값이 나옵니다. 해시가 다르면 다른 블록으로 취급할 수밖에 없습니다. 그래서 포크가 발생하는 것입니다.

　블록체인이 포크하면 다른 사용자*는 데이터를 검증하고 정답이라고 생각되는 데이터에 다른 블록을 연결시킵니다.

　또한 변조는 없었고 둘 다 맞는 것이라면 어느 쪽에 연결시켜도 신뢰성은 변함없습니다. 자신의 데이터와 대조하여 보다 정답에 가까운 쪽을 선택하면 됩니다. 이때 블록이 연결되지 않아 짧아진 체인은 데이터에 문제가 없어도 파기됩니다(그림 12).

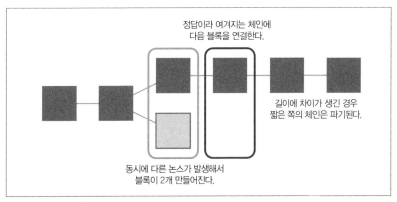

[그림 12] 포크의 원리

＊　채굴을 하는 개인이나 조직을 채굴자라고 부른다. 이 경우 사용자는 채굴자와 같은 의미다.

포함되는 데이터가 정확한데 파기된다는 것은 이상하게 들릴지도 모르지만 거래 데이터에 문제가 없으면 그 데이터는 다시 다른 블록 안에 저장되어 승인을 받게 됩니다.

논스가 동시에 발생된 경우 외에 변조 데이터나 위조 데이터가 포함된 블록이 만들어진 경우에도 포크가 발생합니다. 이 경우 변조된 블록의 데이터는 다른 사용자가 맞다고 생각하고 있는 데이터와 일치하지 않기 때문에 새로운 블록이 연결되지 않습니다.

그리고 진짜 데이터를 갖고 있는 사용자가 올바른 논스를 발견하면 다른 블록을 만듭니다. 다른 사용자는 진짜 데이터로 만들어진 블록을 검증하고 새로운 블록을 연결해 가기 때문에 가짜 데이터를 포함한 블록은 짧아져서 시간이 지나면 파기됩니다.

물론 이 경우 체인이 파기될 때 변조 데이터도 파기됩니다.

■ 거대해지는 블록체인

블록은 계속해서 만들어져서 새로운 블록은 오래된 블록에 연결되고 한없이 늘어갑니다. 필연적으로 데이터의 저장에는 그만큼의 스토리지가 필요하므로 스마트폰과 같은 소형 단말기에 넣기는 어렵습니다.

이것은 메일이 나날이 늘어가는 것과 비슷하지만 블록체인의 경우는 오래된 블록을 모아서 파기하는 장치가 갖춰져 있지 않으면* 모든 데이터가 계속 기록될 것입니다.

데이터가 계속 늘어가는 특성상 블록 크기에는 제한이 있어서 전체 데이터가 급격히 증가하지 않도록 되어 있습니다. 하지만 그 한편으로 정식 데이터로 승인될 때까지 시간이 걸린다는 단점이 있습니다. 그래서 최적의 블록 크기에 대해 항상 논의가 일어나고 있습니다.

------

*   블록체인의 구조에 따라 저장기간이 설정되어 있어서 이를 초과하면 데이터가 파기된다.

하지만 대부분의 이용자가 이를 신경 쓸 필요는 없습니다. 블록체인의 데이터는 거래소나 채굴을 하는 채굴자에게 저장되어 있어서 개인이 자신의 컴퓨터상에 보유하지 않아도 인터넷을 통해 참조하면 되기 때문입니다.

이 경우는 블록체인의 의미가 희미해지지만 거대해지는 블록체인의 데이터를 참가자 전원이 모두 갖고 있는 것은 비현실적입니다. 거대해지는 블록체인의 취급에 대해서는 앞으로 해결해야 할 과제로 남아 있습니다.

합의(consensus) – 정보들을 연결하기 위한 합의·검증 작업

블록체인은 다수의 사람이 동시에 액세스할 수 있다는 특성 때문에 다양한 정보가 오고 갑니다. 그래서 어떤 정보를 승인하고 블록체인에 연결시킬지에 대해 어떤 형태로든 합의와 검증을 할 방법이 필요합니다.

블록체인의 종류에 따라 요구되는 구조는 다르지만, 채굴을 이용하는 경우는 논스를 발견하면 올바르다고 여겨지는 체인에 블록을 추가한다는 룰로 신뢰성을 유지합니다. 이 경우 체인이 짧은 쪽은 '신뢰할 수 없다'라는 합의가 있었다고 간주하고 파기합니다.

이것은 블록에 의한 신탁투표라고 할 수 있습니다. 맞다고 여기는 체인에 투표를 하는 대신 블록을 추가해가고 충분한 득표차가 생기면 다수파를 승인하는 것입니다.

문제는 '투표를 어떻게 할지'입니다. 그 방법으로 많이 알려진 것이 프루프 오브 워크와 프루프 오브 스테이크입니다. 이것들은 블록을 추가하기 위한 룰에 따라 나뉘는 것입니다.

■ 프루프 오브 워크

프루프 오브 워크(Proof of Work: 일의 증명)는 투표(블록의 추가)에 대해 어떠한 형태의 수고를 요구하는 것으로, 간단히 특정 액션을 시키지 않는다는 방식입니다(그림 13).

퍼블릭 체인의 경우는 누구나 투표가 가능하지만, 참가자가 계속해서 잘못된 체인에 투표를 해서 승인을 하게 되면 그 블록체인은 신용을 잃게 됩니다. 그래서 투표에 수고가 들도록 하는 것입니다.

이것은 '절차나 신청에 수고가 드는 장치를 만듦으로써 장난을 막는다'는 접근방식과 비슷합니다. 인터넷상의 앙케이트도 '투표는 하루에 한 번까지'라는 규칙이 있는데, 이것도 목적은 똑같습니다. 이런 제한이 없으면 한 사람이 대량으로 투표해서 신뢰성이 떨어지는 결과가 나오게 됩니다.

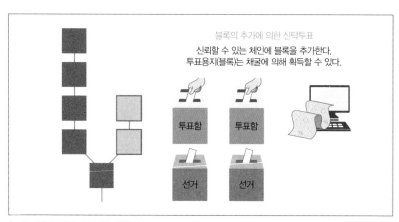

[그림 13] 프루프 오브 워크의 구조

프루프 오브 워크를 채택하는 블록체인에서 여기에 해당하는 것은 채굴입니다. 채굴에는 힘이 들기 때문에 참가자가 충분히 많으면 특정 참가자가 좋아하는 체인을 이기게 만드는 일이 어려워집니다.

게다가 대부분의 참가자가 블록체인의 신뢰성에 의해 수익을 얻고 있기 때문에 보다 신뢰성이 높은 체인의 구축에 협력합니다. 이와 같은 상황도 소수의 부정 사용자가 부정한 블록을 쌓는 것을 어렵게 만드는 것입니다.

비유하자면 나라를 전복시키려는 정치가가 국민에 의한 선거에서 당선되는 것만큼 어려운 일이라고 할 수 있습니다. 단, 한 사람이 여러 표를 넣을 수 있으면 나쁜 사람이 당선될지도 모르므로 이를 막을 절차를 마련할 필요가 있습니다.

■ 프루프 오브 스테이크

프루프 오브 스테이크(Proof of Stake: 출자 증명)는 블록체인에서 취급하는 정보의 영향을 보다 많이 받는 사람이 많이 투표하게 하는 방식입니다. 가상 통화의 경우는 부자가 유리해지는 시스템이라 할 수 있습니다.

가상 통화에서 거액의 자산을 갖고 있는 사용자는 블록체인의 신뢰성이 저하되면 그 자산을 잃어버릴 위험을 안고 있으므로 블록체인에서 부정을 저지를 동기가 별로 없습니다. 프루프 오브 스테이크에서는 이런 채굴자를 우대하여 채굴에 걸리는 수고를 줄여줍니다.

당연하지만 이 방식은 많건 적건 블록체인 상의 파워밸런스에 영향을 줍니다. 중앙집권적인 관리를 받지 않는다는 장점을 잃어버리기 때문에 보다 오래 정보를 보유하고 있는 사용자를 우대하는 등의 룰과 조합하여 균형을 맞추려는 궁리를 하고 있습니다.

이것은 한 나라에서 장사로 돈을 많이 번 사람이 나라를 지키기 위해(안정적으로 벌이를 하기 위해) 진력을 다하는 구도와 비슷합니다. 물론 진짜 마음대로 하게 하면 가난한 사람만 손해를 보기 때문에 균형이 잡히도록 할 필요가 있습니다.

■ 51% 공격

퍼블릭 체인의 경우 사용자가 투표(블록 추가)하여 승인 받는 체인은 투표의 크기(블록의 길이)로 정해집니다. 이를 이용하여 변조 데이터를 무리하게 승인시키는 방법이 있습니다.

바로 **51% 공격**이라는 것으로, 변조 데이터의 승인에 필요한 채굴을 계속 시행하여 계속해서 블록을 연결해 가는 것입니다.

물론 정규 블록 쪽에서도 사용자가 논스의 발견과 블록의 추가를 하고 있지만 부정 사용자의 계산이 압도적으로 빠르면 정규 블록보다 더 빨리 변조 블록이 증가해 갑니다. 변조 블록이 충분히 길어지면 정규 데이터가 파기되어 변조 데이터가 승인을 받게 되어 버립니다.

프루프 오브 워크와 같이 계산능력에만 의존하는 방식의 경우 계산능력이 전체의 51%를 넘어버리면 장기적인 투표수에서 차이가 생기기 때문에 소수라도 계산능력 덕분에 이기게 됩니다.

이것은 퍼블릭 체인의 약점입니다. 단, 가상 통화의 경우는 데이터의 변조에 의해 통화의 가치가 폭락되므로 실제로는 의미가 없는 행위이며 현실적으로 일어날 가능성은 낮다고 여겨지고 있습니다.

이에 반해 참가자가 한정된 프라이빗 체인의 경우는 채굴을 하지 않는 방식도 선택할 수 있습니다. 계산능력이 아니라 참가자의 합의를 기다렸다가 승인하는 것이라면 단순히 다수의 의견이 이기게 됩니다.

■ 인센티브와 블록체인의 설계

채굴과 같은 투표에 수고가 드는 룰이 성립되는 것은 채굴자가 적극적으로 채굴에 참가해 주기 때문입니다. 참가할 가치가 없다면 성립되지 않습니다.

그래서 채굴에는 보수를 설정하여 경제적인 인센티브를 부여하는 것이 일반적입니다(그림 14). 그리고 이 보수는 '승인된 블록의 작성자'에게만 주어집니다. 신뢰성이 낮은 블록을 포함하는 체인은 파기될 가능성이 높기 때문에 힘들여 채굴을 해서 블록을 연결해도 이익을 얻을 가능성이 낮습니다. 그래서 채굴자는 보수를 얻기 위해 신뢰성이 높은 체인에 블록을 연결하려고 하고 있습니다.

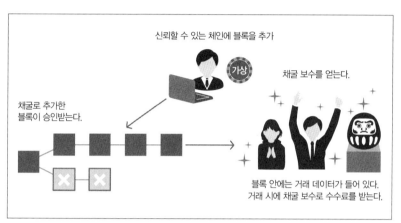

[그림 14] 인센티브의 설정

어떤 블록체인이든 신뢰성을 높여야 이익이 나오도록 환경을 설계하는 것이 중요합니다. 불특정다수가 참가하는 퍼블릭 체인에서는 경제적인 인센티브를 사용하여 참가자의 목적에 방향성을 부여하고 전체적으로 신뢰성이 올라가는 환경을 만들고 있습니다.

한편 프라이빗 체인의 경우는 '신뢰성을 높임으로써 이익을 얻을 수 있는 참가자'를 미리 고름으로써 블록체인의 신뢰성을 높일 수 있습니다. 이것은 기업의 종업원이어도 되고 심사를 통과한 서비스 이용자여도 괜찮습니다. 처음부터 똑같은 방향을 향하고 있는 참가자로만 구성된 블록체인을 만들면 경제적 인센티브도 채굴도 필요 없어질 것입니다.

분산관리 – 전원이 같은 데이터를 공유 관리한다

블록체인의 장점은 변조가 어려울 뿐만 아니라 중앙집권적인 관리자가 필요 없다는 점에도 있습니다. 데이터를 소수의 관리자만 취급하면 관리자 혼자만의 판단으로 데이터를 변조하거나 파기할 우려가 있습니다.

데이터베이스 관리자를 신뢰할 수 있다면 그런 걱정은 필요 없겠지만, 사람이든 조직이든 국가든 절대적으로 신뢰할 수 있는 것은 없습니다. 그래서 분산관리라는 발상이 생겨난 것입니다.

누군가 한 사람을 다 신뢰하지는 못한다 하더라도 참가자 전원이 관리하고 서로를 감시하면 관리하고 있는 정보 자체는 신뢰할 수 있습니다. 이것이 블록체인의 분산관리의 핵심입니다.

극단적으로 비유하자면 전원이 전원에게 총을 겨누고 있으면 아무도 방아쇠를 당기는 일이 없는 상태와 똑같습니다. 누군가가 룰을 어기면 전원이 손해를 보므로 아무도 룰을 어기지 않습니다. 그중에 빠져나가려는 사람이 있다면 다른 사람이 그것을 막을 것입니다.

더욱이 관리자가 없기 때문에 전원이 똑같은 입장에서 참가할 수 있습니다. 더욱이 퍼블릭 체인과 같이 '나쁜 사람이 참가할 가능성'을 예상한 구조의 경우는 시스템이 신뢰성을 확보해 주므로 참가자의 성질을 조사할 필요가 없습니다. 나쁜 사람들로 가득 차게 되면 그 가치가 떨어지고 나쁜 사람이 적으면 그 사람들이 아무 것도 할 수 없는 것이 블록체인입니다.

■ 관리자가 없다는 폐해

지금까지 관리자가 없다는 장점에 대해 설명했지만 관리자가 있다는 것이 반드시 나쁜 것만은 아닙니다. 좋은 사람이든 나쁜 사람이든 익명으로 시스템을 이용할 수 있기 때문에 블록체인이 악용될 우려도 있습니다. 이 말은 블록체인이 변조된다는 뜻이 아니라 범죄로 얻은 수익 등을 가상 통화로 바꿔서 돈세탁을 할 가능성이 있다는 뜻입니다.

정부든 기업이든 신뢰받는 관리자는 다수의 이익을 위해 움직이기 때문에 이러한 돈세탁은 허용하지 않습니다. 참가자를 감시하고 수상한 움직임이 있으면 이를 저지할 수 있는 것도 관리자가 있는 시스템의 장점입니다(그림 15).

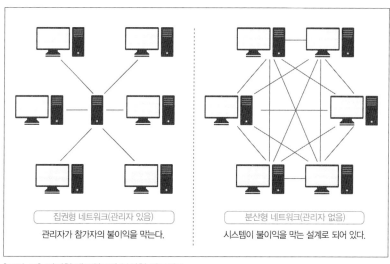

집권형 네트워크(관리자 있음)
관리자가 참가자의 불이익을 막는다.

분산형 네트워크(관리자 없음)
시스템이 불이익을 막는 설계로 되어 있다.

[그림 15] 집권형 네트워크와 분산형 네트워크

또한 블록체인은 모든 거래의 승인이 합의에 의해 이루어지기 때문에 관리자 한 사람의 생각으로 거래가 승인되는 데이터베이스와 비교하여 승인 속도가 늦습니다. 퍼블릭 체인을 사용한 통화는 체크카드처럼 가게에서 사용할 수 없습니다. 가령 가능하다고 해도 그것은 청구서를 회사 앞으로 보내는 것과 똑같이 결제가 승인되지 않을 위험을 가게 측이 지게 되는 것입니다.

■ 관리자를 둘 수도 있다

프라이빗 체인의 경우 관리자를 둘 수 있습니다. 블록 추가의 승인을 소수의 관리자가 할 수 있으므로 통상적인 데이터베이스와 비슷한 운용이 가능합니다.

게다가 데이터의 공유나 검증에 의해 변조가 어려운 시스템을 만들 수 있기 때문에 관리자가 없는 블록체인과 관리자가 있는 기존형 데이터베이스 둘 다의 장점을 누릴 수 있습니다. 하지만 블록체인의 설계에 따라 그 균형이 한 쪽으로 기울어지기 쉽기 때문에 경우에 따라서는 '기존의 데이터베이스로 충분했다'는 평가를 받을 가능성도 있습니다. 프라이빗 체인 방식은 이제 모색을 시작한 단계라서 앞으로 다양한 설계의 블록체인이 등장할 것입니다.

암호화와 전자서명 — 정보를 지키는 장치

블록체인에 있어서 '모든 데이터를 공유한다'는 시스템은 데이터의 변조와 집권화를 막는 중요한 요소이지만, 프라이버시가 중시되는 정보화 사회에 있어서는 큰 단점이 될 수 있습니다.

가상 통화의 경우는 자신의 장부를 전 세계의 사람과 공유하고 있는 것과 똑같습니다. 다른 사람이 돈의 흐름을 볼 수 있다는 것은 사생활이 다 노출되는 것과 똑같다고 느끼는 사람도 있을 것입니다.

또한 블록체인 자체의 변조는 어렵더라도 블록체인에 넣기 전에 거래 기록이 변조될 가능성도 있습니다. 이런 경우를 대비해 블록체인은 어떤 대책을 취하고 있을까요?

■ 원래대로 되돌릴 수 없는 암호로 변조를 방지

잘 알려진 방법으로는 데이터의 암호화가 있습니다. 암호에도 여러 가지 종류가 있는데, 원래대로 되돌릴 수 있는 것(**가역 암호**)과 원래대로 되돌릴 수 없는 것(**불가역 암호**)이 있습니다. 예를 들어 블록 안에 저장되어 있는 해시도 암호의 일종으로, 해시 함수에 의해 암호화된 값은 원래대로 되돌릴 수 없습니다.

일반적으로 생각하면 원래대로 되돌릴 수 없는 정보에는 의미가 없는 듯이 보이지만, '동일한 데이터'를 '동일한 함수'로 암호화하면 '동일한 암호'가 나오므로 변조되었는지 아닌지를 확인할 수 있는 수단이 됩니다.

이 개념을 응용하면 날짜와 시간을 넣는 것만으로 장부 데이터는 모두 다른 암호가 나올 것입니다. 장부 한 켠에 페이지 수 대신에 앞 페이지의 암호를 넣어 두면 장부를 한 군데라도 바꿔 쓴 순간 페이지가 연결되지 않을 것입니다. 해시 부분에서 설명한 것과 마찬가지로 모든 페이지 수를 바꿔 쓰는 것은 쉽지 않습니다.

유일하게 잘못된 데이터를 넣을 수 있는 순간이 바로 '새로운 페이지를 추가할 때'로, 이를 방지하기 위해 '회의나 투표를 하여 합의한다'는 것이 블록체인의 개념입니다.

■ 원래대로 되돌릴 수 있는 암호로 유출 방지

그 다음 '원래대로 되돌릴 수 있는 암호'에 대해 생각해 봅시다. 통신이나 문서를 다른 사람에게 읽히지 않게 하기 위해 사용하는 것으로 일반적으로 떠올릴 수 있는 암호가 여기에 해당합니다. 오히려 원래대로 되돌릴 수 없는 암호는 '암호' 외의 호칭(해시 등)을 사용하는 경우가 많습니다.

이쪽은 '원래대로 되돌릴 수 없는 암호'와 비교하면 문자 수나 데이터양이 커지는 경향이 있지만, 원래대로 되돌릴 수 있다는 장점을 생각하면 그다지 큰 문제는 아닙니다. 하지만 '누구나 원래대로 되돌릴 수 있는 암호'는 곤란합니다. 어떤 방법으로 특정한 사람만이 되돌릴 수 있는 암호가 아니면 암호화의 의미가 없습니다.

그래서 사용되는 개념이 **키**로, 웹 사이트에 로그인할 때 사용하는 비밀번호도 키의 일종입니다. 키가 있기 때문에 그것을 갖고 있는 사람만 해독할 수 있는 구조가 가능합니다.

여기에는 다양한 방법이 있습니다. 잘 알려져 있는 안전한 방식이 **공개키 암호**라는 것으로, 신뢰성을 요구받는 모든 통신에서 사용되고 있습니다. 공개키 암호의 핵심은 암호를 만들기 위해 사용하는 '암호화 키'와 암호를 원래대로 되돌리기 위한 '복호화 키', 이 둘을 사용한다는 점에 있습니다.

암호에서는 다른 사람이 읽을 수 없는 것이 중요하므로 복호화 키는 별명으로 **비밀키**라고 불러서 아무에게도 가르쳐 주지 않습니다. 한편 암호화 키는 **공개키**라고 불러서 누구에게나 가르쳐 줘도 좋은 키입니다. 즉, '암호는 누구나 만들 수 있지만 읽을 수 있는 것은 한 사람뿐'이라는 뜻입니다. 누가 어떻게 암호화를 한다 해도 키가 없으면 내용을 읽을 수 없으므로 암호로서 성립합니다.

그리고 당연하겠지만 '암호화 전의 데이터'는 그것을 공개하지 않는 한 다른 사람은 알 수 없습니다. 결과적으로 '데이터를 만들고 암호화한 사람'과 '비밀키를 갖고 있는 사람' 외에는 내용을 모르는 통신법이 완성되는 것입니다.

■ 전자서명

암호화된 데이터는 내용을 읽을 수 없는 한 변조가 어려우며 정보가 은닉되는 동시에 변조 방지에도 도움이 됩니다. 하지만 암호화 키를 공개하고 있기 때문에 정보의 발신자 자체가 가짜일 가능성이 남습니다. 그래서 공개키 암호의 사용법을 역으로 만드는 방법이 있습니다. 즉, '암호화 키를 비밀키'로 하고 '복호화 키를 공개키'로 하는 것입니다.

이 경우 암호는 누구나 읽을 수 있지만 암호를 만들 수 있는 사람은 한 사람뿐이라는 상태가 됩니다. 정보 은닉을 목적으로 생각하면 의미가 애매한 사용법이지만, 이것은 전자서명이라는 기술입니다. '자신만 만들 수 있는 암호'가 즉, '자신만의 사인이나 도장' 대신이 되는 것입니다.

이것은 '원래대로 되돌릴 수 없는 암호'일 때도 마찬가지로 암호를 유일한 표식으로 사용하는 방법이라고 할 수 있습니다. 전자서명에 사용하는 비밀키는 일종의 비밀번호로도 기능하기 때문에 아무도 모르도록 보관하면 본인 확인의 도구가 될 것입니다.

전자서명과 공개키 암호를 사용하여 데이터를 안전하게 보내고 싶으면 상대(수신자)로부터 암호화용 공개키를 받아 데이터를 암호화하고, 자신의 전자서명을 확인하기 위한 공개키를 전달하면서 전자서명을 비밀키로 암호화합니다. 데이터 속에 전자서명을 넣어서 전달하면 데이터는 상대가 갖고 있는 비밀키로 복호화할 수 있고, 전자서명은 자신이 전달한 공개키로 복호화할 수 있습니다(그림 16). 이로써 자신이 정보를 보낸 사람이라는 것을 증명하면서 데이터를 전달하고 싶은 상대에게 확실하게 전달할 수 있는 것입니다.

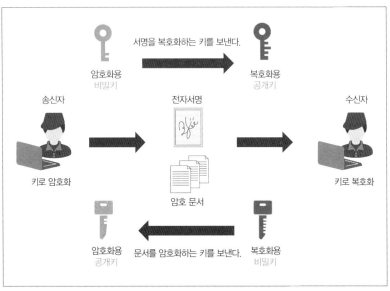

[그림 16] 공개키 암호와 전자서명

위에 덧붙여 가상 통화에서는 코인과 전자서명을 연결하여 '누구의 돈인지'도 알 수 있도록 하고 있습니다. 훔치거나 중복되어도 소유자로 지정된 사람 외에는 사용할 수 없으며, 서명을 추적하면 돈의 흐름을 쫓을 수도 있습니다.

■ 익명성

전자서명을 개인정보와 연결시켜 공적기관이 관리하면 **전자증명서**가 됩니다. 하지만 블록체인에서는 반대로 익명성을 확보하기 위해 사용합니다. 왜냐하면 전자서명은 만들려고 하면 무한히 만들 수 있기 때문입니다. 하지만 항상 한 번만 사용하는(매번 바뀌는) 사인으로 거래를 하면 사람을 특정할 수 없습니다.

예를 들어 가상 통화를 송금하는 경우 전자서명을 교환해서 보내는 사람과 받는 사람을 확인한 후에 송금합니다. 하지만 그 보내는 사람과 받는 사람도 한 번 사용하고 끝이라면 블록체인 상에서 모든 거래가 공개되어도 익명성이 보장됩니다. 돈을 추적당해도 실제로 누가 얼마나 갖고 있는지 파악할 수 없습니다.

즉, 블록체인의 시스템 상에서는 무한한 가명을 사용하여 데이터를 주고받을 수 있다는 것입니다. 익명성이 악용되는 것을 걱정하고 있지만, 프라이버시 보호의 관점에서는 상당히 유효한 장치라 할 수 있습니다.

좀 더 자세히 │ 키의 관리 방법

공개키 암호 방식에서는 비밀키의 관리 방법이 핵심입니다. 블록체인 자체는 변조되지 않는 구조를 갖고 있지만, '비밀키를 도둑맞아 발생하는 위장'은 완전히 막을 수 없습니다. 스마트폰의 보안이 뛰어나도 비밀번호를 도둑맞으면 의미가 없는 것과 똑같습니다.

비밀키는 머릿속에 넣어 두고 필요할 때마다 키보드로 입력하는 것이 안전*하지만 가상 통화 거래소처럼 고객의 돈을 맡아 대신 거래를 하는 경우에는 너무 불편합니다. 그래서 네트워크에 연결된 서버 등에 비밀키를 보관해 두고, 거래 신청이 있을 때 비밀키를 참조하는 **핫월렛 방식**을 사용하는 경우가 많은데, 이 경우 해킹에 의해 도둑맞을 우려가 있습니다. 가상 통화의 유출 사건의 대부분이 이러한 형태로 발생하고 있습니다.

그래서 키를 여러 군데에 저장하는 **멀티 방식**이나 본래 비밀키를 네트워크에 연결되는 장소에 보관하지 않는 **콜드월렛 방식** 등을 추천합니다.

개인의 경우는 가상 통화에 있어서 **하드웨어 월렛****(그림 17)과 같이 물리적인 키를 가지고 다니는 것도 가능합니다. 보통의 키처럼 필요에 따라 컴퓨터에 연결하기만 하면 됩니다. 그 외에도 스마트폰 등과 같은 디바이스에 생체인증을 조합하여 비밀키를 다루는 것도 좋을 것입니다.

---

*   실제 비밀키는 기억할 수 없을 정도로 길고 복잡하기 때문에 보통은 어딘가에 기록하거나 외울 수 있는 비밀번호로 암호화하여 저장한다.

** 비밀키를 불리석인 디바이스에 기록하고, 인증은 디바이스를 연결함으로써 이루어진다. 실제 '키'와 완전히 똑같은 방식으로 사용할 수 있다.

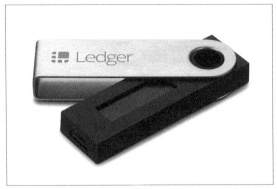

[그림 17] 하드웨어 월렛
비밀키가 내부에서 암호화되어 있는 하드웨어 월렛 Ledger Nano S
출처: SDF 인터내셔널
URL: http://www.ledgerkorea.co.kr

■ 블록체인과 개인정보 보호

블록체인은 뛰어난 시스템이지만 데이터를 모두가 감시한다는 구조이기 때문에 그 내용이 공개되어 있습니다. 즉, 누가 누구에게 보냈는지는 몰라도 '1시에 100원이 누군가에게 송금되었다'라는 것은 알 수 있습니다.

그래서 특정한 거래 패턴이 있다면 개인을 특정하는 것도 불가능하지 않습니다. 매일 특정 시간에 거액의 거래를 하고 있다면 누구의 것인지 예측할 수 있다는 것입니다. 뉴스에서 화제가 된 거래라면 그 송금 기록을 누구나 찾아낼 수 있을 것입니다.

하지만 보내는 사람도 받는 사람도 한 번밖에 사용하지 않는 익명의 주소를 사용한다면 그 자산을 보거나 그 외 다른 거래를 파악할 수는 없습니다. 그래서 가상 통화의 경우는 프라이버시 측면에서 큰 문제가 되지는 않습니다.

그런데 이 특성을 다른 용도로 응용할 때는 걸림돌이 됩니다. 개인을 특정할 수 있는 데이터를 다분히 포함하는 경우, 공유 및 공개되는 것 자체가 문제가 됩니다. 예를 들어 그저 숫자에 불과한 돈과 달리 위치정보나 신체적 특징, 질환, 그 외의 개인정보는 개인과 밀접한 관련이 있습니다.

위치정보를 알면 특정 가족의 정보라고 알 수 있으며, 특이한 신체적 특징이 있으면 '그 사람일지도'라고 연상할 수 있습니다. 익명이어도 개인을 좁힐 수 있는 데이터를 공개하는 것이 문제가 된다는 것입니다.

이러한 문제는 데이터에 액세스할 수 있는 사람을 한정하는 프라이빗 체인이나 암호화된 데이터를 필요에 따라 복호화하여 전개하는 방법으로 해결할 수 있지만 아직은 개발 도중에 있습니다.

블록체인으로 이어진 기술 및 이론

블록체인은 매우 획기적인 데이터베이스입니다. 블록체인을 개발한 사람은 사토시 나카모토*로 알려져 있는데, 이 사람은 아무 것도 없는 무의 상태에서 이것을 발상한 것이 아니라 기존의 기술이나 이론을 조합하여 만들어 낸 것입니다.

암호화 기술 등이 그 좋은 예로, 공개키 암호, 전자서명, 해시 함수 등은 블록체인이 등장하기 이전부터 널리 사용되던 기술입니다. 결코 새로운 것들이 아닙니다.

여기서는 암호화 기술 이외에 블록체인에 응용된 3가지 기술에 대해 간단히 설명하겠습니다. 모두 블록체인의 등장 이전부터 사회적으로 영향력이 컸던 기술들입니다.

---

* 일본인 이름이지만 실제로는 여러 명의 그룹으로 보고 있다. 또한 사토시 나카모토로 간주되는 인물이 여러 명 있지만 아직 그 정체에 대해서는 명확히 알려진 바가 없다.

■ P2P

P2P(Peer to Peer)는 분산형 네트워크를 말하는 것으로, 서버 등을 사이에 두지 않고 단말기끼리 직접 통신을 하는 것이 특징입니다(그림 18). 서버의 관리가 필요 없을 뿐만 아니라 네트워크가 커질수록 데이터를 안정적으로 공유할 수 있습니다. 분산형 블록체인은 바로 이 P2P형 네트워크를 이용하고 있습니다.

P2P는 주로 파일 공유 소프트웨어(토렌트나 위니 등)로 알려진 기술이므로 들어본 적이 있는 사람도 많을 것입니다. 이 P2P가 주목을 받게 된 것은 1999년부터 2002년 사이입니다. 기술적으로는 그 이전부터 존재했었지만 그때까지는 그 정도로 대규모의 P2P 네트워크는 없었습니다. 하지만 블록체인이 등장했을 무렵에는 그 유효성이 충분히 실증되었다는 것은 틀림없습니다.

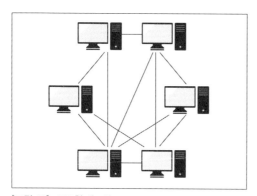

[그림 18] P2P형 네트워크

하지만 P2P형 파일 공유 소프트웨어와 블록체인은 구조가 같지 않습니다. P2P형 파일 공유 소프트웨어에서는 공유 파일을 따로 관리하고, 같은 파일을 공유하는 사용자가 많으면 많을수록 고속으로 통신이 가능하도록 되어 있습니다.

한편 블록체인의 경우는 모든 데이터를 하나의 파일에 넣어 차례로 데이터를 추가해 갑니다. 그렇기 때문에 블록체인에서는 사용자가 많으면 많을수록 데이터의 갱신(블록의 추가)이 느려지는 경향이 있으므로 네트워크의 거대화가 좋은 방향으로 작용한다고 할 수 없습니다.

■ 버전 관리 시스템(Git)

블록체인과 마찬가지로 오래된 데이터를 남긴 채 새로운 데이터를 추가하여, 데이터에 차이가 발생하면 분기한다는 구조는 예전부터 **버전 관리 시스템**이라는 형태로 존재했습니다.

그중에서도 많이 알려진 것이 2005년에 개발된 Git입니다. Git은 프로그램의 소스코드를 팀으로 관리할 때 사용하는 경우가 많은데 각 사용자의 단말기 내부에 데이터를 저장하고, 코드를 추가 및 편집할 때마다 이력을 갱신해 갑니다. 갱신 시에 해시 값을 생성하여 변조 방지에 이용하는 것도 블록체인과 비슷합니다.

블록체인이 Git을 참고로 했는지 아닌지는 분명하지 않지만 데이터를 해시 등으로 연결해 가는 '버전 관리'의 이론이 1990년대부터 존재했었다는 것은 분명합니다.

그런데 Git의 경우는 서버 등을 이용하여 데이터를 중앙에서 관리할 수 있으며, 분기된 데이터를 합류시키는 것도 가능해서 블록체인과 비교해서 유연하고 빠르다는 특징을 갖고 있습니다.

이것은 Git이 블록체인과 같은 '신뢰성이 높은 데이터베이스'를 지향하는 것이 아니라 '여러 사람이 하나의 데이터베이스를 효율적으로 편집하는 것'을 목적으로 하고 있기 때문입니다. 그 대신 신뢰성이나 안정성에서는 떨어져 있으며, 대규모 데이터베이스나 서비스에는 사용할 수 없습니다. 가상 통화나 차세대 데이터베이스로 운용해 가기 위해서는 블록체인과 같은 구조가 필수불가결합니다.

■ 게임 이론

게임 이론이란 다양한 이해관계가 존재하는 중에서 관계자 전원이 이익을 보는 결단을 수학적으로 구할 수 있다고 생각하는 이론입니다.

현실사회의 상황은 너무 복잡해서 적용하기 힘들지만 단순화시킨 게임이라면 이론적으로 정답을 도출할 수 있기 때문에 게임 이론이라고 부르고 있습니다. 죄수의 딜레마 등으로 알려져 있는 이 이론은 1940년대부터 활발하게 연구되고 있는 오래된 이론으로, 사회학이나 경제학 외에도 모든 분야에서 다루고 있기 때문에 이미 알고 있는 사람도 있을 것입니다.

블록체인의 어디에 게임 이론이 등장하냐면 '블록체인의 신뢰성을 손상시키면 참가자 전원이 손해를 보는 구조'의 설계에 게임 이론의 특징이 들어 있습니다. 특히 퍼블릭 체인에서 사용하는 채굴 설계에 효과적입니다.

채굴에 의해 보수를 얻을 수 있으므로 채굴자는 보수를 얻기 위해 신뢰할 수 있는 체인에 블록을 연결시켜 갑니다. 데이터를 변조하면 보다 큰 이익을 얻을 수 있지만 성공률이 극히 낮고 비용이 듭니다. 무엇보다 데이터를 변조할 수 있을 정도의 계산능력이 있다면 그냥 채굴을 하는 쪽이 확실하게 돈을 벌 수 있으므로 아무도 마음대로 변조를 하지 않는 것입니다.

블록체인은 개인의 이익과 전체의 이익이 일치하도록 설계하기 때문에 참가자가 각각 합리적인 선택을 하는 한 신뢰성은 흔들리지 않습니다. 게임 이론의 관점으로 봐도 상당히 뛰어난 설계라고 할 수 있습니다.

죄수의 딜레마

공범인 죄수 2명에 대해 검사가 '자백을 하면 공범에게는 징역 10년, 자백한 사람은 무죄. 단, 두 사람이 동시에 자백을 하면 징역 5년. 두 사람 모두 자백하지 않으면 징역 2년'을 선고할 때 일어나는 딜레마를 말합니다(그림 19).

		용의자 B	
		자백한다	자백 안한다
용의자 A	자백한다	징역 5년	A: 징역 0년 B: 징역 10년
	자백 안한다	A: 징역 10년 B: 징역 0년	징역 2년

[그림 19] 죄수의 딜레마
자백을 하지 않고 '징역 2년'을 받는 것이 두 사람에게 최고의 선택이지만, 실제로는 자백을 하는 것이 개인의 이익 증대로 이어지기 때문에 서로 자신에게 합리적인 판단을 하면 '징역 5년'이 되어 버린다.

두 사람의 이익을 최대화하려면 자백하지 않는 것이 최선이지만 공범이 자백하지 않는다면 자신은 자백을 하는 쪽이 자신의 이익이 더 커집니다. 또한 공범이 자백을 하면 자신도 자백하는 쪽이 이익이 커집니다. 자신이 득을 보려면 결과적으로 서로 자백을 해야 하는 것입니다.
이 예의 경우 검사는 죄인에게 자백을 시키고 싶기 때문에 이 환경의 설정은 '올바른 설계'라고 할 수 있습니다. 하지만 이것은 현실사회에서는 절대 피해야 하는 환경설계입니다.
이 딜레마에서 알 수 있는 것은 개인의 이익을 최대화하는 선택지가 전체의 이익을 최대화하는 선택이 아니라는 점입니다. 이와 반대로 개인 이익의 최대화와 사회 이익의 최대화가 일치하는 환경설정을 마련해 갈 필요가 있습니다. 게임 이론을 사용함으로써 환경설계의 좋고 나쁨을 파악할 수 있을 뿐만 아니라 그 환경에 있어서 자기 자신에게 최적의 선택지를 찾아낼 수가 있기 때문에 주목을 받고 있습니다.

지금까지 블록체인이 신뢰성을 보증할 수 있는 구조에 대해 설명했습니다. 이를 전제로 지금부터는 블록체인이 바꿔갈 비즈니스 업계를 좀 더 자세히 살펴봅시다.

블록체인을 사용하면 어떤 일이 일어날까?

블록체인 2.0으로 금융업계가 크게 바뀐다는 것은 이미 설명했습니다. 그 원인은 '관리자가 필요 없어지는 점', '데이터를 신뢰할 수 있게 된다는 점'에 있다고 했습니다.

이로 인해 일어나는 현상은 '종이가 필요 없어진다', '심사나 검증이 필요 없어진다', '금융기관 업무의 일부가 불필요해진다' 등이 있는데, 먼저 그 프로세스에 대해 설명하겠습니다.

■ 송금 기록이나 장부가 블록체인으로 바뀌면

금융업계에서는 중요한 계약은 '종이'와 사람의 손에 의한 '도장·사인'이 아직까지 주류입니다. 그 이유는 디지털데이터는 잃어버리기 쉽고 변조뇌기 쉽기 때문입니다.

예를 들어 개인이나 회사가 확정 신고를 하는 경우를 생각해 봅시다. 확정 신고에는 영수증 등 지불 기록에 관한 증표가 필요하므로, 장기간 보관이 의무화되어 있습니다. 이것들은 전자적으로 보관을 해도 되지만 '변조되지 않았다는 것을 증명할 수 있을 것'이나 '모든 기록이 확실하게 저장되어 있을 것' 등 요건을 만족시켜야 하므로 회사에서는 종이 기반으로 보관하는 경우가 많습니다.

회사의 컴퓨터나 계약하고 있는 데이터센터에 만일의 일이 일어나면 세무조사가 들어왔을 때 큰 문제가 되며, 사원이 장부를 조작하면 탈세로 체포될지도 모릅니다.

블록체인의 구조를 이해하고 있다면 이러한 데이터는 블록체인에 넣어버리면 된다는 것을 바로 알 수 있습니다. 모든 이력이 저장되고 조작도 불가능하며 자신의 컴퓨터에서 데이터를 지워도 다른 사람이 반드시 갖고 있어서 데이터를 바로 원래대로 되돌릴 수 있습니다.

물론 누구와 공유할지는 문제가 됩니다. 개인을 특정할 수는 없어도 거래처나 개인까지 네트워크에 참가하여 송금기록 등을 보는 것은 신경이 쓰일 것입니다. 하지만 금융기관이나 국가가 블록체인을 제공하고 블록의 승인도 하는 시스템이라면 문제가 없습니다. 목적에 따라서는 참가하는 모든 사용자가 기록을 볼 수 있는 구조로 하지 않아도 된다는 것입니다.

입금이나 송금 기록은 은행이 처음부터 가지고 있으며, 여기서도 개인을 특정하지 않는 형태로 기록을 할 수도 있습니다. 본래 은행이나 국가가 봐서 곤란한 장부는 그 자체가 문제가 되므로 블록의 승인을 국가나 금융기관이 하는 것은 문제가 없을 것입니다.

또한 허가를 하면 장부를 볼 수 있는 시스템으로 만들어 회계사무소가 네트워크에 참가하게 해서 장부를 체크하게 하면 일 처리가 더 매끄럽게 진행될 것입니다(그림 20). 회계사무소와의 연계에 대해서는 이미 클라우드 회계 시스템 등에서 비슷한 서비스를 제공하고 있지만 서비스의 운용비용과 신뢰성은 블록체인 쪽이 더 뛰어납니다. 가까운 장래에는 블록체인 방식의 서비스가 제공될지도 모릅니다.

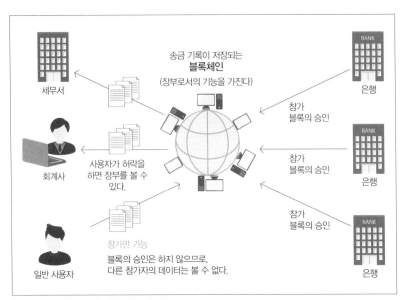

송금 기록이 저장되는
블록체인
(장부로서의 기능을 가진다)

세무서

참가
블록의 승인

은행

사용자가 허락을
하면 장부를 볼 수
있다.

회계사

참가
블록의 승인

은행

참가
블록의 승인

참가만 가능

블록의 승인은 하지 않으므로,
다른 참가자의 데이터는 볼 수 없다.

일반 사용자

은행

[그림 20] 블록체인에 의한 장부 시스템

　이와 같이 사업자라면 누구나 하고 있는 확정 신고에 블록체인을 이용하는 것을 생각하기만 해도 절차가 순조롭게 이루어진다는 것을 알 수 있을 것입니다. 국가가 블록체인을 제공하는 것은 어려워도 금융기관이 블록체인을 제공하는 것은 간단하며, 실제로 이미 시작되고 있습니다. 송금기록을 블록체인으로 보관하면서 장부의 기록도 겸한 시스템이 등장하면 이용자는 회계 처리나 신고 작업이 간편해지고, 금융기관은 융자 심사나 데이터베이스 운용이 상당히 편해질 것입니다.

■ 계약서나 회의록이 블록체인으로 바뀌면

　물론 금융 이외의 기록에도 사용할 수 있습니다. 계약서에 사용하면 변조 방지를 위한 도장을 여러 번 찍는 일이 없어져서 우편으로 원본을 주고받는 것도 일절 필요 없어집니다.

　계약서가 변경된 기록도 동의를 얻은 기록도 모두 블록체인에 남습니다. 정정을 하는 경우도 상대의 승인을 얻어 정정하기만 하면 문제없습니다. 계약에 며칠 걸리던 프로세스가 1시간 미만으로 단축됩니다.

회의록을 블록체인으로 바꾸면 무슨 일이 일어날까요? 사외에 제출하는 회의록이 아닌 한 사내용 프라이빗 체인에 기록하고 사원의 컴퓨터에 기록되는 형태가 될 것입니다. 당연하지만 회의록의 변경이나 추가 기록에 관한 이력도 모두 기록되어 변조할 수 없습니다. 회사감사나 세무조사 시에는 그 기록을 제출하면 움직일 수 없는 증거로 채택되어 절차가 매끄럽게 진행될 것입니다.

또한 공적 기록의 보관에도 유용합니다. 공적 기록을 다양한 공적기관이나 제3자기관에서 승인하는 블록체인을 구축하면 모든 이력을 확실히 저장할 수 있습니다. 공적문서의 변조나 소실로 국회가 다투는 일도 없어질 것입니다.

▓ 스마트 계약으로 부정한 거래를 방지한다

모든 데이터가 블록체인 상에 저장되게 되면 가장 걱정되는 것이 정보 유출입니다. 변조는 되지 않더라도 많이 사람이 공유하기 때문에 중대한 정보가 유출될 리스크가 올라갑니다.

가령 개인을 특정할 수는 없어도 데이터는 그 안에 존재하고 있습니다. 그래서 비밀번호가 되는 전자서명의 비밀키를 도둑맞거나 블록을 승인하는 금융기관이나 공적기관이 해킹을 당하면 정보가 유출될 가능성이 있습니다. 또한 경우에 따라서는 부정한 거래가 본인 대신 일어날 우려*도 있습니다.

---

*   거래소 등 '데이터를 맡고 있는 조직'이 해킹을 당하면 부정하게 '내 돈을 출금하고 싶다'는 신청이 일어난다. 신청 프로세스 자체는 진짜이므로 거래가 승인되어 버린다.

사실 이런 문제는 많건 적건 블록체인이 갖고 있는 '관리자가 필요 없다'는 장점을 손상시키는 운영방법에 기인합니다. 왜냐하면 특정 조직이 해킹 당해 '맡아둔 정보가 유출된다' 또는 '맡긴 가상 통화가 유출된다'는 시점에서 이미 '신뢰할 수 없는 관리자에게 정보를 맡겼다'는 뜻이 되기 때문입니다. 여기에는 관리자를 신뢰하지 않아도 되는 블록체인에서 관리자를 신뢰해야 한다는 모순이 생겨납니다.

아이러니하게도 가상 통화는 그 투기성이 주목을 받아 분산형 시스템이면서도 '거래소'에 돈을 맡긴다는 방식이 일반적입니다. 그리고 거래소가 해킹 당해 비밀키를 도둑맞으면 큰 돈이 유출되는 사건이 일어나는 것입니다. 하지만 본래 블록체인에서는 사용자 개인이 비밀키를 관리하므로 '관리자를 신뢰한다'는 행위는 불필요합니다.

여기서 중요한 것이 '계약의 존재를 증명하는 블록체인'인 스마트 계약입니다. 이것을 사용하면 해킹에 의한 정보 유출을 막을 수 있습니다*.

왜냐하면 공적기관이나 거래소가 해킹을 당하여 일어나는 블록체인 상의 부정 거래는 '특정 조직과 개인 간에 거래 계약이 존재한다는 것'을 확인하는 시스템을 넣음으로써 막을 수 있기 때문입니다(그림 21).

이 방법에서는 정식 거래 계약을 스마트 계약상에 기록해 둡니다. 블록체인 상에서 거래를 승인할 때에는 그 스마트 계약을 확인하는 장치를 만들어 두면 부정거래는 계약을 확인할 수 없기 때문에 승인되지 않는다는 것입니다.

---

* 　가상 통화의 블록체인에는 처음부터 거래를 자동화하는 스마트 계약이 포함되어 있지만, 가상 통화를 돈으로 바꾸기 위해 거래소를 이용하는 것이 일반적이다. 이 경우 거래소와 사용자의 계약을 스마트 계약으로 수행한다는 것을 의미한다.

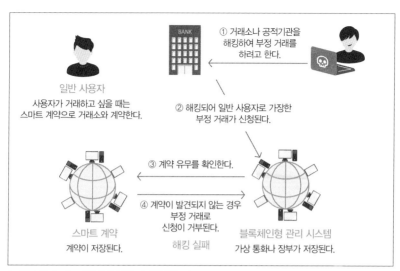

[그림 21] 스마트 계약으로 부정 거래를 막는다.

　이러한 시스템은 하나의 블록체인으로 모아두는 것도 가능하지만 2개의 블록체인을 이용하는 편이 효과적입니다. 2개의 블록체인 각각에서 승인이 되어야 하기 때문에 거래의 성립과 이행에는 시간이 걸리지만 일일이 계약서를 작성할 필요가 없으며 거래 유무를 확인하기 위해 계약서 사본을 송부할 필요도 없습니다. 그만큼 거래 자체의 신뢰성도 확보됩니다. 그리고 거래소와의 계약 이외의 계약도 그 블록체인에서 하면, 계약에 관한 비밀키를 하나 보유하는 것만으로 모든 계약을 관리할 수 있습니다.

　요약하자면 '거래 기록'은 신뢰할 수 있어도 중개인을 넣은 '거래 신청'은 신뢰할 수 없을 가능성이 있다면 거래 신청도 블록체인으로 하여 신뢰할 수 있는 형태로 만들자는 발상입니다. 일반적으로 신뢰성과 편의성은 트레이드 오프 관계에 있지만, 종이와 도장과 비교하면 상당히 편리하고 신뢰할 수 있는 거래 방법이라 할 수 있습니다.

　이것은 블록체인을 사용한 스마트 계약의 일례에 지나지 않습니다.

그 외에도 '자산의 이동 및 공유', '각종 권리의 관리', 'IoT의 자율거래' 등과 같은 분야에서 스마트 계약이 활용되리라 예측되므로 아직 큰 가능성을 품고 있는 분야입니다.

블록체인으로 더욱 발전하는 핀테크

블록체인은 금융업계에 주는 영향이 크다는 점에서 핀테크의 일부로 화제에 올리는 경우가 많습니다. 기존의 핀테크에 블록체인을 추가함으로써 핀테크 분야는 큰 혁명을 이룰 가능성이 있습니다.

■ 디지털 통화 및 결제의 등장

가상 통화의 등장 이전부터 수많은 디지털 통화가 존재했었습니다. 국내에서는 T-Money와 같은 전자머니에 의한 결제가 보급되었으며 해외로 눈을 돌리면 PayPal로 물건을 사거나 대출을 받는 것이 당연시되는 상황이었습니다. 거기에 비트코인을 비롯한 가상 통화가 더해진 것입니다. 사실 각각에는 장단점이 있어서 어떤 것이 더 좋다고 할 수 있는 상황은 아닙니다(그림 22).

[그림 22] 각 디지털 통화와 가상 통화의 특징

디지털 통화	결제 속도	자유 송금	물리적 통화와의 가치
T-Money	매우 빠르다	불가능	동등
PayPal	빠르다	가능(제한 있음)	동등
비트코인	느리다	가능(제한 없음)	변동

T-Money나 PayPal은 어디까지나 물리적 통화의 보조 통화로서 기능하는 것입니다. 이에 반해 전혀 다른 통화로서의 가치를 갖고 있는

비트코인의 입지는 독특합니다. 나라에 의한 제약을 받지 않기 때문에 자유롭게 거래할 수 있는 것도 매력적입니다.

가상 통화가 오래된 통화를 내쫓는다고 생각하는 사람도 많지만 각각을 연계하는 것도 충분히 가능합니다. 결제용 디지털 통화는 대부분의 경우 신용카드나 은행에서 포인트를 충전하는 형태로 이용하지만, 포인트를 가상 통화로부터 인출하는 것도 불가능하지 않습니다.

그렇게 되었을 때 기존의 디지털 통화는 가상 통화의 결제용 툴로 바뀔 것입니다. PayPal은 가상 통화의 느린 결제 속도를 커버하는 결제용 **세컨더리 월렛***의 특허를 취득했으며, 결제용 시스템과 송금 시스템을 따로 운용하는 구상을 이미 하고 있다고 합니다.

또한 디지털 통화가 아니라 신용카드 결제 계좌가 가상 통화가 된다면 어떨까요? 그런 변화가 일어나게 된다면 물리적 통화는 필요 없어지고 그 가치에 큰 변화가 찾아올지 모릅니다.

■ 투자 및 보험 상품의 다양화

핀테크에 의해 투자의 형태도 바뀌었습니다. 지금은 당연시되는 클라우드 펀딩**도 핀테크의 일부이며, AI 어드바이저를 활용한 투자신탁 등도 시작되고 있습니다. 더욱이 빅 데이터나 AI를 사용한 보험 상품도 등장했으며 데이터 분석에 의해 보험료를 결정하고 있습니다. 투자나 보험 등의 업계에서는 정보화가 일반적입니다.

하지만 이러한 투자나 보험에 관한 계약을 할 때에는 역시 계약서에 도장을 찍습니다. 서류를 사내에서 체크하고 데이터베이스에 입력시키

---

* 　월렛은 가상 통화상의 계좌를 말한다. 주소를 QR 코드 등으로 표현할 수 있기 때문에 실제 지갑과 같이 가지고 다니며 결제에 사용할 수 있다.

** 　투자가에 국한되지 않고 일반인부터 널리 투자를 모집하는 방식. 투자액도 배당도 자유롭게 설정할 수 있어서 새로운 상품이나 신규 서비스 시작에 이용된다.

고 정보를 자세히 조사한 후에 금융상품을 제공합니다. 제공이 시작된 후에는 정보화되어 있으므로 좀 이상한 습관이라 할 수 있습니다. 블록체인에 의해 스마트 계약이나 본인 확인이 시작되면 이런 흐름도 바뀔 것입니다. 종이와 도장에는 안녕을 고하고 모든 과정이 네트워크상에서 완결됩니다. 금융 상품의 계약부터 서비스의 제공까지 일련의 흐름이 하나로 연결됩니다.

그뿐만이 아닙니다. 금융 상품 자체를 블록체인 상에서 취급하게 됩니다. 예를 들어 증권을 블록체인을 통해 주고받고, 보험료는 블록체인 상의 사고이력이나 치료이력을 참조하여 결정됩니다. 기억을 더듬으면서 앙케이트 용지에 과거의 이력이나 가족력 등을 기입할 필요가 없습니다. 정보 제공에 승인하면 필요한 데이터가 공유될 것입니다. 이것도 블록체인이 이룩하는 성과입니다.

모든 거래 속도가 빨라진다

이 모든 것에 공통적으로 말할 수 있는 것은 금융이든 비즈니스든 거래 속도가 빨라진다는 것입니다.

도장 대신 비밀키를 사용하여 블록체인 상에서 계약을 체결하고, 블록체인 상의 금융 상품을 거래하고, 가상 통화를 늘려 쇼핑을 하는 시대가 다가오고 있습니다. 이미 신용카드나 디지털 통화로 인해 현금을 가지고 다닐 필요가 없어졌지만 앞으로는 어쩌면 국가가 발행하는 통화가 필요 없어질지도 모릅니다.

하지만 현실적으로 대부분의 전문가는 거기까지 극적인 변화는 일어나지 않을 것이라고 예측하고 있습니다. 블록체인은 어디까지나 프로그램이기 때문에 버그가 발생합니다. 스마트 계약도 프로그램에 의해 계약이 이루어지기 때문에 버그가 포함되어 있으면 불평등한 계약이 이루어질 우려가 있습니다. 정전이 발생하면 쇼핑도 할 수 없습니다.

좋든 싫든 우리는 지금까지 사용해 온 종이와 도장에 의한 계약은 그 세월만큼 신뢰성이 증명되어 있지만 블록체인에는 아직 그것이 없습니다. 블록체인이 조금씩 보급되어 가는 것은 틀림없지만, 그것이 지금까지 신뢰해오던 방식을 대체하기까지는 시간이 좀 더 걸릴 것입니다.

가상 통화가 변조되지 않는다 하더라도 새로 등장한 것이기 때문에 앞으로 무슨 일이 일어날지는 모르는 것입니다. 그렇다면 몇 백 년 동안 사용해온 통화를 사용하는 편이 안심할 수 있을 것입니다. 블록체인이라는 기술에 있어서는 아이러니한 이야기지만 신뢰와 신용이라는 것은 이치와 논리만으로 얻어지는 것이 아닌 건지도 모릅니다.

로보틱스

사람과 로봇의 관계는 새로운 스테이지로

신경망, 딥러닝, 블록체인은 모두 기본적으로 정보를 다루는 기술입니다. 정보는 IT의 발전에 의해 큰 의미를 가지게 되었지만 정보가 단독으로 가치를 낳는 일은 불가능합니다.

동물의 그림, 구매 데이터, 대기업의 장부는 모두 그것을 다루는 사람이 있어야 비로소 가치를 가지게 됩니다. 또한 소프트웨어인 AI도 '정보'의 일종이며, AI 어시스턴트가 뛰어난 제안을 했다 하더라도 그 제안을 채택해 줄 사람이 없으면 무용지물이 될 것입니다.

인터넷이나 서버 안에서는 정보 그 자체가 주체가 되지만, 실제 존재하는 사물이 중심이 되는 인간사회에 있어서 정보는 단순한 도구에 지나지 않습니다.

지금까지 이러한 정보를 다루는 주체는 거의 모두가 사람이었습니다. 그랬던 것이 기계가 디지털데이터를 다룰 수 있게 되면서 바뀌기 시작했습니다. 사람과 자연의 힘으로 움직이는 아날로그적인 기계가 전기로 움직이게 된 것은 20세기에 들어선 일인데, 그때는 기계에게 정보를 다룰 능력이 없었습니다. 하지만 20세기 중반에 들어서면서부터 기계는 디지털화된 정보를 다룰 수 있게 되었고, 컴퓨터로 대표되는 정보를 다루는 장치로서 인식하게 되었습니다.

그러나 이것은 어디까지나 사람이 사용하기 편한 형태로 정보를 바꿔주기만 하는 장치였을 뿐 정보를 가지고 스스로 행동을 하는 능력은 없었습니다. 행동능력을 갖고 있는 기계도 결국은 사람이 제공한 정보와 함께 '자동으로' 액션을 취하는 것일 뿐, 기계 자신이 얻은 정보를 사용하여 '자율적*'으로 액션을 취하는 능력은 갖고 있지 않았습니다.

이것이 가능하게 된 것은 IT가 발전한 극히 최근의 일입니다. 다룰 수 있는 정보의 양과 종류가 늘어, 보다 복잡한 것을 다룰 수 있게 되어서 자율적으로 움직이는 기계인 '로봇'이 늘어났습니다. IT가 로봇을 진화시키고 로봇이 IT의 가치를 끌어낸 것입니다. 따라서 차세대 기술을 말할 때 **로보틱스**를 뺀다면 화룡점정과 다름없을 것입니다.

로보틱스 분야의 성장 요인

로보틱스 관련 기술은 나날이 발전을 거듭하고 있어서 사람 모양의 로봇이 두 다리로 걷는가 하면 사람과 똑같이 생긴 용모를 가진 로봇이 웃으면서 말을 걸어 줍니다. 공장에서는 로봇이 사람 대신 기계 부품을 능숙하게 다루며 제품을 만들고 있어서 공장에 필요한 인력은 매일 줄어듭니다.

더욱이 소프트웨어 분야에서는 오피스에 **RPA**(로보틱스 프로세스 오토메이션)가 침투하기 시작해서 사무실 직원까지 영향을 받게 되었습니다.

이와 같이 로보틱스의 발전은 매우 눈부셔서 우리의 생활에 큰 영향을 주게 되었습니다. 하지만 이렇게 보면 로보틱스라는 것은 참 애매하다는 것을 알 수 있습니다. 사람과 같은 로봇과 관련된 기술이 있는가 하면 공장의 컨베이어 벨트 옆에 놓여 있는 장치도 로보틱스 분야에 포

---

*   자동적과 자율적의 차이: 둘 다 사람의 손을 빌리지 않고 행동한다는 뜻이지만, 스스로 판단하는 경우는 '자율'이라고 하며, 스스로는 전혀 판단하지 않고 처음에 정해진 대로만 움직이는 경우는 '자동'이라고 한다.

함됩니다. 더욱이 몸을 갖고 있지 않는 소프트웨어인 RPA까지 로보틱스의 일종이라고 할 수 있습니다.

그래서 다양한 의문을 해소하기 위해 먼저 로보틱스라는 분야에 대해 설명한 후 최근의 발전에 대해 살펴보겠습니다.

■ 로보틱스란?

원래 로보틱스란 말은 아이작 아시모프가 그의 소설 속에서 '로봇을 다루는 기술 분야'를 가리키기 위해 만든 말이었습니다. 그것이 기술의 발전과 함께 진짜 학문 분야가 된 것입니다.

그리고 사실은 로봇이라는 말도 픽션 작품에서 처음 언어화된 개념입니다. 20세기 초 카렐 차페크가 쓴 작품인 'R.U.R.' 속에 로봇이 처음 등장하는데, 이때는 스스로 생각하여 사람처럼 행동하는 어떤 종류의 인조인간을 가리키는 말이었습니다. 즉, 로봇과 로보틱스는 둘 다 픽션 세계에서 태어난 말이었습니다.

그런데 실제 존재하지 않는 세계의 단어를 실세계에 끼워 맞추려고 하면 필연적으로 그 정의가 확대됩니다. 실제로 인조인간은 존재하지 않으므로 '로봇'이라고 할 때는 인조인간이 아니라 사람의 모습을 한 기계를 가리키게 된 것입니다. 하지만 사람과 똑같은 모습을 한 기계는 거의 존재하지 않습니다. 결과적으로 로봇이라는 말을 사용하기 어려워지면서 의미가 확대되어 지금은 '사람처럼 자율적으로 행동할 수 있는 장치' 전반을 가리키게 되었습니다(그림 1).

[그림 1] 로봇의 탄생부터 현대의 로봇까지의 변천

AI는 물론 자율적으로 움직이는 에이전트 프로그램 등은 무수히 많습니다. 이런 프로그램도 넓은 의미에서 로봇에 해당합니다. 로봇에 요구되는 것은 그 모습이나 신체가 아니라 '자율적인 행동능력'이며, 로보틱스는 그것을 실현하기 위한 기술이라고 생각하면 쉽게 이해가 될 것입니다.

그래도 일반적으로 로봇이라고 하면 혼다 ASIMO와 같이 '물리적으로 존재하는 사람 모양의 기계'를 떠올릴 것입니다. 로보틱스를 우리말로 하면 **로봇공학**인데, '공학'은 물리적인 성질을 강하게 갖고 있는 학문 분야입니다. 실제로 로봇공학은 로봇의 손발 구동의 축이 되는 모터나 공기압 실린더 등을 사용한 **액추에이터***를 연구하는 제어공학 분야로도 알려져 있습니다.

또한 소프트웨어 로봇으로는 AI와 같은 지적 프로그램을 떠올리기 때문에 로봇의 정의가 왠지 좀 복잡해집니다. 만일 소프트웨어적인 것도 로봇이라 부른다면 AI와 로봇의 차이는 무엇일까요?

---

* 로봇의 관절부분 등을 움직이게 할 때 사용하는 구동 장치

그것은 AI가 소프트웨어로만 존재하지 않는 반면, 로봇은 물리적인 신체를 갖고 있는 장치를 명시적으로 포함한다는 점에 있습니다(그림 2). AI는 어디까지나 지능이므로 몸은 존재하지 않습니다.

이 차이는 매우 중요합니다. 물리 세계에 간섭할 수 있는 로봇과 정보 세계에서만 존재하는 AI는 사회에 끼치는 영향력에 큰 차이가 있습니다. 이 장에서는 특히 사회에 큰 영향을 주는 하드웨어 로봇을 중심으로 다뤄가겠습니다.

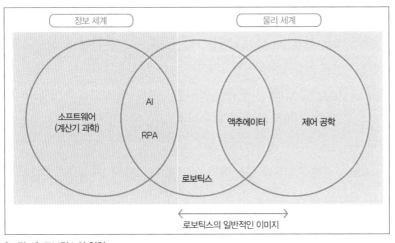

[그림 2] 로보틱스의 영역

■ AI의 진화

로보틱스는 폭넓은 의미를 가지지만 근래 들어 로보틱스가 다시 주목을 받게 된 이유 중 하나는 AI 때문입니다. 산업용 로봇으로는 상당히 정밀도가 높은 로봇이 이미 개발되어 있어서 기계적인 작업의 정확성이나 속도 면에서는 기술적으로 향상될 여지가 그다지 없었습니다. 하지만 로봇이 다룰 수 있는 정보에 한계가 있어서 본래의 능력을 발휘할 수 없는 경우가 많았습니다.

로봇팔(Robot Arm)이 아무리 정확하게 움직여도 부품의 정확한 위치를 모르면 신중하고 천천히 작업을 해야 합니다. 이것은 비유하자면 숙련공이 시력이나 청력이 저하되어 본래의 능력을 발휘할 수 없는 것과 비슷합니다.

그랬던 상황이 AI의 등장으로 달라졌습니다. 예를 들어 공업용 로봇이 제품을 조립하는 현장에서 화상인식을 결합시킴으로써 정밀도와 속도가 향상되었습니다. 제품의 모양이나 위치를 정확하게 파악할 수 있게 되어 작업을 순조롭게 진행할 수 있는 것입니다.

이것을 우리 가까이에 있는 예로 들어보면 서류를 스캐너나 카메라로 촬영하여 저장하는 경우가 있습니다. 지금까지는 사람이 서류의 크기나 방향을 가지런히 정비해야 했던 것을 스캐너나 카메라가 크기나 방향을 인식하여 촬영해 주고, 심지어 문자까지 읽어 들여 데이터화해 줍니다. 여기에 페이지 넘김이나 재단 기능도 추가되면 서류 전자화 로봇이 완성됩니다.

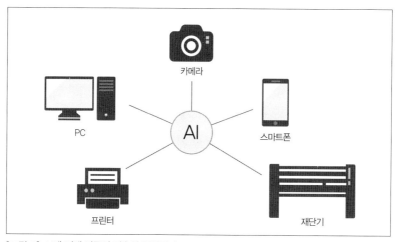

[그림 3] AI에 의해 기존의 기술이 연결된다.

촬영능력과 급지능력, 재단능력은 모두 기존의 기술로부터 간단히 획득할 수 있지만, 그것을 모두 연결하려면 소프트웨어가 발전되어야 했습니다. 그리고 AI의 진화로 인해 지금 그 준비가 된 것입니다(그림 3).

■ IoT와 스마트폰, 소형기기의 보급

로보틱스를 실사회에서 활용하려고 하면 필연적으로 '사물'이 필요해집니다. 소프트웨어는 복사하기만 하면 보급할 수 있지만, 로봇은 물리적으로 재료를 확보하고, 공장에서 가공 및 조립을 하여, 형태로 만든 후에 양산해야 보급됩니다. 기술적으로 현실 가능하지만 채산성이 없어 만들 수 없는 로봇도 많이 있습니다.

그런 상황이 바뀐 계기가 된 것이 IoT 기기나 스마트폰과 같은 소형 단말기의 보급과 인터넷 연결입니다. 특히 스마트폰의 영향은 매우 커서 초소형 프로세서나 기반이 대량생산된 결과 가격이 크게 내려가고 소형 전자기기를 싸게 만들 수 있게 되었습니다.

더욱이 IoT 기기의 보급으로 통신장치의 가격이나 포맷이 통일되어 저가로 IoT화할 수 있게 됨으로써 로봇의 성능이 향상되었습니다.

또한 누구나 고성능이면서 기능이 많은 단말기(스마트폰 등)를 가지게 된 것 자체도 로봇 기술의 발전을 촉진시키고 있습니다. 예를 들면 드론이나 청소로봇 등 기계 측에 지시를 보내기 위해서는 단말기가 필요합니다. 그 단말기에는 최소한 통신 및 연산장치와 정보를 표시하는 모니터가 필요한데 이것은 스마트폰이어도 상관없습니다. 'iOS와 Android를 지원'하면 됩니다. 저가의 드론은 몇 만 원이면 살 수 있지만 스마트폰이 없으면 무용지물일 것입니다.

저가의 드론이 보급되면 사회도 더 빨리 변화할 것입니다. 얼마 전만 하더라도 '헬리콥터를 빌렸나'할 정도로 멋진 공중 촬영도 드론으로 촬영하여 YouTube로 볼 수 있는 시대가 되었습니다.

그리고 단순히 부품이 싸진 것뿐만 아니라 IoT와 스마트폰의 보급으로 로봇이 다룰 수 있는 정보량도 늘고 있습니다. 나중에 설명하겠지만 스마트폰의 위치정보를 사용하면 드론으로 정확한 장소에 택배를 보낼 수도 있습니다. 로봇을 사용하여 지금까지는 할 수 없었던 일들을 할 수 있게 된 것도 IoT 기기나 스마트폰이 보급된 덕분입니다.

■ 자율주행차의 개발 경쟁

로보틱스 중에서도 특히 영향력이 큰 분야가 **자율주행차**입니다. 운전에는 '인지', '판단', '조작' 능력이 요구되는데, 이것은 바로 로보틱스 연구 분야와 겹치는 부분입니다(그림 4).

자율주행차는 기술적으로 로보틱스의 틀이 집약되어 있을 뿐만 아니라 그 시장규모도 매력적입니다. 로보틱스 기술을 사용한 실용 수준의 제품 개발에는 비용이 들기 때문에 이를 회수할 수 있을 만큼 큰 시장이 필요합니다. 그런 뜻에서 자동차 시장은 압도적으로 막대한 투자를 해서 개발을 촉진해도 충분히 수익을 얻을 수 있을 만큼 규모가 큽니다.

더욱이 자율주행차로 모은 정보나 경험은 새로운 로봇 개발에 도움이 됩니다. 이로써 자율주행차의 개발과 보급은 로보틱스의 발전으로도 이어질 것입니다.

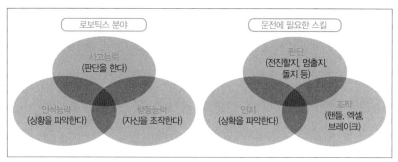

[그림 4] 로보틱스 분야와 운전에 필요한 스킬은 비슷하다.

로보틱스와 관련된 3가지 능력

자율주행차에 요구되는 능력과 로보틱스 연구 분야가 비슷하다는 이야기를 했습니다. 실제로 로보틱스에서 연구 중인 로봇의 '행동능력', '인식능력', '사고능력(판단능력)'에 대해 어느 정도 연구가 진행되어 있을까요?

■ 행동능력의 진화

로봇의 **행동능력**은 사람의 손발과 마찬가지로 사물을 잡아 움직여 보거나 자신이 움직여 보거나 해서 물리적 세계에서 어떤 행동을 일으키는 능력을 말합니다. 이 능력이 바로 로봇에게는 있고 AI에게는 없는 것으로, 로봇에게 있어 가장 중요한 능력이라고 할 수 있습니다.

사람의 행동은 인체를 구성하는 각종 운동기관*에 의해 이루어지지만 에너지인 ATP**를 소비하여 어떤 움직임을 만들어 내는 것은 근육뿐입니다. 이에 반해 로봇의 경우는 소비하는 에너지의 종류와 운동을 만

---

*   운동기관에는 근육 외에 뼈, 연골, 인대, 힘줄 등이 있다.

** 아데노신 삼인산. 체내에서 합성되어 인체의 다양한 활동에 의해 소비된다.

들어 내기 위한 장치가 제각각으로, 행동능력은 로봇에 따라 전혀 다른 특성을 가집니다.

심플한 원리로 된 장치로는 자동차의 바퀴나 드론의 회전 날개 등이 있는데, 이미 널리 사용되고 있기 때문에 기술적으로 신뢰성이 높은 것을 싸게 입수할 수 있습니다. 한편 사람처럼 손발을 갖고 있는 로봇도 증가 추세에 있어, 혼다의 ASIMO나 Boston Dynamics의 Atlas 등이 그 대표적인 예라 할 수 있습니다(그림 5).

[그림 5] Boston Dynamics Atlas
출처: Boston Dynamics 웹사이트
URL: https://www.bostondynamics.com/atlas#&gid=1&pid=1

이런 선진적인 로봇은 세련된 디자인과 뛰어난 행동능력을 갖고 있지만 손발을 움직이기 위한 기구에 특별히 새로운 기술이 사용되는 것은 아닙니다. 예전부터 있었던 전동 액추에이터(Actuator)나 유압식 액추에이터가 사용되고 있습니다. 물론 액추에이터를 뒷받침하는 모터나 엔진의 출력 향상, 소형화가 진행되는 것도 그 배경에 있지만, 실제로 진화한 것은 그것을 제어하는 소프트웨어적인 부분입니다.

모터나 유압 실린더를 사용하여 손발을 사람처럼 재빨리 움직일 수 있어도 사람처럼 걷기 위해서는 손발을 '올바르게' 움직여야 합니다. 이 것은 제어용 소프트웨어를 사용하여 수행하지만 이 부분은 개발이 좀처럼 진척되지 않았습니다.

그랬던 상황이 기계학습으로 인해 달라졌습니다. Boston Dynamics 의 경우 기계학습을 적극적으로 도입하여 몇 번이고 넘어지면서 보행에 최적인 손발의 사용법을 학습했습니다. 이것은 실로 AI 관련 기술을 로봇의 행동제어에 도입함으로써 로봇이 진화한 좋은 예라고 할 수 있습니다.

■ 인식능력의 진화

손발을 적절히 사용할 수 있게 되었어도 눈이 보이지 않는 사람은 눈이 보이는 사람과 똑같이는 걸을 수 없습니다. 즉, **인식능력**도 로봇이 행동하기 위해 필수적입니다.

이 부분에 대해서는 앞에서 말한 신경망에서도 다뤘듯이 상당히 발전되어 있었습니다. 딥러닝 등을 사용한 화상인식과 음성인식 시스템을 사용하여 로봇이 사람 이상으로 정확하게 주위의 상황을 파악할 수 있게 된 것입니다.

보행형 로봇은 물론, 자율주행차나 드론에게도 인식능력을 향상시킨 모델이 등장하게 되었습니다. 또한 산업용 로봇에게도 고도의 화상인식 시스템을 도입하여 로봇에 의해 작업의 정밀도를 올리면서 불량을 감지하게 되어 똑같은 로봇이 여러 작업을 소화할 수 있게 되었습니다.

사람은 주위의 인식에 가시광선이나 소리 등을 사용하지만, 로봇의 경우는 카메라를 사용하여 가시광선에 의한 화상인식 외에도, 적외선, 레이저광, 레이더와 같이 파장이 다른 전자파 계열, 그리고 공기의 진동을 이용한 초음파 등도 사용 가능합니다. 경우에 따라서는 GPS 위성이나 비콘*을 사용해 자신의 위치나 상황을 확인하는 경우도 있습니다.

따라서 자율주행차는 헤드라이트가 없어도 레이더로 멀리까지 볼 수 있으며, 레이더에 나타나기 어려운 물체도 초음파로 발견할 수 있습니다. 사막이나 눈길 등 주위가 전혀 보이지 않는 상황에서도 GPS로 위치를 파악할 수 있습니다.

이러한 센서 관련 기술 자체도 역시 특별히 새로운 것이 아닙니다. 모두 비교적 옛날부터 사용되어 오던 것입니다. 하지만 군사용도로 사용되던 것이 일반용품화되었거나 기존에는 고가였던 것이 싸고 소형화됨으로써 로봇에 사용할 수 있게 되는 등 많건 적건 기술적인 발전의 영향을 받고 있습니다.

위에 덧붙여 연산능력이나 스토리지 용량의 향상에 의해 한 번에 방대한 데이터를 다룰 수 있게 된 점도 크다고 할 수 있습니다. 센서를 통해 아무리 가치 있는 정보를 대량으로 손에 넣는다 해도 그것을 다룰 수 있을 정도의 두뇌가 없으면 아무 의미가 없습니다.

자율주행차에 탑재되기 시작하여 주목을 받은 LiDAR**도 그중 하나입니다(그림 6). 기술 자체는 옛날부터 있었지만 레이저 조사로 얻은 방대한 정보를 고속으로 처리할 수 없다면 로봇이나 자율주행차에 탑재하는 센서로서 사용할 수 없습니다. 이것도 처리능력이 급속히 향상되면서 가능해진 결과입니다.

---

*   지상에 설치되는 위치정보를 발신하는 장치. GPS 위성의 지상 버전과 같은 것으로, GPS를 사용할 수 없는 지역에서 이용할 수 있으며, 보다 높은 위치의 특정도 가능하다.

**   비 가시 파장인 레이저광을 레이더파처럼 고속으로 조사하여 그 반사광을 감지하여 자세한 데이터를 얻을 수 있는 기술

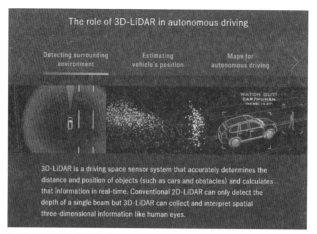

[그림 6] LiDAR의 활용 예
출처: 파이오니아 주식회사 웹사이트
URL: http://autonomousdriving.pioneer/en/3d-lidar/detail/chapter1/

이와 같이 행동능력뿐만 아니라 인식능력 면에서도 로봇은 사람 이상으로 다양한 방식을 활용할 수 있어서 폭넓은 상황에 대처할 수 있게 되었습니다. 상황에 따라서는 사람보다 로봇이 더 뛰어난 능력을 발휘하기 때문에 이 둘에 관해서는 로봇과 사람 어느 쪽이 뛰어난지 딱 잘라 말할 수 없을 정도입니다.

■ 사고능력(판단능력)의 진화

로봇과 사람의 가장 큰 차이는 **사고능력** 또는 **판단능력**에 있다고 할 수 있습니다. 자율주행차의 경우 조작과 인지에 관해서는 사람보다 뛰어나다고 할 수 있습니다. 주차나 대열주행 등은 로봇이 더 뛰어납니다.

하지만 현실 세계에서 달리게 하면 사람과의 차이가 나옵니다. 차의 움직임이 적은 고속도로라면 몰라도 일반도로에서는 잘 달리지 못하는 경우가 많습니다. 도로나 차, 사람이나 표식을 모르는 것이 아닙니다. GPS나 지도 정보도 같이 사용하면 기술적으로는 사람 이상으로 정확히 판단할 수 있지만 상황에 맞는 올바른 판단은 할 수 없다는 뜻입니다.

이것은 자율주행차에 국한된 이야기가 아니라 손발이 있는 로봇이나 청소 로봇에도 적용되는 현상입니다. 청소 로봇은 주위를 인식하고 장애물을 피하면서 쓰레기를 빨아들일 수 있습니다. 하지만 집 밖을 나가 버리거나 쓰레기가 거의 없는 장소를 반복해서 청소하는 경우도 드물지 않습니다. 인식한 것과 올바른 행동이 무엇인지를 판단하는 것을 연결하는 것이 서투르기 때문입니다.

그 원인은 사고 프로그램 또는 로봇에 탑재되는 AI의 능력 부족에 있었는데, 그런 상황이 기계학습에 의해 바뀌기 시작했습니다. 그중에서도 실패와 성공을 거듭하면서 배워가는 강화학습은 매우 효과적입니다. 사람이 올바른 판단을 가르쳐 주지 않아도 간단하게 '좋은 것'과 '나쁜 것'의 방향성을 가르쳐 주면 그 다음은 알아서 학습해 갑니다.

강화학습은 로봇의 학습에 특히 효과적이었습니다. 현실 세계의 상황은 프로그램의 설계 시에 예상한 대로 흘러가지 않습니다. 하지만 강화학습의 경우 복잡한 상황에 대해 실패를 거듭함으로써 판단의 정확도를 올려갈 수 있기 때문에 현실 세계에서 사고능력을 향상시키는 데 효과적인 것입니다.

로봇은 보다 가까운 존재로 바뀌어 간다

로봇의 능력향상은 그저 로봇이 진화했다는 것에 그치지 않습니다. 지금까지 로봇은 산업용이나 군용 등 공장이나 큰 조직 안에서만 사용할 수 있는 것이었습니다. 그것이 소형화되고 저가로 제공되면서 보급에 박차를 가하고 있습니다. 일반용 로봇이 등장하는 것입니다.

하지만 일반용 로봇이라고 해서 SF에서 많이 보던 로봇이 아니라 어디까지나 '자율적으로 움직이는 기계'입니다. 또한 로봇에는 다양한 종류가 있어서 각 용도에 맞춰 기능을 좁힘으로써 가성비가 좋은 제품도 등장하게 되었습니다. 드론이나 청소 로봇이 그 대표적인 예입니다.

또한 공장현장에 투입되는 수준의 능력은 갖고 있지 않아도 장난감으로 사용할 수 있는 수준의 로봇은 AIBO 시대부터 존재했었습니다. 로봇에 무엇을 요구하는지에 따라 그 모습과 능력이 바뀌는 것입니다. ASIMO나 Atlas와 같이 큰 몸도 필요 없고 산업용 로봇과 같이 높은 정밀도도 필요 없다면 일반인도 손에 넣을 수 있는 가까운 로봇을 만들수 있게 되었습니다. 여기서부터는 이러한 우리 주변에 가까운 로봇의 등장과 진화를 설명하겠습니다.

■ 우리 주변의 로봇의 등장

우리 주변에 있는 사람 모양의 로봇에 주목해보면 그 역사는 의외로 오래되었습니다. 지금은 소프트뱅크의 Pepper와 같은 고성능 커뮤니케이션 로봇이 등장했지만, 실제로 인터넷조차 제대로 보급되지 않았던 1980년대에 다카라토미가 '옴니봇*'이라는 로봇 시리즈를 발매했습니다. 무선모형(RC)에 가까운 모델로 시작하여 서서히 자율기능을 획득해 가서 우리 주변의 로봇으로 보급하려는 선구적인 시도였습니다.

그리고 1999년에 소니가 만든 AIBO가 등장했습니다. AIBO는 강아지 모양의 애완로봇으로, 외부 컨트롤러 등을 필요로 하지 않는 고도의 자율성을 갖추고 있었습니다. 센서를 사용하여 주위 상황을 인식하고, 감정을 재현하는 프로그램도 있어서 현대의 로봇으로 이어지는 기능을

---

*   당시 토미가 발매한 로봇 장난감. 옴니봇은 시리즈로 나와서 현재도 'i-SOBOT'이나 'COZ-MO' 등 새로운 모델을 발매하고 있다.

몇 가지 갖고 있었습니다.

    연산능력이 비약적으로 향상된 것을 계기로 딥러닝이나 싱귤래리티 가설에 의해 시작된 일련의 AI 붐이 시작되자 가정용 로봇의 투자에도 불이 붙었습니다.

    Pepper와 같은 아이 키만한 사람 모양의 로봇부터 AIBO의 후속 모델로 등장한 신형 aibo, 여러 업체로부터 다양한 모델이 나와 있는 가성비 높은 Robi, 커뮤니케이션 능력이 높아 개호 시설 등에서 도입이 진행되는 후지 소프트의 PALRO, 춤을 추는 소프트뱅크의 NAO 등 소형이면서도 사람 모양의 로봇이 많이 나왔습니다.

    또한 사람 모양 외에도 실용 레벨의 로봇이 늘어서 자율형 감시 장치로서 기능하는 경비용 로봇, 사람을 들어 올릴 수 있는 개호용 로봇, 더욱이 로보틱스 기술을 응용한 사람이 장착하는 파워드 슈트도 등장했습니다. 이미 '사람의 바로 옆에 로봇이 있다'는 환경 자체는 드물지 않게 되었습니다.

로보틱스를 이야기할 때 자율주행차 기술을 빼놓을 수는 없습니다. 앞에서 말했듯이 자율주행차는 로봇에 필요한 행동능력, 인식능력, 사고능력(판단능력)을 모두 요구하기 때문입니다.

또한 자율주행차가 실용화되면 우리 생활이 크게 바뀌리라 예상됩니다. 어떤 기술이 사용되어 있는지를 알면 앞으로의 사회 변화에 대비할 수가 있을 것입니다.

그뿐만이 아닙니다. 자율주행차용 기술이나 장치가 널리 사용되면 비용이 내려가서 자동차 외의 분야에도 폭넓게 사용하게 될 것입니다. 그러면 싸고 작은 가정용 로봇에도 이러한 기술을 적용할 수 있게 될 것입니다. 지금의 자율주행 기술을 아는 것은 미래의 신형 로봇을 아는 것으로 이어지는 것입니다.

자율주행차의 종류와 기대되는 능력

자율주행차에도 몇 가지 종류가 있습니다. 먼저 자율주행의 능력에 따라 5개의 레벨로 나뉘며, 자율주행 능력의 획득 방법에 대해서도 **완전자율형**과 **인프라 연계** 및 **의존형**으로 나눌 수 있습니다. 여기서 설명하는 것은 어디까지나 자율주행차와 관련된 것이지만 미래의 로봇으로도 연결되는 부분이 많으므로 이에 대해서도 같이 설명하겠습니다.

■ 자율주행차의 5레벨

레벨의 구분에 대해서는 시기나 조직에 따라 취급 방법이 다르지만 '민관 ITS 구상·로드맵 2017(일본)'에 기재된 분류에 따른 레벨 구분은 다음과 같습니다(그림 7).

[그림 7] 자율주행 레벨의 정의와 개요
출처: 민관 ITS 구상·로드맵 2017
URL: https://www.kantei.go.jp/jp/singi/it2/kettei/pdf/20170530/roadmap.pdf

레벨	개요	안전운전과 관련된 감시, 대응 주체
운전자가 모두 또는 일부 운전 조작을 실시		
SAE 레벨 0 운전 자동화 없음	• 운전자가 모든 운전 조작을 실시	운전자
SAE 레벨 1 운전 지원	• 시스템이 전후·좌우 중 한쪽의 차량 제어에 관한 운전 조작의 서브 조작을 실시	운전자
SAE 레벨 2 부분 운전 자동화	• 시스템이 전후·좌우 양쪽의 차량 제어에 관한 운전 조작의 서브 조작을 실시	운전자
자율운전 시스템이 모든 운전 조작을 실시		
SAE 레벨 3 조건부 운전 자동화	• 시스템이 모든 운전 조작을 실시(한정된 영역 내) • 계속 작동이 곤란한 경우 운전자는 시스템의 개입 요청 등에 대해 적절히 대응해야 한다.	시스템 (계속 작동이 곤란한 경우는 운전자)
SAE 레벨 4 고도의 운전 자동화	• 시스템이 모든 운전 조작을 실시(한정된 영역 내) • 계속 작동이 곤란한 경우에도 이용자가 응답하지 않아도 된다.	시스템
SAE 레벨 5 완전한 운전 자동화	• 시스템이 모든 운전 조작을 실시(모든 영역) • 계속 작동이 곤란한 경우에도 이용자가 응답하지 않아도 된다.	시스템

■ 사람이 운전의 주체가 되는 자율주행차

레벨 1은 '자동 브레이크', '오토크루즈', '주행 레인 유지' 등의 기능이 해당됩니다. 이 레벨의 자율주행 능력은 이미 실용화되어 있어서 자율주행이라는 느낌이 별로 들지 않을 것입니다.

하지만 이런 기능은 모두 앞으로의 자율주행으로 이어지는 것들입니다. 자동 브레이크에는 카메라, 레이더, 초음파를 사용한 접근 센서가 사용되고 있어서 최근의 차는 속도나 대상을 불문하고 적절히 정지할 수 있습니다. 주행 레인 유지 기능에 대해서는 카메라를 사용하는 경우가 많은데, 차선을 인식하는 정도라면 딥러닝도 필요없습니다. 하지만 최근에는 딥러닝 등을 활용함으로써 색이 벗겨진 차선이나 차선이 없는 길에서도 레인을 유지할 수 있을 정도로 발전했습니다.

레벨 2는 '자동 추종 주행', '자동 주차 기능' 등이 해당됩니다. 2018년 시점에서 '자율주행 기능'이라고 부를 때는 이 정도의 기능이 있다고 생각하면 좋을 것입니다. 단, 자율주행이라는 말에는 '사람이 운전을 안 해도 된다'는 뉘앙스가 들어 있어서 레벨 2 정도의 차는 오해를 피하기 위해 '자율주행'이라 부르지 않고 '운전 지원'이라고 부르는 경우도 많습니다.

이 레벨의 자율주행 기능을 실현하려면 딥러닝 등을 활용한 고도의 영상인식능력이나 LiDAR와 같은 레이저를 식별하는 장치가 필요하며, 센서도 전방뿐만 아니라 차의 전 주위에 붙이는 경우가 많습니다. 또한 판단능력에 대해서도 몇 만 번의 주행 테스트를 거쳐 적절한 상황판단을 할 수 있도록 훈련 및 프로그램을 하는 고도의 학습이 실시되어 있습니다.

레벨 3 이후가 진정한 의미의 자율주행차인데, 일반적으로 '자율주행차의 실용화'라고 하면 이 단계의 자율주행차를 의미합니다. 일부 Google 등에서 실용 수준의 차가 만들어졌으며(그림 8), 시험적으로 실시 운용된 경우도 있습니다. 2025년까지 국내 자동차 제조업체도 일반 판매를 시작하려고 준비하고 있고, 이 단계가 되면 사람이 관여하지 않아도 운전을 할 수 있게 되므로 자율주행차로 불러도 지장이 없는 수준에 이르게 됩니다.

하지만 필요에 따라서는 '사람이 운전해야 한다'는 조건이 붙어 있어서 운전자가 자거나 자리를 이동해서는 안 됩니다. 일본에서는 운전자가 장시간 핸들에서 손을 떼는 운전은 허가되지 않을 예정입니다.

[그림 8] Google의 자율주행차
출처: Waymo 웹사이트
URL: https://waymo.com/ontheroad/

이런 사정 때문에 필연적으로 핸들이나 엑셀과 같은 조작이 필요하며, 외관이나 내장에 대해서는 종전과 똑같은 자동차가 됩니다. 또한 이 레벨이 되면 표식, 사람, 방향지시등, 신호 등과 같은 교통규제를 인식한 후에 대응해야 하기 때문에 센서를 주위에 붙여서 장애물을 피하기만 하면 되는 것이 아닙니다.

신호나 방향지시등은 비교적 간단히 인식 가능한 반면, 표식이나 표시는 화상인식을 시킬 때 사람 수준의 화상인식능력이 필요합니다. 하지만 교통규제에 관해서는 카메라나 센서로 모두 인식할 필요가 없습니다. 미리 도로상의 표식 및 표지를 확인하고 내비게이션 시스템에 교통규제를 기록해 두면 의외로 간단히 액세스할 수 있습니다. 그리고 이런 시스템은 레벨 4의 자율주행으로 이어져 갑니다.

■ 인프라 연계 및 의존형 자율주행차

레벨 4 이후가 되면 사람의 개입이 완전히 불필요해집니다. 운전자는 자도 되고 없어도 될 것입니다. 운전면허가 없는 사람이 자유롭게 차를 이동시킬 수 있는 단계입니다. 기본적으로 필요한 능력은 레벨 3과 다르지 않지만 사람 운전자가 없다는 것이 전제가 되므로 요구되는 신뢰성은 레벨 3과 비교할 바가 아닙니다.

레벨 4 이후의 접근방식은 크게 2종류로 나눌 수 있는데, 그 하나는 인프라 연계 및 의존형 자율주행차입니다. 이 자율주행차는 레벨 3과 마찬가지로 센서를 사용하여 장애물이나 주위 상황을 파악하는 능력을 갖고 있습니다. 게다가 교통규제나 도로상황에 관한 정보는 사전에 입력되어 있든지 도로 주변에 전개되는 정보 네트워크나 주변 차량과의 정보교환으로 입수합니다.

이 경우 기본적으로 자율주행차는 '정보를 얻는 환경' 또는 필요에 따라 '정보를 얻을 수 있는 환경'에서만 달릴 수 있습니다. 지극히 한정된 환경처럼 생각되지만 의외로 그렇지도 않습니다.

공항과 같은 대규모 사유도로를 갖고 있는 시설에서는 무인 버스라는 형태로 일본에서도 시험적으로 운용하고 있으며, 일반자동차나 보행자가 적은 지역에서는 실용 단계에 이르렀습니다. 또한 테마파크나 대학에서도 사용할 수 있을 것입니다. 이러한 자율주행차에 대해 제어 가능한 지역의 경계선에 **지오픽스***를 설정하면, 경계 내에서는 레벨 4, 경계 밖에서는 레벨 3과 같이 상황에 따라 수동운전이라는 형태로 전환하면서 이용할 수가 있습니다.

---

*   가상의 경계를 갖고 있는 영역을 말한다. 물리적인 벽 등은 없지만 GPS, 지도, 센서 등을 조합해 설정하여 경계 내와 경계 밖에서 시스템의 행동을 바꿀 수 있다.

주행할 지역이 정해져 있기 때문에 만일의 사태가 발생한 경우라도 사람이 사후처리를 할 수 있는 것도 이 방식의 장점입니다. 무방비한 사태에 대한 대응능력은 요구되지 않는다는 점에서 완전자율형인 레벨 5 정도의 능력까지는 필요 없어서 기술적인 허들이 크게 내려갑니다.

교통사정이 복잡한 일반도로에서도 사전에 정보를 수집하면 레벨 4의 자율주행차가 실용화될 것입니다. 프랑스에서는 Easymile사가 무인 셔틀버스 운행을 정식으로 시작했으며, 일본에서도 동사와 DeNA사가 합작한 시험운용이 시작되었습니다(그림 9).

이처럼 루트는 한정되어 있지만 미리 지나갈 루트가 정해져 있는 공공교통기관이나 특정 거점 간을 달리는 운송트럭에서는 특히 유용합니다. 인력 부족에 시달리는 운송업계에 큰 도움이 될 것입니다.

[그림 9] Easymile 무인 버스
출처: Easymile 웹사이트
URL: http://www.easymile.com/

처음에는 버스나 트럭만으로 한정되겠지만 레벨 3이 보급되고 자율주행차도 문제없이 달릴 수 있다는 것이 확인된 노선에서는 레벨 3을 발전시키는 형태로 일반자동차에서도 레벨 4가 실용화될 것입니다. 이 경우 무인 버스처럼 운전석이 없는 것은 아니고 '특정 구간에서는 운전자가 자도 된다'는 상태가 될 것입니다.

그리고 레벨 4 구간을 다 지나갈 무렵에 레벨 3으로 바뀌는 형태라면 그다지 멀지 않은 미래에 실용화되지 않을까 생각합니다. 또한 주차장에서 집이나 직장까지의 루트가 레벨 4 지원 구간이라면 무인 택시나 자가용 차로 데리러 오게 하는 것도 더 이상 꿈이 아닙니다.

■ 완전자율형 자율주행차

레벨 4까지는 실용화가 눈앞에 보이는 기술이지만 문제는 레벨 5입니다. 레벨 5에서는 환경에 의존하지 않고 센서만으로 스스로 자율주행을 하고 사람의 관여를 필요로 하지 않습니다. 이 레벨의 자율주행차가 실용화되기 위해서는 상당히 고도의 인식 시스템과 적절한 상황판단을 할 수 있는 AI의 개발이 필요합니다. 이 레벨의 경우 일본에서는 컨셉트카가 등장하고 있는 정도로 아직까지 시험 레벨에서도 실현되고 있지 않습니다.

레벨 5에서는 환경에 의존하지 않는다는 점에서 네트워크를 사용할 수 없는 지역이나 사전정보가 거의 없는 지역을 주행할 가능성이 높아서 알 수 없는 상황에 대한 높은 대처능력이 요구됩니다. 레벨 4에서는 달리지 않는 좁은 1차선 도로나 표식이나 표지가 없는 시골길에서도 사람 없이 완벽하게 달려야 합니다.

또한 자율주행차의 판단능력의 향상에는 AI의 학습이 필요한데, 이를 위해서는 방대한 학습 데이터가 필요합니다. 구간이 정해져 있는 경우는 데이터 수집도 용이하겠지만 정해져 있지 않은 경우는 힘들 것입니다.

따라서 시험 주행 지역이 한정된 국내 제조업체에서는 이 단계에 이른 자동차는 없습니다. 하지만 Google의 Waymo의 경우는 2020년대에 레벨 5 개발을 하는 것을 목표로 하고 있고, BMW나 Ford가 이를 뒤따르고 있습니다. 일반판매까지는 좀 더 시간이 걸릴 것 같지만 '꿈의 기술'로 끝나지는 않을 것입니다.

자율주행차를 뒷받침하는 기술

레벨 5는 아직 멀어도 처음으로 자율주행차라고 부를 수 있는 레벨 3은 머지않아 실현될 것이며, 레벨 2까지의 운전지원 시스템은 이미 실용화되어 있습니다. 하지만 자율주행을 실현하는 방법이나 기술은 너무 다양해서 각각 잘하는 것과 잘 못하는 것이 있습니다. 이런 점들을 고려하면서 자율주행차에 사용되는 '인식', '판단', '조작'을 뒷받침하는 기술에 대해 설명을 하겠습니다.

■ 인식능력을 뒷받침하는 고도의 센서 기술

자율주행에 있어서 그 성능을 크게 좌우하는 것이 인식능력을 담당하는 센서의 성능입니다. 모든 운전은 상황의 인식에서 시작합니다. 사람이 눈과 귀로 판단을 하는 것을 자율주행차는 각종 다양한 센서들을 이용합니다(그림 10).

자율주행차에서 주로 사용하는 것은 레이더, 레이저 스캐너(LiDAR), 소나, 카메라, 마이크입니다. 자율주행차의 경우 제조업체나 차종에 따라 사용하는 센서의 종류나 수, 정밀도는 각각 다르지만 여러 개의 센서를 사용하여 다각도로 상황을 판단한다는 점은 공통적입니다.

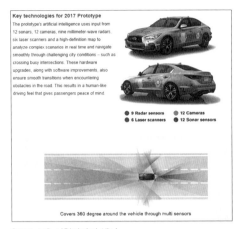

[그림 10] 시험차량의 센서
출처: 닛산자동차 주식회사 웹사이트
URL: https://www.nissan-global.com/JP/TECHNOLOGY/OVERVIEW/autonomous_drive.html

[그림 11] 각종 센서의 성능

명칭	거리	설명
카메라	근~장거리(1m~)	야간이나 악천후 외에 지극히 효과적이다.
레이더(장)	장거리(100m~)	효과범위가 넓어 악천후에 강하지만 정밀도가 떨어진다.
스캐너	중거리(~100m)	환경을 불문하고 사용할 수 있으며, 정밀도가 높다.
소나	근거리(~3m)	근거리에서 주위 상황을 파악한다.
마이크	-----	긴급차량이나 장애물 저편의 차량을 감지한다.
GPS	-----	차량위치 확인에 이용한다.

※ 수치는 대중. 스캐너는 밀리파 레이더를 포함한다.

　　센서 중에서도 자율주행차의 주력은 역시 카메라입니다. 사람의 눈
에서도 이용하고 있는 가시광선으로부터 받은 정보는 지극히 풍부하며
근거리부터 장거리까지 폭넓게 사용할 수 있는데다가 정밀도도 높은
정보를 대량으로 입수할 수 있습니다. 표식, 표지, 신호, 차선 등 운전
에 필요한 모든 정보는 카메라만으로 취득 가능합니다. 큰 단점이라고
여겨진 '거리의 인식능력이 낮다', '악천후나 야간에는 사용할 수 없다'

는 문제도 복안 카메라*의 발달로 해소되고 있습니다.

사람이 시각정보만으로 운전을 하고 있는 것처럼 자율주행도 카메라만으로 운전할 수 있지만, 센서 부분이 더러워지면 정밀도가 떨어지는 등 환경의 영향을 강하게 받기 때문에 보다 안전한 자율주행을 실현하기 위해서는 그 외의 센서도 필요합니다.

그래서 가시광선보다 파장이 긴 빛이나 전자파를 이용하는 레이더나 레이저가 등장했습니다. [그림 11]에서는 레이더와 스캐너로 나누고 있지만 기술적으로는 비슷한 부분이 많아서 혼동되기 쉬운 기술입니다. 여기서는 장거리 인식은 레이더로 하고, 높은 정밀도로 비교적 가까운 거리를 파악할 때는 스캐너를 이용한다고 설명하고 있습니다.

그런데 요즘 레이더가 눈에 띄게 발달해서 중거리에서 높은 정밀도로 인식이 가능하게 되었기 때문에 장래에는 단파 레이더를 사용한 **레이더 스캐너**가 주류로 바뀔 것입니다. 이런 레이더, 레이저 계통 스캐너의 장점은 환경에 대한 의존도가 낮아 밤이든 비 오는 날이든 눈이 오든 비교적 확실하게 물체를 인식해 준다는 점입니다.

이것만으로도 사람과 비슷한 자율주행이 가능합니다. 하지만 보다 안전하고 확실하게 운전을 하기 위해 소나를 사용합니다. 소나는 초음파를 사용하여 근거리 물체를 파악하는 것으로, 차선변경이나 주차 시에 다른 센서가 감지하지 못했던 물체를 확실하게 포착해 줍니다. 소나는 근거리에 있는 사각지대를 없애기 위한 센서로서의 기능이 매우 뛰어나며, 후방은 물론 위치가 낮은 장애물이나 아이, 동물 등도 감지할 수 있습니다.

---

* 여러 개의 카메라를 이용하여 사람의 눈과 똑같은 요령으로 거리를 파악할 수 있는 카메라. 감지하는 빛의 파장을 바꿈으로써 악천후나 야간에도 정밀도를 유지할 수 있다.

이러한 센서를 사용한 물체감지 외에 긴급차량의 접근이나 센서의 사각지대가 되는 장애물 저편에 있는 차량을 감지하기 위해 마이크(마이크로폰)를 사용합니다. 긴급차량의 사이렌이나 자동차의 엔진 음을 포착해서 대강의 방향을 파악하고 지도 정보와 대조하여 위치를 예측합니다.

스캐너로 차량을 포착한 경우에는 소리 정보와 합쳐서 어떤 차량이 긴급차량인지를 파악하고 길을 양보할 수도 있습니다. 또한 굽은 길이나 나무 저편 등 센서로는 포착할 수 없는 차량의 접근을 감지하고 미리 속도를 줄여 도로 가장자리로 피하는 것도 가능합니다.

GPS와 같이 위치정보를 파악하는 센서도 잊어서는 안 됩니다. GPS와 지도를 조합함으로써 커브나 건물의 상황을 예측하고 그에 따른 운전이 가능해집니다. 또한 GPS나 비콘을 통해 얻은 위치정보는 매우 광범위하므로 각 차량이 위치정보를 교통관제센터 등에 제공한다면 모든 차량이 서로의 위치를 정확하게 파악할 수 있을 것입니다.

■ 판단을 서포트하는 다이내믹 맵과 화상인식 시스템

이런 센서로부터 얻은 정보는 그 상태로는 의미가 없습니다. 물론 소나로 얻은 '바로 가까이에 물체가 있다'라는 정보는 그대로 이용할 수 있지만, 카메라나 스캐너로 얻은 정보는 '멀리 뭔가가 있다'는 정도의 정보가 많으며, 더욱이 '그것이 무엇인지'라는 것은 바로 알 수 없습니다.

그래서 여러 센서로부터 얻은 정보를 사용하여 주변 이미지를 작성하여 상황을 보다 정확히 파악합니다(그림 12). 보통 레이더나 레이저로 파악할 수 있는 것은 물체의 위치까지로, 그것은 어떤 '점'과 같은 정보에 지나지 않습니다. 점들을 모아서 모든 점을 선으로, 선을 면으로 차원을 늘리는 형태로 정보를 통합해 가면서 물체를 보다 정확한 형상으로 파악할 수 있습니다.

[그림 12] 차량의 스캐너로 파악한 주변 이미지
출처: YouTube – Waymo 'Waymo 360˚ Experience: A Fully
Self-Driving Journey'
URL: https://www.youtube.com/watch?v=B8R148hFxPw

　주변에 어떤 것이 있는지를 대강 파악할 수 있으면 최소한의 운전이
가능합니다. 하지만 이런 주변 이미지를 처음부터 실시간으로 작성하
려면 상당한 처리능력이 필요합니다.

　또한 같은 장소라도 날씨나 시간대 등 환경 변화에 따라 그 순간에
작성되는 이미지는 조금 다르기 때문에 작은 변화가 판단 미스를 일으
킬 가능성이 있습니다. 아침과 밤, 맑은 날과 비 오는 날에 따라 주위가
다르게 보이는 것도 마찬가지입니다.

　이러한 판단 미스를 줄이는 데 있어서 중요한 것이 바로 **다이내믹 맵**
입니다. 사람이 하는 운전도 처음 가는 길을 운전할 때는 지도를 확인
할 것을 권장하지만, 지도를 보는 것뿐만 아니라 실제로 현장을 걸어보
거나 다른 사람이 운전하는 차로 실제로 도로를 확인하는 편이 효과적
입니다. 덧붙여 교통정보 라디오를 듣고 정체나 사고정보를 수집하는
것도 중요하며, 여럿이 주행하는 경우는 앞에 가는 차량으로부터 얻는
정보도 안전하고 효율적인 운전에 유용합니다. 다이내믹 맵에서 하고
있는 것은 바로 이런 작업입니다.

　실제 도로를 사전에 상세하게 스캔해서 매핑된 데이터에 현재의 교

통 및 기상정보 데이터를 추가하고 경우에 따라서는 다른 자율주행차나 감시 카메라로부터 얻은 정보도 더해, 보다 자세한 맵을 작성합니다. 운전 전이나 운전 중에 이러한 데이터를 입수해 두면 실시간으로 처리하는 데이터를 보다 중요도가 높은 '주변 차량'이나 '전방의 보행자' 등으로 좁힐 수 있습니다. 특히 그렇게 간단히 바뀌지 않는 노면, 차선, 구조물의 정보를 입수해 두는 것이 중요하며, 올바른 차선 인식이나 정지중인 차량과 구조물의 식별이 보다 확실해집니다.

그리고 자율주행차의 레벨 4와 레벨 5에서 크게 달라지는 점이 **화상인식 시스템**의 요구 성능입니다. 정교한 다이내믹 맵을 만들 수 있는 인프라가 정비된 도로라면 고도의 화상인식 시스템을 사용하지 않고도 레벨 4의 실현이 가능합니다.

하지만 다이내믹 맵 인프라가 갖추어지지 않은 환경을 달릴 가능성이 있는 레벨 5가 되면 이야기가 달라집니다. 교통규제나 도로상황 등 모든 것을 단독으로 정확하게 인식할 수 있는 능력이 있어야 합니다. 그러기 위해서는 사람 이상의 속도로 위험도가 높은 도로 상의 물체를 인식하고 올바르게 대처할 수 있는 판단능력이 필요합니다.

화상인식에 관해서는 AI의 발전과 함께 정밀도가 올라가고 있지만 운전 시에는 시간 순서대로 물체 및 상황인식, 미래예측이 필수입니다. 이에 관한 연구도 급속히 진행되고 있어서 AI가 영상으로부터 상황을 이해하여 다음에 일어날 일을 예측하는 등 보다 고도의 상황판단을 할 수 있게 되었습니다.

■ 가상공간 시뮬레이터로 기술을 연마하는 자율주행차

차를 올바르게 조작하는 것 자체는 그다지 어려운 일이 아닙니다. 필요한 것은 핸들, 엑셀, 브레이크 조작뿐으로, '커브를 따라 핸들을 조작한다', '정지위치에 맞춰 브레이크를 밟는다', '지정된 속도를 유지한다' 등을 위한 최적의 조작은 컴퓨터가 잘하는 단순한 계산으로 도출할 수 있습니다.

하지만 지시대로 조작할 수 있다고 해도 인식이나 판단을 하면서 조작하는 것은 그리 간단하지 않습니다. 보행자를 피하기 위해 핸들을 꺾을지, 브레이크를 밟을지, 보행자가 차량의 진로 상에 나오지 않을지 등 심플한 상황이라면 미리 룰을 설정해 둠으로써 대처할 수 있지만 실제 도로상황은 복잡해서 항상 센서로부터 방대한 데이터가 들어옵니다.

이를 올바르게 해석하여 판단하고, 조작으로 이어지는 운전기술을 향상시키기 위해서는 자율주행차에서도 강화학습 등을 사용하여 '반복하여 운전해서 학습'할 수밖에 없습니다. 그러기 위해 자동차 제조업체는 시험코스나 실제 도로상에서 테스트 주행을 반복하고 있으며, Google의 Waymo의 경우는 하루에 4만 킬로미터를 시험주행하고 있다고 합니다.

하지만 이런 시험주행에는 한계가 있습니다. 왜냐하면 시험주행에서는 비교적 안전하고 시험 허가가 난 도로를 골라 사람도 동승합니다. 애초부터 위험이 있는 상황을 만날 가능성이 적고 '실패한 경험'을 얻기 어렵기 때문에 문제점이 부각되기 어렵다는 단점이 있습니다. 그래도 실적을 쌓아 가면 어느 정도 '위험할 뻔한 경우*'도 경험하고 운전기술도 향상될 것입니다.

하지만 거기에는 아무래도 비용과 시간이 듭니다. 새로운 자율주행 시스템을 개발할 때마다 시험주행을 하는 것은 현실적이지 않기 때문에 요즘에는 **가상공간에서 시뮬레이터로** 시험을 하는 경우가 늘고 있습니다(그림 13). 시뮬레이터 상이라면 실제로 하루에 1600만 킬로** 이상

---

*　사고는 나지 않았지만 사고가 날 뻔한 상황

주행 테스트를 할 수 있습니다. 이것은 현실 세계에서 가능한 주행시험의 몇 백 배에 달합니다.

그래도 실제로 달려야 하는 것은 현실 세계이므로 가상 세계의 학습으로는 불충분하다고 생각할 지도 모릅니다. 최근에는 사람이 현실 세계로 오인할 정도의 가상공간도 등장했는데, 자율주행차의 경우는 시험주행에서 실제로 센서가 입수한 정보가 있습니다. 이를 조합하여 가공하면 자율주행차에 있어서 지극히 리얼한 가상의 도로상황을 만들어낼 수 있습니다.

특히 자율주행차에 있어서는 센서가 입수하는 정보가 인식할 수 있는 정보의 모든 것이므로 사람이 현실 세계로 오인할 정도의 수준의 가상공간은 필요 없습니다. 시험주행용 가상공간을 만든 데이터센터에 센서 등의 제어 소프트웨어를 포함한 인식, 판단, 조작에 사용되는 자율주행 프로그램을 보내면 현실 세계와 가까운 공간에서 학습을 거듭할 수 있습니다.

2
2
0

[그림 13] 게임과 같은 자율주행 시뮬레이션 시스템
출처: NVIDIA 웹사이트
URL: https://www.nvidia.com/en-us/self-driving-cars/drive-constellation/

** http://eetimes.jp/ee/articles/1804/06/news069_2.html

더욱이 시뮬레이터는 현실의 주행 테스트에서 '사람이 개입한 경우'나 '위험을 감지했지만 오인식이었다' 등의 실수도 재현합니다. 시뮬레이터 상에서 다양한 파생 경우를 예상하고 재현함으로써 '문제가 확실히 해결되었는지'를 확인하기 위해 사용할 수 있습니다.

자율주행차의 안전성 평가에 대해서는 도로에서의 주행거리보다 시뮬레이터로 위험이 높은 상황에서 적절히 대처했는지에 중점을 두는 경우도 늘고 있습니다. 장래에는 자율주행차의 안전규격 등에 '특정 시뮬레이션을 패스할 것'이라는 기준이 추가될지도 모릅니다.

자율주행차가 바꿀 사회의 모습

자율주행에 관한 기술에서는 로보틱스라는 말에서 떠올려지는 '사람과 같은 손발을 다루는 기술'은 나오지 않습니다. 하지만 자율주행에서 사용하는 모든 기술은 로보틱스의 틀을 집약한 것입니다. 여기서의 성과는 그대로 '사람과 같은 로봇'의 개발로 이어집니다.

바깥의 정보를 다루는 각종 다양한 센서 기술은 산업용 로봇, 사람 모양 로봇, 커뮤니케이션 로봇, 드론 등 모든 로봇에 사용할 수 있습니다. 가상공간에 의한 시뮬레이션이 진척되면 로봇의 학습기간이 단축되고 저비용으로 고성능 로봇을 개발할 수 있을 것입니다. 자율주행차에 대량으로 사용되어 저렴해진 센서와 가상공간에 있어서 현실 수준의 학습이 가능하게 된 AI가 더해지면 로봇의 사회진출은 훨씬 빨리질 것입니다.

또한 고도의 정보연계기술인 다이내믹 맵은 자율주행차뿐만 아니라 모든 로봇에게 영향을 줍니다. 우선 자율주행차에서 교통인프라 전체로 퍼지고, 나아가 모든 환경 인프라가 다이내믹 맵으로 바뀌게 될 것입니다.

다이내믹 맵이 만들어 주는 환경은 로봇에게 있어서 깨끗하게 포장된 도로와 같은 것으로, 시야가 확보되어 걷기 편하고, 알기 쉬운 표식이 나열되어 있어서 진행해야 할 길이 명확하게 보이는 세계입니다. 이와 비교하면 사람이 보통 사용하고 있는 환경은 로봇에게 있어서는 잡초가 무성한 시골길과 다를 바 없습니다. 이처럼 로봇이 움직이기 좋은 환경의 정비에도 자율주행 기술이 관련되어 있는 것입니다.

이미 레벨 3부터 4인 자율주행 기술은 실용화 전망이 서 있어서, 빠르면 2020년에는 레벨 3의 자율주행차가 일반 판매되고 레벨 4의 무인 버스나 무인 택시가 특정 지역을 달리기 시작할 것입니다. 어느 정도의 가격대로 제공될지는 모르겠지만 주목도나 화제성 때문에 많은 얼리어댑터를 획득할 것으로 예상하고 있으며, 그 평가에 따라 보급이 진행될 것입니다.

자율주행차의 보급이 진행되면 자가용차의 감소, 공공교통망의 확대, 정체나 사고의 감소, 이동 비용의 저렴화 등으로 이어집니다. 초고령화 사회에서 우려되는 고령자의 위험 운전이나 이동수단의 상실 문제도 없어질 것입니다. 또한 이동 중에 일이나 휴식을 취할 수 있게 되면 이동에 걸리는 부담이 줄어 도시의 인구가 주요 교통 인프라를 통해 분산됩니다. 과소화가 시작된 교외의 인구가 회복되고, 도시의 과도한 인구집중의 해소도 기대되고 있습니다.

또한 지금까지 말한 것처럼 무인화되는 업무용 차량이 증가할 것입니다. 그러면 새로운 비즈니스도 등장합니다. 버튼 하나로 무인 택시를 부를 수 있는 서비스나 교외에 대형 점포를 차리고 무인 버스로 집객이나 상품배송을 하는 소매점이 등장, 배송업자에 의한 무인 트럭 대여 등 지금까지는 없었던 서비스가 등장할 것입니다(그림 14). 인터넷의 보급과 함께 나타난 Amazon에 의한 시장파괴와 비슷한 현상이 자율주행차의 보급으로 인해 일어날지도 모릅니다. 그때 파괴되는 쪽에 설 것인지 파괴하는 쪽에 설 것인지로 기업의 명운이 크게 나뉘는 시대가 올 것입니다.

[그림 14] 자율주행차의 시장 투입 시기와 사회의 변화

	2020년	2030년	2040년
일반	레벨 2의 자가용차 등장 ※ 자동 브레이크, 차선 추종	레벨 3의 자가용차 ※ 운전자는 언제든지 핸들을 쥘 수 있는 상태로 운전 레벨 4의 자가용차 ※ 버스뿐만 아니라 자가용차에서도 무인 운전이 가능해진다.	레벨 5의 자가용차? ※ 완전 자율주행차. 연구 단계로 판매 전망은 아직 서 있지 않다.
비즈니스	레벨 4의 버스·택시 ※ 무인이지만 정해진 도로나 구역만 달릴 수 있다. 레벨 4의 트럭·농업기계 ※ 거점 간 수송·농지에서 무인 작업 무인차량을 사용한 신규 비즈니스 등장 ※ 무인 트럭이나 드론을 사용한 완전 자동 택배		
사회	자율주행차의 판매 시작	자율주행차의 보급과 영향 확대 ※ 카 쉐어링의 증가 ※ 위험 운전·사고의 감소 ※ 저렴해지는 공공 교통 기관	학습 데이터의 축적에 수반되는 연구 영역의 확대 ※ 레벨 4에서 레벨 5로 ※ 자율주행차 외의 공작기계 등의 무인화로 연구가 이동

자율주행차는 사람이 없어도 달릴 수 있는 차입니다. 인건비가 들지 않기 때문에 저가로 운행할 수 있어서 지금까지는 채산성이 없었던 노선에 버스 등을 달리게 할 수 있습니다. 하지만 연료비로 인해 비용이 늘어나면 수익 창출이 어려우며 배기가스로 환경 부담이 늘어나는 경우가 많아 배기가스 규제가 강화되는 지금은 지속성에 문제가 생깁니다. 결과적으로 유지비와 환경부담을 한계까지 줄이기 위해 자율주행차에 전기자동차를 채택하는 경우가 늘고 있습니다.

여기서 문제가 되는 것이 배터리입니다. 현재는 리튬이온 배터리가 주류이지만 전지의 수명이 짧고 정기적으로 교환이 필요하며 충전시간이 걸린다는 점이 발목을 잡고 있습니다. 현재 이런 문제를 해결하기 위해 새로운 전지의 개발이 진행되고 있어서 몇 종류의 후보가 나와 있습니다.

솔리드 스테이트 배터리(Solid State Battery)

충전 속도, 용량, 수명, 안정성, 이 모든 면에서 리튬이온 배터리를 능가하는 전지로, 차세대 배터리 중에서 특히 주목을 받고 있습니다. 소재로는 리튬을 사용하고 있지만 가연성 액체를 사용하지 않기 때문에 안전하고 수명이 긴 것이 특징입니다. 기존의 리튬이온 배터리의 상위 종류라고 생각하면 좋을 것입니다.

구조가 어렵기 때문에 비용이 비싼 것이 문제이지만 이것도 점점 해결되고 있어서 2020년에는 실용 수준에 이를 것으로 보고 있습니다.

그래핀(Graphene) 배터리

기존의 리튬이온 배터리의 전극부에 그래핀이라는 소재를 사용한 전지입니다. 그래핀은 탄소로 구성되는 막 형태의 물질로 카본나노튜브 등 탄소계열 복합 소재를 작게 만든 듯한 구조로 되어 있습니다. 그래핀의 개발자는 2010년에 노벨 물리학상을 수상하였고, 최근에 그래핀을 사용한 기술개발이 활발히 이루어지고 있습니다. 그래핀 배터리도 그 흐름 중 하나입니다.

기존의 리튬이온 배터리와 비교하여 충전 속도, 용량, 수명, 안전성 면에서 뛰어나며 이미 실용화도 진행되고 있어서 솔리드 스테이트 배터리의 라이벌이라 할 수 있는 전지입니다. 하지만 솔리드 스테이트 배터리에도 그래핀을 사용할 수 있다는 점에서 장래에는 그래핀 배터리와 솔리드 스테이트 배터리형 리튬이온 배터리가 합쳐진 형태로 바뀔지 모릅니다.

그 외에도 최고 수준의 전기용량을 갖고 있는 리튬 공기 전지, 매우 저렴한 나노리튬이온 이차전지, 수명이 긴 리퀴드 프로 배터리 등이 개발 중이며, 자동차의 용도나 기술개발의 속도에 따라서는 이러한 전지도 검토할지도 모릅니다.

4-3
서플라이 체인을 바꾸는 무인기(드론) 기술

자율주행차와 비슷한 기술을 사용하여 사회에 큰 영향을 주는 분야가 하나 더 있습니다. 바로 **무인기**입니다.

무인기에는 **드론**(무인항공기), 무인차량*, 무인수상정, 무인잠수정 등이 포함되는데, 각각 환경에 맞춘 센서와 고도의 사고 프로그램이 탑재되어 유인기와 비슷한 방법으로 목적지로 이동하고 주어진 작업을 합니다.

이러한 무인기는 생산, 군사, 연구, 구조, 건설, 물류 등 다양한 분야에서 활약합니다. 이미 몇 가지 무인기가 각 분야에서 활약하고 있는데, 비즈니스에 큰 영향을 주는 것이 물류입니다. 오늘날은 온라인 스토어를 중심으로 하는 수요의 급격한 증가에 물류 인프라가 따라가지 못해서 세계 각지에서 문제시 되고 있습니다.

자율주행차의 경우도 무인 트럭이 빠른 시일 내에 거점 간 수송에 사용될 예정이지만 거점부터 고객의 집까지 라스트 원마일**에 대해서는 아직까지 사람이 해야 합니다. 여기에 무인기나 로보틱스 기술이 등장합니다. 또한 창고나 물류거점 내부에서도 무인기가 활약할 곳이 많고, Amazon을 중심으로 물류 프로세스의 무인화를 적극적으로 연구

---

* 완전히 무인화된 레벨 4 이후의 자율주행차는 무인차량에 포함되지만, 무인기로서의 '무인차량'은 소형 화물의 수송이나 위험 지대의 정찰 등을 하는 소형 자율차량을 가리킨다.

** 통신·소매·물류 등에서 사업자의 최종거점과 소비자·고객을 잇는 마지막 구간을 말한다. 사업자의 거점 간과 비교하여 다양한 요구와 환경이 존재하는 다루기 힘든 구간도 있으며, 직접적인 이익을 좌우하는 부분이기도 해서 경쟁이 치열하다.

하고 있습니다. 여기서는 육해공에서 활약하는 무인기를 소개하면서 무인기가 물류를 어떻게 바꿔갈지에 대해 설명하겠습니다.

육해공에서 돌아다니는 다양한 무인기

　무인기란 일반적으로 '사람이 타지 않는 이동능력이 있는 기계'를 가리킵니다. 그래서 사람이 타지 않는 차, 배, 잠수정, 비행기, 이 모두가 무인기의 일종에 해당됩니다. 정의가 상당히 넓으므로 분류가 어렵지만 기본적으로 '무인기'라고 하면 절대로 '사람이 탈 수 없는 소형 기계'나 '탈 수 없는 목적에 사용하는 기계'를 가리키는 경우가 많습니다.

　또한 무인기는 그 취급 방법에 따라 사람이 조작하는 **원격조작형**과 AI 또는 프로그램에 의해 작동하는 **자율형**으로 나눌 수 있습니다. 사람의 조작이 필요한지 아닌지 라는 점에서 이 둘에 큰 차이가 있지만, 동작의 정확도를 신경 쓰지 않는다면 자율형을 원격조작형으로 바꾸는 것도, 원격조작형을 자율형으로 바꾸는 것도 기술적으로는 비교적 간단합니다. 이것은 단순히 무인기의 목적이나 요구되는 동작의 정확성이나 복잡함에 따라 구분한 것일 뿐 이 둘에 무인기로서 본질적인 차이가 있는 것은 아닙니다.

　이러한 무인기의 유용성을 이해하는 데 있어 중요한 것은 조작방법이 아니라 그 목적입니다. 무인기는 주로 육해공, 그리고 우주공간에서 사용되는 경우가 많으며, 각각 다른 목적으로 운용됩니다. 우주에서 운용하는 위성이나 정찰기는 그 대부분이 일종의 무인기로 분류되지만 대기권 안에서 사용되는 무인기와는 완전히 다른 특성을 갖고 있으므로 이 책에서는 다루지 않겠습니다. 여기서는 육해공에서 활약하는 현대의 무인기를 소개하겠습니다.

■ 땅의 무인기 – 바퀴나 다리로 돌아다니는 로봇

육상에서 활동하는 무인기는 바퀴나 다리를 사용하는 경우가 많기 때문에 '자율주행차'나 '로봇'으로 부르는 경우가 많습니다. 또한 다른 무인기와 비교하여 특히 이동방법이 다양하여 그 모양이나 특성은 천차만별이라 할 수 있습니다. 바퀴나 캐터필러, 다리를 갖고 있는 형태가 많은데, 그중에는 완전한 공 모양 로봇이나 공 모양 바퀴를 갖고 있는 로봇도 있습니다.

공 모양 로봇은 어떻게 움직이는지 신기하게 생각할지도 모르지만, 각각 내부에서 물체를 회전시켜 자이로 효과*를 사용하여 움직이거나, 햄스터를 안에 넣은 것처럼 구체 외장을 회전시키는 등 물체에 따라 다양한 방법으로 이동합니다. 공을 로봇이 타고 있는 타입에서는(그림 15) 로봇이나 자이로 센서로 기울임을 감지하고 중심을 잘 잡음으로써 공 위를 계속 탈 수 있습니다. 기술적으로는 세그웨이**와 비슷합니다.

[그림 15] 균형을 잡으면서 자유자재로 움직이는 'Murata Cheerleaders'
출처: 주식회사 무라타제작소
URL: https://www.murata.com/ja-jp/about/newsroom/news/event/japan/2015/1026

---

*   자전하는 물체에 대해 가해진 힘을 상쇄하는 방향으로 힘이 작용하는 현상. 팽이나 자전거가 넘어지지 않는 것은 자이로 효과에 의한 것이다. 자이로 센서는 그 원리를 활용하여 기울임에 의해 발생하는 힘을 감지한다.

**   서서 타는 이륜차. 몸을 기울이면 가고 싶은 방향으로 진행한다. 특히 사람이 균형을 잡지 않고 차량 자체가 균형을 잡아준다.

완전한 공 모양의 내부동력형 로봇은 공기밀폐성이 높고, 충격이나 압력에 강하다는 특징이 있습니다. 그래서 우주탐사나 수중탐사에 사용할 예정으로 기술 개발이 진행되고 있으나 현시점에서는 장난감 분야를 벗어나지 못하고 있습니다.

또한 공 위를 로봇이 타는 외부동력형 로봇은 이동할 방향을 자유자재로 조작할 수 있다는 특징이 있어서 매끄러운 움직임이 요구되는 용도에 적합합니다. 현시점에서는 퍼포먼스 등에만 사용하고 있지만, 자율주행차에서 배양한 인식기술과 조합하면 그 균형 감각과 자유로운 움직임을 활용하여 인파 사이를 절묘하게 피하면서 요리를 나르는 웨이터 로봇 등에 활용될지도 모릅니다.

보다 실용성이 높은 무인기는 크게 특별히 위험한 지역에서 활동하는 것과 사람을 채용하면 채산성이 없는 일에 종사하는 것으로 나눌 수 있습니다. 전자는 군용 무인차량이나 재해현장에서 활약하는 구조용 로봇 등이 해당됩니다(그림 16). 후자는 농업, 제조업, 물류 등에서 단순작업을 대체하는 존재입니다.

[그림 16] 쓰레기 더미를 답파하는 로봇 Quince
출처: 도호쿠대학 다도코로 연구실
URL: https://www.rm.is.tohoku.ac.jp/quince_eng/

이런 로봇 중에는 아이디어가 돋보이는 이동 방법을 사용하는 것도 있으며 여러 개의 캐터필러를 가지고 상하로 뒤집혀도 이동할 수 있는 것, 4개 이상의 다리를 가지고 곤충처럼 이동하는 것, 다리에 바퀴를 붙인 복합 타입 등도 등장했습니다. 사람의 모양을 취하지 않는 구조를 사용할 수 있는 것이 로봇들의 장점입니다.

실용 수준에 있는 것으로는 농작업을 전자동으로 할 수 있는 무인기가 등장했으며, 대규모 농업이 번창한 미국이나 캐나다 등에서는 머지않아 판매를 시작한다고 합니다. 제조업이나 물류에서는 상품이나 화물을 나르는 로봇이 등장했습니다. 이에 대해서는 나중에 자세히 다루겠습니다.

■ 바다의 무인기 – 해상·잠수 드론

바다의 세계에도 무인기가 진출했습니다(그림 17). 무선모형으로 움직이는 배나 간단한 동력으로 움직이는 장난감도 넓은 의미에서 무인기(무인선)이지만 현재 바다의 무인기는 조금 다릅니다.

레이더와 GPS는 물론, 소나, 카메라, 온도습도계 등 각종 다양한 센서를 탑재하여 해양조사, 탐사, 감시 등 여러 용도에 사용합니다. 특히 소형 무인정은 얕은 해역에서 오랫동안 사용할 수 있다는 점이 매력적이라, 전지가 없어도 태양광 패널을 사용하여 해상에서 충전하고 행동을 재개할 수 있습니다.

[그림 17] 얕은 수역도 지원하는 자율형 소형 무인기 SONOBOT
제공: 일본해상 주식회사, EvoLogics
URL: http://www.nipponkaiyo.co.jp/product/
id:5a606e33–4d88–4aab–8996–7610a0108c5f/
useapp:1f1b9c50–c380–11e7–b11b–9ca3ba0232db

또한 수송선을 무인화하는 시도도 일어나고 있습니다(그림 18). 일반적으로 컨테이너선은 대형이라 막대한 연료를 소비하지만 모터로 움직이는 크기의 소형선에 배터리와 소나 패널을 탑재하면 연료비를 절약할 수 있습니다. 더욱이 승무원용 스페이스를 없애 적재량을 늘리면 수송효율을 더욱 더 올릴 수 있습니다.

소형 수송선을 다수 운항하는 방식의 장점은 이것으로 그치지 않습니다. 대형 수송선은 채산성이 맞는 양의 화물을 실을 때까지 출항하지 않기 때문에 보낼 짐을 실어도 좀처럼 출항하지 않는 경우가 많습니다. 소형 수송선의 경우는 입출항 빈도가 늘어 화물의 수송 속도도 올라갑니다.

항구의 부담이 늘지 않을까 하는 우려도 있지만 동력이 전기화되면 유지관리 빈도도 줄어듭니다. 적재장치가 자동화되면 하역과 적재 작업이 효율화되어 승무원의 휴식이 필요 없어지므로 정박 시간도 단축됩니다. 그래서 이러한 태세가 갖추어진 항구라면 부담도 최소한으로 줄일 수 있을 것입니다. 자율주행 트럭에 의한 육로 수송 루트의 효율화가 화제가 되고 있지만, 무인선을 사용한 해상 수송 루트에도 혁명이 일어날 날이 머지않습니다.

[그림 18] 롤스로이스가 2014년에 발표한 무인 컨테이너선 구상
출처: MUNIN 웹사이트
URL: http://www.unmanned-ship.org/munin/wp-content/uploads/2014/10/MUNIN-WS@SMM-140909-4-Rolls-Royce-Approach-EJ.pdf

또한 해상뿐만 아니라 수중 무인잠수정도 빠뜨릴 수 없습니다(그림 19). 잠수함이나 잠수정은 해상의 배와 달리 배기에 관한 제한이 있기 때문에 동력의 종류와 규모에 제한이 있습니다. 그리고 수압을 견디고 공기밀폐성을 확보해야 하므로 크기를 작게 만들어야 하기 때문에 탑승 스페이스가 불필요한 무인기 형태의 연구가 오래전부터 있었습니다.

근래에는 특히 잠수함의 영향력이 높아지고 있는 군용 잠수함이 발달되어 기뢰의 탐지 제거, 잠수함의 수색, 어뢰에 대한 유인 등의 목적으로 무인 형태의 잠수기기가 많이 개발되고 있습니다. 저가의 무인잠수함을 대량으로 투입하여 고가의 유인 잠수함을 없애는 전략 등도 고안되고 있으며, 군사 분야에서도 무인기에 의해 힘의 균형이 바뀔 가능성이 충분히 있습니다.

[그림 19] 수중 드론 PowerRay
출처: PowerVision 웹사이트
URL: http://powervision.me/uk/

■ 하늘의 무인기 – 드론의 왕도 멀티콥터

하늘의 무인기로는 크게 **항공기형**(그림 20)과 회전 날개를 가진 **헬리콥터형**이 있습니다. 항공기형 무인기는 10여 년 전부터 운용되어 왔다는 역사가 있어서 무인기라고 하면 항공기형을 가리키는 경우가 많습니다.

이러한 무인기는 원격조작과 자율비행 둘 다 지원하고 있어서 정찰기의 경우 목적지 상공까지 비행하여 촬영을 하고 귀환할 때까지의 모든 과정을 자율적으로 수행할 수 있습니다. 기술적으로는 AI를 사용하여 공격을 할 수 있지만 이는 윤리적인 문제가 있기 때문에 살상무기를 사용할 때는 사람에 의한 원격조작이 이루어집니다.

비행기형 무인기는 기술적으로는 일반 비행기와 똑같으며 그 사용법도 일반 비행기와 크게 차이가 없습니다. 일반 비행기의 연장선상에 있는 무인기라고 할 수 있습니다.

[그림 20] 미군의 무인공격기 MQ9-B 리퍼
출처: General Atomics Aeronautical 웹사이트
URL: http://www.ga-asi.com/aircraft-platforms

한편 드론으로 알려져 있는 여러 개의 회전 날개를 갖고 있는 **멀티콥터형** 무인기(그림 21)는 그 용도나 특성이 크게 다릅니다. 드론 중에는 일반적인 헬리콥터처럼 큰 회전 날개를 갖고 있는 것도 있지만 높은 안전성과 단순한 구조, 확장성을 이유로 3개 이상의 회전 날개를 갖고 있는 멀티콥터형이 많습니다.

비행 원리도 지극히 심플하여, 여러 개의 회전 날개를 사용하여 양력을 얻은 후에 각각의 회전 날개의 출력을 변화시키기만 하면 공중을 자유자재로 움직일 수 있습니다. 헬리콥터형의 경우는 큰 회전 날개의 각도를 바꾸는 구조 등을 본체에 갖추어야 할 필요가 있기 때문에 다루기가 좀 복잡합니다.

멀티콥터는 뛰어난 특성을 갖고 있지만 큰 단점이 있습니다. 바로 회전 날개 항공기가 양력을 얻으려면 유인 헬리콥터처럼 거대한 하나의 회전 날개를 큰 엔진으로 고속 회전시키는 편이 에너지 효율이 좋다는 것입니다. 하지만 멀티콥터처럼 여러 개의 날개와 동력을 갖고 있는 기체를 대형화하면 제조비용이 올라가고 연비도 대폭 내려갑니다. 또한 여러 개의 회전 날개 중 하나라도 멈추면 안성성이 크게 저하되기* 때문에 안전하게 날리기 위해서 유지관리 비용이 올라가고 운용효율이 떨어집니다.

하지만 소형 드론의 경우 이러한 점은 문제가 되지 않습니다. 오히려 대량생산되는 저가의 소형모터를 사용하여 만들 수 있으므로 회전 날개의 기구도 심플하며 헬리콥터형보다 저가로 만들 수 있을 정도입니다. 회전 날개 중 하나가 멈추면 안정성이 떨어지고 연비가 내려간다는 점은 변함없지만 소형기의 경우는 추락해도 바로 인명에 영향을 주지 않으며, 날개가 작고 가볍기 때문에 비행 중에 회전 날개가 사람에게 부딪혀도 크게 다치는 경우가 없으므로 사람 근처에서 사용하는 데 적합합니다.

[그림 21] 농약 살포가 가능한 드론 SMX X-F1
출처: 주식회사 프로드론
URL: https://www.prodrone.com/products/skymatix-x-f1/

---

* 회전 날개가 4개 이하인 드론의 경우 추락한다. 6개 이상의 회전 날개를 가진 드론의 경우 출력에 따라 계속 비행이 가능하다.

멀티콥터는 필연적으로 소형 무인기로 만들어지지만 그래도 작은 화물이나 장치를 나를 수는 있으며, 6개 이상의 회전 날개를 갖고 있는 모델의 경우는 10~20킬로 정도의 화물을 나를 수 있습니다. 충전을 해가면서 여러 번 왕복하는 것을 전제로 운용하면 충분한 적재량이라 할 수 있습니다.

또한 드론의 충전이 가능한 **드론 포트**를 협력시설에 설치하면 항속거리를 연장할 수도 있습니다(그림 22). 이와 같은 인프라를 정비함으로써 드론의 행동범위를 크게 넓힐 수 있을 것입니다.

[그림 22] 자동충전이 가능한 드론 포트
제공: 주식회사 프로드론
URL: https://www.prodrone.com/release-en/5162/

또한 최근에는 모터가 아니라 레시프로 엔진이나 제트 엔진을 탑재한 모델이 등장하여 적재량이 크게 증가되었습니다. 대형 엔진을 탑재한 멀티콥터가 실용적일지 아닐지와는 별도로 소형의 싼 동력장치가 등장하면 드론의 가능성은 더욱 넓어져 갈 것입니다.

무인기의 등장으로 격변하는 서플라이 체인

육해공의 무인기는 모두 그 이용 목적으로 **조사**(정찰)와 **수송**을 들 수 있습니다. 이 둘은 무인기가 필요하다는 점에서는 똑같지만 무인기를 사용하는 주된 이유가 다릅니다. 조사의 경우는 '사람이 들어가기에는 위험하다'는 것이 주된 이유이지만, 수송의 경우는 '유인기의 경우는 비용이 올라간다'는 점이 주된 이유입니다.

이 둘의 차이는 그 조작방법에 크게 영향을 줍니다. 왜냐하면 조사 목적의 경우는 원격조작도 상관없으므로 통신환경이 정비되어 있기만 하면 비교적 간단히 도입할 수 있습니다. 실제로 조사나 정찰 목적으로 운용되는 무인기의 대부분은 원격조작으로 운용됩니다.

한편 비용이 올라가는 작업에 사용할 무인기의 경우 사람 손을 필요로 하는 원격조작은 이치에 맞지 않으므로 필연적으로 자율형 무인기가 됩니다. 그리고 수송이라는 목적이 있는 이상은 화물을 보호하기 위해서도 안전한 운용이 필수이기 때문에 요구되는 AI나 프로그램은 상당히 고도의 것이 됩니다. 이 허들은 기존의 기술로는 넘기 어려워서 좀처럼 실용 레벨의 수송용 무인기가 등장하지 않았습니다.

그랬던 상황이 AI 관련 기술의 발전에 의해 바뀌고 있습니다. 자율형 무인기가 똑똑해져서 안전하게 운용하는 것이 현실화 된 것입니다. 그리고 다양한 무인기를 구사하여 서플라이 체인(공급사슬)을 구축하려는 시도가 시작되었습니다.

■ 창고나 공장에서 활약하는 무인기

먼저 변화가 시작된 곳은 창고나 공장 내의 물류였습니다(목적은 무인화). 자율주행차도 그렇지만, 로봇이 보다 안전하게 행동하려면 로봇에 탑재되는 고도의 센서와 로봇의 행동을 도와주는 인프라가 필요합니다. 현대의 AI는 아직 아이 수준의 지능밖에 갖고 있지 않으므로 로봇이 길을 잃었을 때 적절히 길 안내를 해 줄 수 있는 환경이 있는지 없는지가 중요합니다. 그런 환경을 간단히 정비할 수 있는 곳이 폐쇄적인 환경을 갖고 있는 창고나 공장이었던 것입니다.

창고 내에서 화물을 운반하는 로봇에는 크게 2가지 형태가 있습니다. 하나는 선반이나 화물 바구니를 통째로 운반하는 로봇입니다. 포크리프트 대신 사용하는 것이라고 생각하면 쉽게 이해할 수 있을 것입니다. 다른 하나는 소형 화물을 집어서 운반하는 로봇으로, 공장에서 부품을 운반하거나 창고에서 특정 화물을 운반하는 데 사용합니다.

이것들을 어떻게 사용하냐면 예를 들어 온라인 스토어의 창고에서 주문을 받으면 로봇이 상품을 고르는 담당자 앞으로 선반을 이동시킵니다. 상품을 골라 포장을 하고 상자를 소형 화물 수송용 로봇에게 전달하면 그 로봇이 트럭까지 운반하는(실제로는 컨베이어 벨트에 올려 기계가 분류하는) 것입니다.

[그림 23] 소형 화물을 운반하는 로봇 Vertual Conveyor
출처: fetch robotics 웹사이트
URL: https://fetchrobotics.com/products-technology/virtualconveyor/

작은 화물을 운반하는 로봇은 공장에서 활약하는 경우가 많습니다 (그림 23). 공장 안에서 부품의 주문을 받으면 담당자 또는 부품 선반에서 소형 화물 운반용 로봇에게 부품이 전달되고, 로봇이 작업자가 있는 곳까지 부품을 전달합니다.

이 책의 집필 시점인 2018년에는 온라인 스토어에서 내려온 출하 작업에 대해 로봇과 로봇 사이에 사람이 들어가 작업을 서포트하고 있습니다. 잡다한 상품이 나열된 진열대에서 특정 상품을 찾아내는 피킹 (picking) 작업이나 여러 상품을 깔끔하게 나열하여 포장하는 작업 등은 로봇에게는 아직 불가능합니다.

하지만 상품을 피킹하는 로봇의 개발도 진행 중입니다. 상품이 무질서하게 놓여 있는 선반에서 패키지나 바코드를 보고 상품을 식별하여 로봇팔로 집어서 카트에 넣는 작업이라면 속도는 좀 떨어지지만 가능해졌습니다. 상품의 모양을 보고 최적의 나열 방법과 상자의 크기를 결정하는 일도 시뮬레이션 기술에 의해 가능하므로 장래에는 피킹부터 포장까지의 작업을 담당하는 것도 불가능한 일이 아닙니다.

한편 공장에서 제품의 패키징 작업과 같이 취급하는 상품이 고정되어 있으면 포장 작업은 로봇에게 맡길 수 있습니다. 게다가 포장이 끝나 상자에 들어가 있는 화물이라면 로봇이 문제없이 다룰 수 있으므로 공장의 완전한 무인화는 시간문제일 것입니다. 소비량에 따라 특정 상품을 라인에 공급하고, 조립, 검사, 포장 로봇이 제품을 만들고 쌓인 제품을 운반 로봇이 무인 트럭까지 운반하면 공장에 사람은 필요 없을 것입니다.

■ 거점 간 수송에서 활약하는 자율주행차

공장이든 창고이든 트럭에 화물이 실린 후에는 물류 거점 간 수송이 시작됩니다. 이 단계에서 트럭은 정해진 코스를 주행합니다. 대형 트럭

을 사용하는 경우가 많으며 비교적 큰 도로를 달리기 때문에 자율주행
화하기 쉬운 루트라 할 수 있습니다.

[그림 24] 무인 트럭의 대열주행
출처: YouTube – EU Truck Platooning / European Truck Platooning Challenge 2016
URL: https://www.youtube.com/watch?v=MfMBOYDlhdw

　더욱이 트럭은 차체 크기나 컨테이너 때문에 사람의 운전으로는 사
각지대가 넓어서, 차의 전 주변에 센서를 탑재한 자율주행차가 안전운
전 면에서도 수동운전차에 비해 장점이 많습니다.

　그뿐만 아니라 특히 대형 트럭을 사용한 수송량이 많은 미국이나 유
럽에서는 자율주행 기능을 사용한 **대열주행**도 테스트를 하고 있습니다
(그림 24). 전방이 보이지 않을 정도로 차간 거리를 좁힌 대열주행을 사
람이 하려고 하면 상당히 위험하지만, 서로 정보를 공유할 수 있는 자
율주행차는 문제가 없습니다. 앞의 차가 브레이크를 밟았다는 정보는
순식간에 후방 차량에 진달되어 동시에 브레이크를 밟을 수가 있습니
다. 물론 후방의 상황도 전방 차량에 전달됩니다.

　자율주행차에 의한 대열주행은 정체 완화나 연비 절감에도 도움을
줍니다. 또한 고속도로에서는 레벨 4의 자율주행이 조기에 실현되리라
여겨지므로 장래에는 이동하면서 드라이버가 휴식을 취할 수도 있습니

다. 자율주행 트럭을 사용한 수송은 운전자가 부족한 물류업계에 있어서는 정말 절실한 기술입니다.

■ 소비자나 판매점으로 운반하는 드론이나 운반 로봇

대형 트럭이 물류거점에 화물을 나른 후에는 소비자나 판매점까지 화물을 나를 필요가 있습니다. 여기서 등장하는 것이 하늘을 나는 드론이나 지상을 이동하는 운반 로봇입니다.

운반 로봇은 기본적으로 공장이나 창고에서 사용하는 것과 똑같은 기술을 사용하지만, 난이도는 비교할 수 없을 정도로 어렵습니다. 실외를 주행하기 위한 노면 상태를 예측할 수 없어서 상태가 안 좋은 도로를 피하거나 그런 도로라도 달릴 수 있는 차체가 필요하며, 어디서 나타날지 모르는 차량이나 사람을 완벽하게 피할 수 있어야 하기 때문입니다. 루트 선정부터 장애물 회피까지 자율주행차와 똑같은 기술이 요구됩니다.

[그림 25] 트럭에서 출진하는 드론 실험
출처: UPS 웹사이트
URL: https://pressroom.ups.com/pressroom/ContentDetailsViewer.page?ConceptType=PressReleases
&id=1487687844847-162

반면 하늘을 나는 드론의 경우는 이런 염려는 필요 없습니다. 노면 상태나 장애물이 거의 없는 하늘을 이동하기 때문에 GPS로 목적지까지 일직선으로 날면 되기 때문입니다. 날씨나 화물의 무게, 운반 거리에는 한계가 있지만 트럭에서 이륙하는 형태로 운용하면 수송거리 문제는 해결됩니다(그림 25).

남은 문제는 '어떻게 고객에게 전달할지'입니다. 호텔처럼 로봇용 인프라 정비가 가능한 곳이라면 문제없겠지만 인터폰을 누르거나 엘리베이터를 타거나 계단을 오르는 일은 상당히 어렵습니다. 물론 다각형 로봇* 등을 사용하면 기술적으로는 가능한 범위라서 장래에는 실현되리라 여겨집니다. 하지만 현재는 운반 로봇이나 드론을 사용하여 저비용으로 현관까지 직접 배송하는 것은 어렵습니다.

그래서 사용하는 것이 스마트폰이나 얼굴 인식을 사용하여 집 부근이나 지정된 장소에서 수취하는 방법입니다. 운반 로봇이나 드론이 수취 지점에 다가가면 스마트폰에 통지하여 로봇이나 드론이 진입 가능한 지역에서 수취를 하는 것입니다. 스마트폰을 사용한 개인 인증이나 카메라를 사용한 얼굴 인식으로 수취인을 확인하고 화물을 전달하면 오배송의 우려도 없을 것입니다.

이러한 로봇 배송에 대해서는 세계 각지에서 실증 시험이 진행되고 있으며, 2020년까지는 본격적으로 서비스가 시작되리라 여겨집니다. 10년만 있으면 물류의 대부분은 무인화되어 로봇이 화물을 전달해 주는 것이 지극히 당연한 일상이 될 것입니다.

---

* Boston Dynamics의 다각 로봇인 SpotMini는 계단을 오르내리고 문도 직접 열 수 있다. https://www.youtube.com/watch?v=fUyU3lKzoio

VR과 조합하여 '사람의 대리인'을 만들어 낸다

자율주행차나 드론 기술이 발전하여 사회에 큰 영향을 줄 수 있다는 것을 알았습니다. 하지만 여기까지의 기술은 모두 자동차나 무선모형 (RC)의 연장선상에 있는 로봇들로, 로보틱스라는 말이 갖고 있는 근미래적인 이미지는 별로 없었습니다. 화물을 날라주는 것도 사람 모양 로봇이 아니라 드론이며, 자율주행차도 아직은 정해진 지역에서밖에 주행할 수 없습니다.

이렇게 생각하면 '지금의 기술은 아직 이 정도인가'라고 생각할지도 모릅니다. 하지만 사실은 '사람처럼 활동할 수 있는 로봇'의 등장이 목전에 다가왔습니다.

예를 들어 Boston Dynamics의 Atlas처럼 사람처럼 걷고, 점프하여 장애물을 피하고, 양손으로 물건을 집어 선반에 놓을 수 있는 로봇은 이미 존재합니다. 또 사람과 똑같이 생긴 로봇도 개발 중이며, 거기에 음성인식과 영상인식 기술을 조합하면 사람과 같은 로봇을 만들 수 있다는 것은 상상하기 어렵지 않습니다.

문제는 역시 판단능력입니다. 아무리 물체나 음성을 인식할 수 있어도 사람과 같은 모습을 하고 있어도 사람처럼 걸어 다녀도 사람처럼 생각할 수 없다면 사람처럼 활동할 수 없습니다. 운전이라는 하나의 일만으로도 겨우 사람 수준이 된 상황입니다. 사람의 몸을 갖고 있는 로봇이 일상생활 수준의 판단능력을 획득하는 것은 아직 먼 이야기입니다.

그런데 무선모형처럼 로봇의 판단을 사람이 하게 된다면 이야기가 다릅니다. 로봇은 센서의 정보를 사람에게 보내고 사람의 판단을 자신의 활동에 반영시키기만 해도 괜찮습니다. 목적지를 향해서 걷거나 화물을 잡거나 버튼을 누르는 일은 로봇도 할 수 있습니다. 전표를 보고 어디로 운반할지를 판단하고 화물을 어떻게 잡으면 안정적인지를 생각하고 인터폰을 누르도록 지시를 하는 것은 사람이어도 된다는 것입니다.

이때 문제가 되는 것은 로봇이 획득한 정보를 사람에게 어떻게 전달할 건지, 사람의 판단을 로봇에게 어떻게 전달할 건지라는 점입니다. 카메라를 많이 달아도 사람이 그 모든 것을 체크할 수는 없습니다. 로봇의 손발을 키보드나 컨트롤러로 움직이게 하는 것도 어려울 것입니다. 이와 같이 해결불가능하게 보이는 문제도 획기적인 해결책이 VR 기술 안에 있습니다.

VR의 기초지식

VR을 로보틱스와 어떻게 결합시킬 것인지를 설명하기 전에 VR 관련기술에 대해 간단히 설명하겠습니다.

먼저 **VR(Virtual Reality: 가상현실)**과 비슷한 말로 **AR(Augmented Reality: 증강현실)**과 **MR(Mixed Reality: 혼합현실)**이라는 말이 있습니다. VR은 게임처럼 가상 세계에 사람이 투입되는 것이며, AR은 현실 세계에 가상의 물체나 영상을 투영하는 것입니다. 또한 게임처럼 가상공간에 현실 세계의 영상을 반영시키는 것을 MR이라 부릅니다. 각각 용도나 기술은 조금씩 다르지만 경계선은 상당히 모호하기 때문에 이 책에서는 특별히 각각을 구분하지 않겠습니다.

VR 기술에 공통되는 기술은 크게 **지각정보의 취득·재현 기술, 트래킹 기술, 시뮬레이션 기술, 정보의 실시간 처리 기술** 등 4가지입니다. 각각 어떤 기술인지 어떻게 활용되는지에 대해 먼저 설명을 하겠습니다.

■ 지각정보의 취득·재현 기술

VR 기술은 가상공간을 현실로 착각하게 만들거나 현실 세계에 가상의 물체가 있다고 착각하게 만드는 기술입니다. 그래서 가상공간의 정보를 현실과 다르지 않는 형태로 출력하는 기술과 현실 세계를 사람과 똑같은 수준으로 컴퓨터에 입력할 수 있는 기술이 필요합니다(그림 26).

예를 들면 시각의 경우 입력 장치에는 카메라, 출력 장치에는 디스플레이를 사용하지만 사람의 눈은 두 개 있어서 각각 다른 각도로 물체를 보고 있기 때문에 카메라와 모니터는 둘 다 스테레오형*이어야 합니다. 이 정보를 TV처럼 고정된 모니터에 비추면 착각은 일어나지 않기 때문에 시야를 완전히 뒤엎어 주는 헤드마운트 디스플레이가 나왔습니다. 사람의 눈은 5억 화소의 해상도를 갖고 있다고 하지만, 실제로 주시하는 부분은 700만 화소 정도에 불과합니다. 카메라의 화소 수는 물론 헤드마운트 디스플레이의 영상으로 실현 가능한 수준입니다.

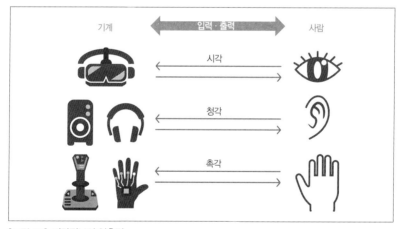

[그림 26] 지각정보의 입출력

---

*   사람의 눈과 똑같이 2개의 카메라·모니터를 사용하면 사람 눈과 똑같은 정보를 취득·재현
    할 수 있다.

그에 비해 청각의 경우는 스테레오 마이크나 스테레오 헤드폰을 사용하면 재현이 비교적 쉬우므로 로봇이 이것을 이해할 수 있는지 없는지와는 별도로 로봇이 들은 것을 사람에게 전달하는 것 자체에는 기술적인 장벽이 그다지 없습니다.

한편 촉각의 경우는 다양한 방식이 있는데, 압력, 전기, 진동 등을 구사하여 실제로 손발로 사물을 만지고 있는 듯한 감각을 재현할 수 있게 되었습니다. 특히 촉각·압력 센서는 보다 얇고 보다 고성능화 되어, 센서의 정보를 사람에게 어떻게 전달할지라는 점만 해결하면 됩니다.

미각이나 냄새는 전기적인 자극이나 화학물질을 활용함으로써 만들어 낼 수 있습니다. 하지만 현실 세계의 냄새나 맛을 컴퓨터에게 올바르게 전달할 수가 없기 때문에 지금은 아직 사람의 감각에 의존할 수밖에 없어서 시각이나 청각처럼 재현하기가 쉽지 않습니다.

▣ 트래킹 기술

지각정보 다음으로 중요한 것이 사람의 상태를 올바르게 파악하기 위한 트래킹 기술입니다. 게임에서 VR을 사용하는 경우에 필요한 것은 시각과 청각 정보뿐이라서 현실 세계에 가까운 정보를 입력하는 것은 어려운 일이 아닙니다. 하지만 그 정보를 모니터나 헤드마운트 디스플레이에 비추기만 한다고 해서 현실 세계로 오인하는 일은 없을 것입니다.

가상현실이라고 부를 수 있을 정도의 리얼리티를 갖게 하기 위해서는 뇌의 움직임에 영상이나 소리가 따라가야 합니다. 이 실현에 필요한 것이 뇌의 움직임을 감지하는 트래킹 기술입니다. 오른쪽을 향하면 화면이 오른쪽으로 움직이고, 왼쪽을 향하면 화면이 왼쪽으로 움직입니다. 그리고 오른쪽 눈과 왼쪽 눈에 각도가 다른 영상을 비추면 사람이 얻는 정보는 현실 세계와 거의 비슷해집니다.

또한 뇌의 움직임뿐만 아니라 **모션 트래커**를 사용하여 몸의 움직임을 감지하여 가상공간에 반영할 수 있습니다(그림 27). 영화의 CG 영상 등에서 사용하는 기법으로, 기존에는 트래킹용의 특수한 슈트를 착용할 필요가 있었습니다. 근래에는 영상인식 기술의 발전으로 사람의 움직임을 카메라로 인식하여 그 움직임을 가상공간에서 재현할 수 있게 되었습니다.

이러한 트래킹 기술은 가속도나 위치정보를 취득하기 위해 몸에 붙이는 트래커와 외부로부터 사람을 투영함으로써 상태를 인식하는 트래킹 센서로 구성됩니다. 이러한 센서의 정확도는 나날이 향상되고 있어서 손이나 눈의 움직임, 표정까지 인식할 수 있습니다.

[그림 27] 로봇이 사람의 움직임에 맞춰 움직인다.

■ 시뮬레이션 기술

가상공간상의 영상을 보다 리얼하게 재현하기 위해 필요한 것이 시뮬레이션 기술입니다. 물리 법칙 등을 정확하게 재현하기 위해 가상공간 내부에서 고도의 컴퓨터 시뮬레이션을 실시하여 현실 세계에 맞는 현상을 일으키도록 제어합니다.

더욱이 리얼한 가상공간을 만든다는 VR 방식뿐만 아니라 눈앞에 펼쳐지는 현실 세계를 그대로 재현하는 가상공간을 만들어서 현실 세계에 영향을 주지 않고 현상이나 환경을 재현하는 일도 가능합니다. 이것은 엄밀히 말하면 MR(혼합현실)에 해당하는 기술로, 로봇의 행동예측에도 사용되는 중요도가 높은 기술입니다.

현실 세계를 재현하는 가상공간을 만들기 위해서는 현실 세계를 올바르게 인식하기 위한 센서가 필요한데, 이것은 AR(증강현실) 기술에서 가져옵니다. 이와 같이 시뮬레이션 기술은 VR, AR, MR이 섞여 있는 특이한 기술이라고 할 수 있습니다.

■ 정보의 실시간 처리 기술

여기서 소개한 기술을 뒷받침하는 기술이 바로 정보의 실시간 처리 기술입니다. 지각정보의 취득·재현, 트래킹, 시뮬레이션은 모두 상당한 계산 리소스를 필요로 하는 작업입니다.

더욱이 VR 공간에서는 '예측할 수 없는 사람의 행동'에 의해 일어나는 변화를 사람이 거부감을 느끼지 않을 정도로 나타내야 합니다. 영상이 뇌의 움직임보다 늦어진다면 VR로서 사용할 수 없기 때문입니다.

이때 사용하는 것이 자율주행차 등에도 사용하는 실시간 처리에 특화된 GPU입니다. 이런 GPU의 가성비도 AI나 로보틱스의 개발 경쟁과 함께 대폭 향상되었습니다.

각 업계의 VR 활용 사례

VR은 주로 게임과 같은 엔터테인먼트 분야의 시도가 활발하지만 그 외의 분야에서도 VR 기술이 활용됩니다.

■ 엔터테인먼트

TV 게임 안에는 VR 기술을 사용하여 몰입하기 위한 공간이 이미 존재하기 때문에 VR의 도입이 쉽다는 점이 장점입니다. 캐릭터의 시점을 움직이는 조작을 그대로 헤드마운트 디스플레이로 수행하는 형태로 만들기만 하면 보통의 게임이 VR 게임으로 바뀝니다.

또한 VR 기술을 사용한 툴이 오락용으로 널리 판매되고 있어서 저가로 제공할 수 있게 되었다는 점도 동력이 되었습니다. 영상인식 기술을 활용하면 스마트폰에서도 이용 가능하며, 트래킹 기술을 사용한 동영상도 많이 제작되어 버추얼 유튜버*도 등장했습니다. VR을 사용한 콘텐츠는 앞으로도 많이 나올 것입니다.

■ 관광·광고

스마트폰에는 가속도 센서, GPS, 카메라, 마이크, 고성능 프로세서가 탑재되어 있기 때문에 위에서 말한 VR 관련 기술을 실현하는 데 충분한 성능을 갖고 있습니다. 스마트폰은 트래커로도 센서로도 사용할 수 있는 뛰어난 도구입니다. 지금은 누구나 스마트폰을 갖고 있는 시대가 되었으므로 이를 활용하지 않는다면 손해입니다.

현재 GPS 정보나 QR 태그, 영상인식 기술에 스마트폰 등과 결합한 AR이 관광안내에 사용되고 있습니다(그림 28). 사용자의 위치정보와 카메라 정보를 조합하면 눈앞에 있는 가게가 무슨 가게인지, 평판은 어떤지, 무엇이 맛있는지를 그 자리에서 바로 파악할 수 있습니다.

마찬가지로 쇼핑몰에서 스마트폰이나 태블릿을 사용하여 어떤 가게가 어떤 세일을 하고 있는지, 어떤 상품이 있는지를 실시간으로 제공하

---

*   3D 또는 2D 캐릭터에 연기자의 움직임을 연동시켜, YouTube 상에서 콘텐츠를 제공하는 YouTuber로서 활동하는 사람·조직이 등장했다.

여 광고처럼 사용할 수도 있습니다. 또한 단순히 AR을 사용한 이벤트를 개최함으로써 고객을 모으려는 시도도 있습니다.

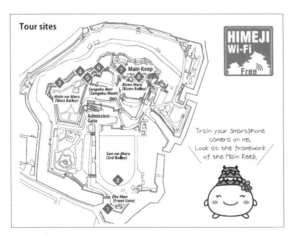

[그림 28] 히메지성 관광안내 AR

출처: 히메지성 편람(히메지성 관리사무소)

URL: https://www.himejicastle.jp/en/ar.html

■ 쇼핑

아직 사지 않은 상품을 실제로 사용해 볼 수 있는 것도 VR의 매력입니다. 자기 자신의 영상에 옷 영상을 합성하여 옷을 갈아입지 않고도 코디네이트해 볼 수 있으며, 검토 중인 가구 배치를 집에서 확인할 수도 있습니다. 경우에 따라서는 새로운 아파트의 내부를 VR로 보면서 이상적인 레이아웃을 검토할 수도 있습니다.

VR을 사용하면 '실제로 안 보면 모르겠다', '집에 돌아가서 치수를 확인해 보고 싶다'와 같은 일이 사라집니다.

■ 교육·의료

VR 기술은 교육 분야와의 친화성이 높기 때문에 엔터테인먼트보다 더 일찍 도입되었습니다. 특히 훈련받은 내용을 현실 세계에서 시험해 보는 것이 어려운 군사, 경찰, 소방, 의료 등의 교육에서는 VR의 여명기부터 활용이 진행되어 왔습니다. 신입에 대한 교육이나 훈련 외에 경험자나 베테랑이 현장에서 받은 PTSD(심적 외상 후 스트레스 장애)나 공포증 등의 치료에도 효과적입니다.

또한 교육의 경우는 실제로는 보기 힘든 동물이나 식물의 구조를 설명하는 데 사용할 수 있으며, 경우에 따라서는 역사를 VR 상에서 체험하게 하는 것도 있습니다.

이러한 VR 교육이나 의료에는 현재는 엔터테인먼트용으로 개발된 각종 툴이나 스마트폰, 태블릿을 사용할 수 있기 때문에 도입 비용도 대폭 저하되었습니다. 공공교육기관이나 병원에서 사용하는 것이 당연시되는 날도 머지않았습니다.

VR이 펼쳐주는 로보틱스의 세계

그렇다면 이 VR 기술은 로보틱스와 어떻게 연관되어 있을까요? 바로 여기서 '사람의 판단을 로봇에게 반영한다'는 시도가 등장합니다. 즉, VR 기술을 사용하여 사람에게 로봇의 정보를 제공하고, 그에 대한 사람의 액션을 로봇에게 되돌리는 것입니다.

예를 들어 로봇의 머리에 있는 카메라 영상을 헤드마운트 디스플레이에 투영하는 것을 생각하면 이해하기 쉬울 것입니다. 머리의 움직임과 카메라의 위치가 연동하면 자신이 어느 방향을 보고 있는지 순식간에 파악할 수 있으며, 필요한 정보를 필요한 타이밍에 얻을 수 있습니다. 게다가 사람의 동작을 로봇이 트레이스(Trace)하면 사람은 로봇의 몸을 자신의 몸처럼 사용할 수 있습니다. 이 기술의 등장으로 로보틱스는 새로운 전개를 맞이하게 됩니다.

■ 사람의 움직임을 트레이스하는 로봇

사람의 작업을 로봇에게 맡길 때에 어려운 점은 섬세하고 복잡한 작업을 어떻게 지시할지였습니다. 부품이나 도구의 취급방법, 힘을 넣는 방법 등 일일이 'ㅇㅇ 뉴턴의 힘으로 ×× 센티 움직인다' 등을 입력하려면 로봇에게 작업을 가르치는 데 시간이 너무 많이 걸립니다. 지금까지는 그 방법밖에 없어서 실제로 숙련된 기술자가 1년 가까이 시간을 들여 로봇에게 움직임을 가르쳤습니다.

하지만 VR에서 사용하는 트래킹 기술을 구사함으로써 로봇에게 사람의 움직임을 직접 가르치는 것이 현실화되었습니다(그림 29). 더욱이 그저 움직임을 트레이스하는 것뿐만 아니라 사람의 손의 움직임과 영상인식을 결합하여 취급하는 물체의 상태가 평소와는 달라도 그에 대처할 수 있도록 교육시키는 것도 가능합니다.

[그림 29] 사람의 손의 움직임을 AI와 로봇으로 재현한다.
출처: 유튜브 'Learning Dexterity'
URL: https://www.youtube.com/watch?v=jwSbzNHGflM

■ 보이지 않는 것을 VR로 본다

근래에는 로봇에 의한 수술지원도 활발하게 이루어지고 있어서 의사가 로봇으로부터 제공받은 영상을 체크하면서 수술을 하는 경우도 드물지 않습니다. 여기에 가상현실 기술을 더하면 수술의 가능성이 더욱 넓어질 것입니다.

보통 개복 수술이든 내시경 수술이든 의사가 얻을 수 있는 정보는 눈과 카메라로부터 얻는 정보만으로 한정되어 있습니다. 하지만 여러 대의 카메라나 센서를 조합하면 장기 뒤쪽의 상태까지 알 수 있기 때문에 보다 안전하게 수술을 할 수 있습니다.

이것은 의료로만 그치는 것이 아닙니다. 자율주행차는 다이내믹 맵을 사용하여 자신의 센서로는 얻을 수 없는 정보를 입수하고 있는데, 이것을 사람도 알 수 있는 형태로 표시할 수 있습니다. 즉, 교차로나 전망이 나쁜 도로에서 나오는 차를 앞 유리 등에 VR을 사용하여 표시하여 사전에 차를 정차시킬 수 있다는 것입니다.

■ 사람의 대리인으로 등장하기 시작한 로봇

사람은 로보틱스를 구사하여 눈에는 보이지 않는 것을 볼 수 있게 되었습니다. 그리고 로봇은 사람의 움직임을 재현하는 능력을 점점 획득하고 있습니다. 이러한 기술을 조합하면 로봇을 사람의 **아바타**(분신)로 사용할 수 있습니다(그림 30).

로봇의 시각, 청각, 촉각 정보는 사람의 헤드마운트 디스플레이와 트래킹 장갑으로 전달되어, 로봇이 무엇을 보고 무엇을 듣고 어느 정도의 힘으로 사물을 잡고 있는지를 알 수 있습니다. 그리고 장갑 등을 사용하여 조작할 수도 있습니다.

또한 태블릿 등으로 조작하는 보다 간편한 아바타 로봇도 등장했습니다. 난병으로 밖을 걸을 수 없는 환자의 아바타로서 활용되어, 자기 대신 학교에 간다는 시도가 미국에서 있었습니다. 아바타를 통해 학교 교육을 받고, 친구들과 커뮤니케이션을 함으로써 보통의 학생처럼 지낼 수 있게 되었습니다.

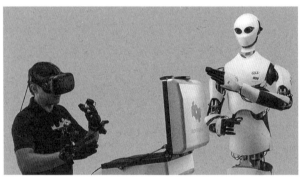

[그림 30] 아바타 로봇 MODEL H
출처: TELEXISTENCE 주식회사
URL: https://tx-inc.com

로보틱스 벤처기업인 TELEXISTENCE사는 2020년까지 아바타 로봇 서비스를 시작할 것을 목표로 하고 있으며, 로봇을 사용하여 국내에서 일하면서 멀리 떨어진 외국에서 생활하거나 움직이지 못하는 몸 대신 로봇이 일을 할 수 있는 미래가 바로 저기 가까이에 와 있습니다.

사람과 같은 로봇의 등장으로 바뀌기 시작하는 사회

아바타 로봇이 진화하면 뛰어난 AI가 등장하지 않아도 위험한 작업이나 특수한 기술이 필요한 작업을 맡길 수 있으며, 사람의 활동을 통해 로봇이 학습하고, AI를 성장시킬 수도 있을 것입니다. 사람의 일은 점점 로봇에게 맡길 수 있게 되어서 사람의 부담이 크게 줄어들 것입니다.

이대로 모든 일을 로봇에게 맡기고 사람은 아무 것도 하지 않아도 되는 시대가 올까요?

■ 보다 사람답게 행동하기 위해

시각이나 청각은 고성능 스테레오 카메라나 마이크가 있으면 그 정보를 네트워크를 통해 사람에게 전달하기만 하면 되므로 사람과 로봇 사이에 그다지 큰 차이가 없습니다.

촉각의 경우도 로봇의 전신에 압력 센서를 붙이면 어느 정도 해결할 수 있으며, 촉각 정보를 전달하는 슈트 등을 사람이 착용하면 해결할 수 있습니다.

후각이나 미각은 로봇에게 있어서는 '화학물질을 감지하는 센서'에 해당하기 때문에 용도에 따른 센서를 사용해야 하므로 완전한 재현은 어려울지 모릅니다. 하지만 정보량으로서는 그다지 크지 않기 때문에 특수한 업종이 아닌 한 그다지 큰 문제는 안 될 것입니다.

다음은 로봇이 그렇게까지 정확하게 움직일 수 있냐는 문제입니다. 현재 사람처럼 움직일 수 있는 로봇은 그 대부분인 압력 실린더나 전동 모터로 재현되고 있어서 근육으로 움직이는 사람과 비교하면 아무래도 동작 특성이 다릅니다. 근육에 의한 동작이 더 뛰어나다는 뜻은 아니지만 보다 복잡하고 순발력이 필요한 작업에는 사람이 생각한 것처럼 로봇이 움직여주지 않을 가능성이 높다는 뜻입니다.

그래서 등장한 것이 **인공근육**입니다(그림 31). 근육은 세포조직의 수축에 의해 움직이는데, 그와 똑같이 전기신호로 자유자재로 수축하는 인공근육을 사용하여 **바이오하이브리드 로봇***을 만들려는 연구가 진행 중입니다.

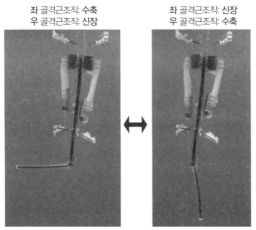

좌 골격근조작: 수축
우 골격근조작: 신장

좌 골격근조작: 신장
우 골격근조작: 수축

[그림 31] 근육의 수축으로 관절을 움직인다.
제공: 도쿄대학 생산기술연구소 다케우치 쇼지 연구실(Takeuchi Shoji Lab)
URL: http://www.iis.u-tokyo.ac.jp/ja/news/2916/

　인공근육을 사용한 로봇은 기존의 액추에이터를 사용한 로봇과 비교하여 유연성이 높고, 어느 정도의 순발력도 있습니다. 유압 실린더나 전동 모터 등을 사용한 로봇은 다룰 수 없는 부드러운 물체도 인공관절을 사용하면 다룰 수 있게 될지도 모릅니다.

　또한 근전의수와 같이 사람의 근육이 갖고 있는 전기신호를 이용하는 의수에도 사용할 수 있게 되면 진짜 팔처럼 사용할 수 있을 것입니다. 근래는 AI를 사용하여 근육이 보내는 신호를 학습하고 보다 자유롭게 손가락을 움직이는 의수도 등장했습니다. 이러한 로보틱스 기술에 VR 기술을 결합하면 보다 리얼한 아바타 로봇이 탄생할지 모릅니다.

＊　기존의 로보틱스에서 주류였던 기계적인 액추에이터를 사용하지 않고, 근육이나 세포조직 등 바이오 기술을 결합하여 만들어지는 로봇

■ 사람과 똑같은 로봇이 등장하면 무엇이 달라질까?

이처럼 로보틱스 기술의 진보로 사람처럼 생각하는 로봇이 등장하는 것보다 더 빨리 사람처럼 활동할 수 있는 로봇이 등장할지도 모릅니다. 그리고 로봇을 움직이는 것은 AI일 필요는 없기 때문에 사람 자신이어도 괜찮습니다. VR 기술을 사용하여 사람은 로봇의 지각을 실시간으로 체험하고 로봇은 사람의 의사에 따라 움직입니다.

예를 들어 지금까지 소개한 용도를 생각하면 경찰이나 소방대를 불렀을 때 나타나는 것이 로봇이어도 이상하지 않다는 것입니다. 그 외에도 뛰어난 스킬을 가진 사람이 아바타 로봇을 사용하여 여러 현장에 나타나는 것도 가능하며, 카리스마 사장의 아바타 로봇을 모든 지사에 두는 것도 충분히 있을 수 있습니다.

농담 같은 이야기이지만 네트워크를 통해 움직이는 아바타 로봇 자체는 이미 실용화 수준에 이르렀으며, 실제로 비즈니스나 사생활에 사용하기 시작한 사람도 있습니다. 의사가 없는 지역에서 로봇 등을 사용하여 진료, 치료, 수술을 하는 일도 시작되었습니다. 사람이 뭔가 행동을 취하는데 그 사람이 그 현장에 있을 필요가 없는 시대가 이미 시작된 것입니다.

'상사가 없다', '기술자가 없다', '담당자가 없다'라고 일이 늦어질 때 쓰는 상투구도 앞으로는 작업이 진행되지 않는 변명으로 사용할 수 없을지도 모릅니다.

5

양자 컴퓨터

컴퓨터의 개념을 바꿀 대발명

미래를 바꿀 가능성이 있는 기술 중에서도 로보틱스 이상으로 임팩트가 강한 것이 **양자 컴퓨터**(Quantum Computer)입니다. 컴퓨터의 존재는 모든 근대기술의 기초 및 기반이 되어서 이제 컴퓨터가 없으면 기술로서 성립하지 못하는 것도 수많이 존재합니다. 핵무기를 사용한 전자기 펄스 공격으로 전자기기가 파괴된 결과, 문명이 세계대전 이전의 세계로 되돌아가 버렸다는 SF 작품도 있을 정도로 컴퓨터가 없으면 근대 문명은 성립하지 않습니다.

그리고 양자 컴퓨터는 근대 문명의 기반이 되는 컴퓨터를 그 다음 단계로 이행시켜 주는 기술입니다. 만일 정말로 기존의 컴퓨터가 양자 컴퓨터로 대체된다면 스마트폰 크기의 양자 컴퓨터를 슈퍼 컴퓨터 대신 사용할 수 있습니다. 스마트폰 안에 사람의 뇌 시뮬레이터를 만들고 스마트폰으로 범용 AI를 만드는 일도 가능할지도 모릅니다. 또한 스마트폰 하나로 모든 암호를 해독하고 국가의 정보기관을 해킹하고 핵전쟁을 일으킬 수 있다고까지 여겨지고 있었습니다.

그러한 양자 컴퓨터가 21세기가 되어 실용화되었습니다. 양자 컴퓨터에 의해 세상이 SF 작품과 같이 바뀐다고 생각했는데 현재 그런 낌새조차 없습니다. 하지만 양자 컴퓨터가 실용화되었다는 정보가 거짓도, 양자 컴퓨터가 갖고 있는 가능성이 지금까지 과대평가된 것도 아닙니다. 단순히 양자 컴퓨터라고 해도 종류나 원리가 다양해서 그 정도로 단순한 이야기가 아니라는 것뿐입니다.

예를 들어 '자율주행차가 완성되었다'라고 해도 그 정보만으로는 그 후의 변화를 올바르게 예측할 수 없습니다. 그 자율주행차가 어느 정도의 수준인지, 어떤 기술이 사용되었는지를 이해하지 않으면 자동차 업계의 변화를 예측할 수 없습니다. 마찬가지로 양자 컴퓨터에 어떤 종류가 있고 어떤 구조를 가지며, 어디까지 연구가 진행되었는지에 대해 이해하지 않으면 양자 컴퓨터에 의해 일어나는 변화를 예측할 수 없습니다. 이 장에서는 양자 컴퓨터의 종류 및 원리와 함께 그로 인해 무엇이 가능한지를 설명하겠습니다.

양자 컴퓨터와 기존 컴퓨터를 비교하자

양자 컴퓨터의 기술적인 측면에 대해서는 나중에 양자역학과 함께 자세히 설명하겠습니다. 여기서는 먼저 양자 컴퓨터의 개요와 기존 컴퓨터와의 차이, 그리고 성능의 차이에 대해 간단히 설명하겠습니다.

■ 양자 컴퓨터와 기존 컴퓨터의 차이

양자 컴퓨터에는 현재 크게 **게이트 방식**과 **이징 방식**이 있습니다. 이징 방식은 다시 **어닐링 방식**과 **신경망 방식**으로 나뉩니다. 이 의미에 대해서는 나중에 자세히 설명하므로 지금은 특별히 신경 쓸 필요가 없습니다. 종류가 여러 가지 있다는 것만 기억해 두기 바랍니다.

반면 기존 컴퓨터는 대부분이 게이트 방식으로, 그중에서도 범용성이 매우 높은 **노이만형**으로 작동합니다. 노이만형에서는 CPU(연산+제어) 외에 메모리와 I/O 장치(데이터의 입출력 장치)를 가지고 있으며, 필요에 따라서는 HDD나 SSD 등과 같은 보조기억장치도 사용합니다. 게다가 쓰여 있는 명령문(프로그램 코드)을 순서대로 실행해 간다는 특성을 갖고 있으며, 노이만형은 여러분이 생각하는 대로의 구조를 갖고 있는 컴퓨터라고 할 수 있습니다(그림 1).

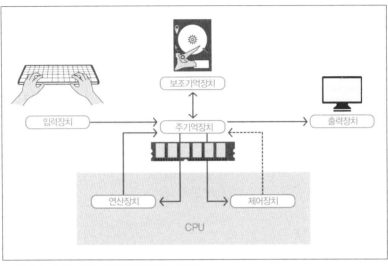

[그림 1] 노이만형 컴퓨터의 구조(일반적인 컴퓨터)

AI도 노이만형 컴퓨터 안에서 움직이는 것이 대부분으로, 노이만형이야말로 똑똑한 기계를 만드는 지름길이라고 생각하고 싶어질 것입니다. 하지만 사람의 뇌는 노이만형이 아닙니다. 뇌의 부위에 따라 사용법이 대강 나뉘어져 있지만 기억장치와 연산장치가 완전히 나뉘어져 있는 것도 아니며, 명령문을 순서대로 실행해 가는 구조로 되어 있지도 않습니다. 즉, 신경망은 노이만형이 아니라는 것입니다.

그런데 신경망이라는 사고장치는 노이만형 속에서 재현되어 실행시킬 수 있습니다. 이것이 노이만형 컴퓨터의 강점입니다. 노이만형의 경우 어떤 프로그램이든 실행가능*하며, 그야말로 사람의 뇌를 시뮬레이션하여 컴퓨터 속에 사람을 만들어내는 일까지도 할 수 있습니다.

그런 의미에서 현시점에서는 기존 컴퓨터가 양자 컴퓨터보다 뛰어납니다. 왜냐하면 지금의 양자 컴퓨터는 모두 '비 노이만형'으로 움직이며, 특정 프로그램이나 알고리즘밖에 작동시킬 수 없습니다. 우리가 보통 사용하는 컴퓨터처럼 여러 프로그램을 안에 넣어 문서를 작성하거나 영상을 만들거나 게임을 할 수 없다는 뜻입니다.

노이만형처럼 프로그램을 만들기만 하면 뭐든지 할 수 있는 기계를 **튜링 기계**(Turing Machine)라고 하는데, 양자 컴퓨터 중에 튜링 기계라 부를 수 있는 것은 없습니다. 계산속도가 빠르다고 해도 할 수 있는 일에 한계가 있습니다(그림 2).

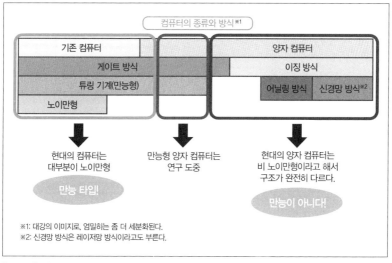

[그림 2] 컴퓨터의 종류

＊ 만능 튜링 기계(Turing Machine)라고 하여, 기계 속에 다른 기계를 만들어 내어 정확하게 모방할 수 있다. 이 성질을 이용하면 어떤 프로그램도 실행가능하다.

기존 컴퓨터처럼 모든 용도로 사용할 수 있는 범용성은 갖고 있지 않지만, 양자 컴퓨터는 물질의 양자적인 성질을 이용함으로써 기존 컴퓨터에는 없는 큰 장점을 획득했습니다.

기존 컴퓨터는 심플한 전기신호를 사용하여 계산을 하고 있어서 전압이 '높다' 또는 '낮다'라는 '1 또는 0'의 정보밖에 다룰 수 없습니다. 하지만 양자 컴퓨터는 양자세계에 있어서 '1과 0이 동시에 존재하는 특이한 상태'를 다룰 수 있어서 1과 0에 덧붙여 그 '특이한 상태'를 구사하여 기존 컴퓨터와 비교해서 더 많은 정보를 다룰 수 있습니다. 이로 인해 기존 컴퓨터보다 훨씬 고속으로 계산을 할 수 있습니다.

또한 양자세계에는 위에서 말한 것 외에도 여러 가지 특이한 현상이 존재하며, 그것들을 양자 컴퓨터에 활용하고 있습니다. 양자세계는 좀 이해하기 힘든 세계이지만, 양자 컴퓨터를 올바르게 이해하기 위해 중요하므로 나중에 자세히 다루겠습니다.

■ 조합 최적화 문제로 특화된 양자 컴퓨터

그렇다면 양자세계의 현상을 사용한 양자 컴퓨터는 기존 컴퓨터와 비교해서 얼마나 성능이 좋은 것일까요? 계산 방법이나 양자 컴퓨터의 종류에 따라 다르지만, 실용화된 D-WAVE의 양자 컴퓨터인 'D-WAVE 2X'를 Google이 검증한 결과, 속도가 일반적인 컴퓨터의 1억 배에 달했다고 합니다.

물론 이것은 보통 컴퓨터와 비교한 것이므로 대량의 연산장치를 탑재한 슈퍼 컴퓨터와 비교하면 차이가 좀 줄어들 것입니다. 하지만 그래도 고속이라는 점은 변함이 없습니다. 단서를 달자면 '양자 컴퓨터가 잘 하는 **조합 최적화 문제**에 한해서' 그렇다는 이야기입니다.

앞에서 말했듯이 양자 컴퓨터는 종류에 따라 풀 수 있는 문제가 달라집니다. 실용화된 D-WAVE의 양자 컴퓨터는 이징 방식(어닐링 방식)

이라는 방식을 채택하고 있는데, 이것은 조합 최적화 문제로 특화된 방식입니다.

조합 최적화 문제란 말하자면 '가장 효율적인 방법을 찾아내는 문제'라고 바꿔 말할 수 있습니다. 무엇이 효율적인지는 에너지나 연료, 시간 등 문제에 따라 달라집니다. 어느 경우든 어쨌든 '최소의 경비로 목적을 달성하는 문제'라는 말입니다.

조합 최적화 문제 중에서도 유명한 것이 **외판원 문제**(Traveling Salesperson Problem)입니다. 예를 들어 '서울, 강릉, 대전, 대구에 거점이 있는 외판원이 차로 이동하면서 영업을 하는 경우 어떤 순서로 돌면 좋은지'라는 문제가 외판원 문제에 해당합니다(그림 3).

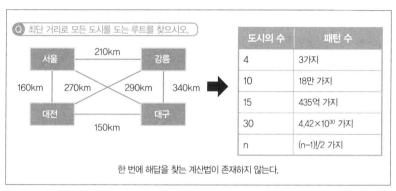

[그림 3] 외판원 문제의 예

거점이 4개밖에 없는 경우 하나의 출발점에서 3개의 도시를 통해 돌아가는 루트는 전부 3가지밖에 존재하지 않기* 때문에 그냥 세어버리는 것이 가장 편할 것입니다. '①: 서울→대전→대구→강릉→서울', '②:

---

* 　이동 루트 자체는 6가지이지만 반대 루트는 총거리가 중복되기 때문에 같은 루트로 카운트한다.

서울→대전→강릉→대구→서울', '③: 서울→대구→대전→강릉→서울'
이 되며, 최단 루트는 ①이 됩니다.

이 정도는 그다지 문제가 없지만 수가 늘어나면 좀 까다로워집니다. 패턴 수는 도시가 10개면 18만 가지를 넘고, 15개 도시의 경우 435억 가지, 30개 도시는 4.42×10^{30} 가지라는 패턴이 나옵니다. 고려해야 할 대상이 늘면 패턴도 폭발적으로 늘어나는 것을 **조합 폭발**이라고 하는데, 여기까지 오면 슈퍼 컴퓨터라도 계산에 천만년 이상이 걸려 제대로 올바른 해를 구하는 일은 불가능합니다.

해답을 간단히 낼 수 있는 계산법이 존재하지 않기 때문에 실제로 이런 조합 최적화 문제를 풀 때는 근사해*라는 '정답은 아니지만 정답에 가깝다고 여겨지는 해'를 구하고 있습니다. 하지만 이것은 정답을 구하는 알고리즘이나 문제의 특성에 따라 정답에 어느 정도 '가까운 지'에 차이가 발생하며, 이것은 그대로 '프로그램의 성능 차이'로 나타납니다.

예를 들어 랜덤으로 루트를 계산해 가서 나름대로 거리가 짧은 루트를 발견했는데 한참동안 그 이상으로 좋은 루트가 발견되지 않은 경우 프로그램에 따라서는 그 루트를 '정답'으로 제시합니다. 좀 더 계속 계산을 하면 보다 좋은 루트를 발견할지도 모르지만 그것은 완전히 '운'과 '시간'에 좌우됩니다.

이것은 명령문을 메모리에 저장하는 순서대로 실행해가는 노이만형 알고리즘의 한계라고 할 수 있습니다. 무수히 많은 루트를 순서대로 계산해 가능 이상 '언제까지 계산해야 좋은 해답이 나오는지 모른다'는 난제에 부딪혀 조합 최적화 문제에 고전하는 것입니다.

---

* 모든 루트를 검토하지 않으면 '정답(해)'이라고 할 수 없기 때문에 다른 최적의 루트가 절대로 없다고 잘라 말할 수 없는 한 그것은 '근사해'로 취급된다.

한편 이징 방식의 양자 컴퓨터의 경우는 노이만형처럼 '명령을 순서대로 실행해 가는' 일은 하지 않습니다. 놀랍게도 양자 컴퓨터 안에 양자세계가 갖고 있는 특이한 현상을 사용하여 '조합 최적화 문제와 똑같은 환경'을 만들어, 실제로 시뮬레이션을 합니다. 자세한 것은 나중에 설명하겠지만 컴퓨터의 구조 자체가 '조합 최적화 문제용 알고리즘'으로 되어 있는 것이 이징 방식이라 할 수 있습니다.

톨 더 자세히! 도청 소재지를 순회하는 루트를 검토하면

한국의 도청 소재지는 9개입니다. 그런데 모든 도청 소재지를 순회하는 효율적인 루트를 찾는 일은 컴퓨터에게는 어려운 일입니다. 하지만 왠지 납득이 가지 않을 것입니다. 왜냐하면 사람인 우리는 지도를 보면 왠지 '이 루트라면 거리가 짧겠다'라는 것을 쉽게 알 수 있기 때문입니다. 적어도 방향이 왔다 갔다 하는 루트는 거리가 길어지므로 빨리 제외시켜 버릴 것입니다.

그런데 컴퓨터의 경우는 왔다 갔다 하는 루트도 고려해 버립니다. 더욱 문제가 되는 것은 알고리즘은 '적어도 거리가 짧아지는 루트를 찾도록' 만들어져 있으므로 길어질 것 같으면 더 이상 그 루트는 검토를 하지 않습니다. 그렇게 되면 중간까지는 다른 루트보다 길지만 최종적으로는 짧아지는 루트가 있는데 그것을 발견하지 못하게 됩니다. 이것을 **국소적 최적해(국소해)**라고 하는데, 기존 컴퓨터가 조합 최적화 문제를 풀 때 문제시 되는 것입니다.

그런데 모든 루트를 검토하는 것은 사람도 불가능하므로 '검토하고 싶은 루트'를 '실행가능영역'으로 해서 그 루트 중에서 가장 정답에 가까운 것을 '대역적 최적해'로 하여 [그림 4]와 같은 결과가 나온 케이스를 생각해 봅시다.

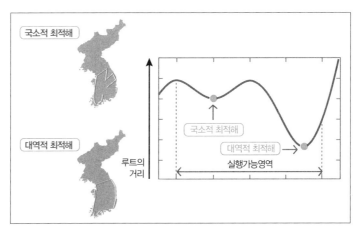

[그림 4] 도청 소재지를 순회하는 루트를 검토하면?

도청 소재지를 순회하는 경우 가까운 도청 소재지를 순서대로 순회하는 루트를 생각하는 것은 분명 있을 수 있는 일입니다. '강릉→목포→대전→속초→천안'과 같은 루트와 비교하면 훨씬 나을 것입니다. 컴퓨터는 때때로 이런 국소해를 필사적으로 구하려고 시간을 보냅니다. 하지만 지도를 보면 '갈 때는 황해 쪽' '돌아올 때는 동해 쪽'이 전체적으로 봤을 때 짧아지기 때문에 가능하면 이런 루트에 대해서도 검토했으면 생각할 정도입니다.

하지만 컴퓨터는 사람처럼 지도를 보면서 루트를 정하고 있는 것이 아니라 도시와 도시의 거리밖에 보지 않습니다. 보다 가까운 도시를 무시한 '멀 것 같은 루트'는 나중으로 돌립니다. 그래서 단순한 알고리즘으로 왕복하는 루트를 놓칠 가능성이 있어서 이를 피하려면 다양한 가능성을 고려한 복잡한 알고리즘을 만들 필요가 있습니다.
좋은 알고리즘을 만들면 양질의 해를 얻을 수 있지만 알고리즘에 따라 결과가 바뀌어 버리는 것이 조합 최적화 문제의 어려움입니다.

■ 기존 컴퓨터의 한계

노이만형인 기존 컴퓨터는 조합 최적화 문제의 해법에 한계가 있지만 이징 방식의 양자 컴퓨터라면 그 한계를 넘을 수 있습니다. 하지만 양자 컴퓨터가 넘을 수 있는 한계는 그뿐만이 아닙니다. 기존 컴퓨터에는 또 하나의 큰 구조적 한계가 있습니다. 바로 연산능력을 결정하는 트랜지스터의 소형화에 있어서의 한계입니다.

트랜지스터란 작은 스위치와 같은 부품으로, 이 스위치를 작동시킴으로써 '0' 또는 '1'의 신호를 제어합니다. CPU 안에는 이 트랜지스터가 무수히 들어 있으며, 많으면 많을수록 계산능력이 향상됩니다. 한 때는 **무어의 법칙**이라 불리는 '트랜지스터의 크기는 매년 작아지고 그에 따라 CPU의 성능은 몇 배로 향상해 간다'는 법칙이 제창되어, 기존 컴퓨터는 크게 성능이 향상되었습니다.

하지만 물질인 이상 그 크기에는 한계가 있습니다. 당연한 이야기이지만 원자 크기보다 작게는 만들 수 없으며, 원자 레벨의 크기가 되면 이것은 양자 컴퓨터의 **양자세계**라는 특이한 세계가 됩니다. 그러면 기존 컴퓨터가 취급해 온 방법으로는 모두 취급할 수 없는 **양자현상**이 발생하게 되어서 지금까지의 트랜지스터의 구조로는 계산을 할 수 없게 됩니다.

물론 우리는 초보적인 양자 컴퓨터를 만들 수 있는 기술을 갖고 있으므로 양자현상을 잘 제어함으로써 작은 트랜지스터라도 스위치 기능이 작동하도록 기술을 개발하고 있습니다. 더욱이 트랜지스터를 작게 만들지 않고 효율적으로 병렬계산을 하기 위한 연구도 진행되고 있어서 기존 컴퓨터의 성능적 한계는 조금씩 개선되어 가고 있습니다.

그렇다고 해도 0과 1을 사용한 계산을 고집하는 기존 컴퓨터에 원리적인 한계가 있다는 것은 좋든 싫든 사실이며, 한계가 눈앞에 다가오고 있다는 점도 틀림없습니다.

이에 반하는 양자 컴퓨터는 어떨까요? 기존 컴퓨터가 계산을 방해하지 않도록 양자현상을 제어하려고 하는 데 반해, 양자 컴퓨터는 그 양자현상을 사용하여 계산을 하려는 등 접근방식이 전혀 다릅니다.

게다가 노이만형이 잘 못하는 문제가 산적한 중에서 양자 컴퓨터는 그 문제를 해결할 수 있으므로 주목을 받는 이유가 당연합니다.

양자 컴퓨터에 의해 일어나는 발전

기대를 모으는 양자 컴퓨터에 의해 구체적으로는 무엇이 실현될까요? 먼저 첫 번째는 조합 최적화 문제를 적용함으로써 효율화가 이루어지는 분야의 발전입니다. 외판원 문제로도 추측할 수 있듯이 물류의 효율화를 꾀하는 것은 상상하기 어렵지 않습니다. 네트워크가 복잡하고 대규모일수록 효율화에 의한 임팩트는 무시할 수 없습니다.

조합 최적화 문제는 그 외에도 수많은 분야에 적용할 수 있는데, 그 중에서도 영향이 큰 분야가 신경망의 '가중치'의 최적화입니다. 언뜻 보면 무관계한 듯이 보이는 신경망과 양자 컴퓨터가 어떻게 관련되어 있을까요? 양자 컴퓨터에 의해 바뀔 분야에 대해 소개하겠습니다.

■ 조합 최적화 문제를 적용하여 바뀔 분야

물류·제조

　온라인샵의 인기나 교통 인프라의 발전에 의해 물류 네트워크는 점점 더 복잡해져 갑니다. 배송업자의 거점뿐만 아니라 온라인샵의 물류 거점이나 각종 소매 점포가 얽혀 있어 인력은 물론 컴퓨터로도 효율적인 운용이 힘들어지고 있습니다.

　무엇보다 하나의 화물에 대해 '트럭에 대한 배송처 할당', '순회·수송 루트 선정'이 발생하며, 더욱이 '당일배송'이나 '시간대 지정배송'까지 더해집니다. 이것이 몇 만 몇 천 건 발생하므로 슈퍼 컴퓨터 조차 최적화하는 것은 불가능합니다(그림 5).

　이런 문제에 대해 조합 최적화 문제로 특화된 AI를 사용하여 10% 전후의 비용 개선을 찾아낸 경우도 있기 때문에, 양자 컴퓨터를 사용할 수 있다면 이러한 상황은 틀림없이 개선될 것입니다.

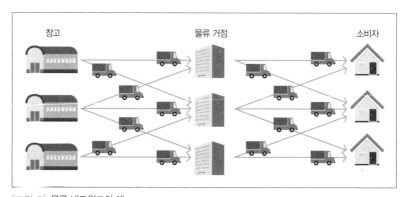

[그림 5] 물류 네트워크의 예

　또한 제조부문에서도 최적화 문제는 발생합니다. 예를 들어 제조기계나 부품공급에 관한 최적화 문제가 있습니다. 한정된 기계나 부품을 어떤 제품에 사용해야 할지, 어떤 스케줄로 운용해야 할지 등도 조합 최적화 문제를 적용할 수 있습니다.

교통

내비게이션 시스템의 발전도 기대할 수 있습니다. 양자 컴퓨터는 클라우드 기반으로 제공할 수도 있기 때문에 구글 맵을 포함한 자동차 내비게이션 등 내비게이션 시스템이 양자 컴퓨터의 조언을 받아 길 안내를 하는 것도 가능해집니다.

지금의 기술로도 충분히 내비게이션을 활용할 수 있지만 양자 컴퓨터에 의한 내비게이션은 좀 다릅니다. 현재는 어디까지나 지정된 목적지에 대해 이동 시간이나 도로 규제 등을 참고로 루트를 선정합니다. 그것이 일반차량, 공공교통기관, 이벤트 개체 상황 등 혼잡이나 정체 등 이동시간에 영향을 주는 모든 요소를 추가한 루트 선정이 가능해집니다.

미래의 내비게이션이 이유는 모르겠지만 멀리 돌아가는 길을 지시했을 때는 아직 발생하지 않은 몇 분 후의 정체를 예측했을지도 모릅니다. 자율주행차도 보급되면 정체는 완전히 해소될 것입니다.

약품·재료 개발

루트 외에도 조합이 많이 있는 분야가 물질입니다. 재료과학에서 사용하는 원소가 80가지를 넘는다는 이야기는 데이터 마이닝 부분(제2장)에서도 했습니다. 그만큼의 많은 종류의 원소가 있는 중에서 수, 종류, 구조의 조합에서 최적인 것을 찾아내는 것은 기존 컴퓨터에서는 힘들었습니다.

데이터 마이닝으로 방대한 재료 데이터를 분석할 수는 있어도, 그 데이터를 사용하여 최적의 화합물의 조합을 찾을 수가 없다면 최종적인 아웃풋으로 이어지지 않습니다. 물론 분석 데이터가 있는 것만으로도 연구자의 수고는 크게 줄어들지만 원소나 화합물, 단백질 등의 조합 최적화를 컴퓨터로 할 수 있게 되면 신약이나 재료 개발의 프로세스는 큰 폭으로 단축될 것입니다.

특히 신약 개발에는 막대한 비용이 들기 때문에 그것이 그대로 의약품 값에 얹어져 의료비가 폭등하는 원인이 되고 있습니다. 양자 컴퓨터의 등장이 의료비의 감소로 이어질 가능성도 충분히 있습니다.

■ 신경망에 대한 응용으로 인한 AI의 진보

다음은 신경망에 있어서 조합 최적화 문제입니다. 조합 최적화 문제에는 다양한 문제가 있지만 기본적으로는 '방대한 선택지 중에서 최적이라고 생각되는 것을 고른다'는 문제입니다. 정답을 모르기 때문에 선택지를 비교하면서 좋고 나쁨을 판단하여 그것을 여러 번 반복하는 형태로 보다 좋은 해답을 모색합니다.

사실 이 형태는 AI의 강화학습과 비슷합니다. 실제로 조합 최적화 문제를 푸는 방법 중 하나로 AI가 사용되고 있습니다. 그중에서도 근래에 급속히 발달해 온 신경망은 조합 최적화를 효율적으로 해결하기 위한 시도로 주목을 받고 있습니다. 그리고 신경망과 조합 최적화 문제를 비교하면 이 둘에 몇 가지 유사점이 있다는 것을 알 수 있습니다.

우선 신경망의 성능은 노드 간의 연결 정도인 '가중치의 최적화'로 향상됩니다(그림 6). 이것은 기본적으로 딥러닝 등의 학습법과 조합하여 원하는 해답이 나올 때까지 반복합니다. 하지만 신경망의 학습은 노드가 많으면 많을수록 조합이 늘어 복잡해지므로 최적의 해답을 얻기 힘들다는 점이 문제였습니다.

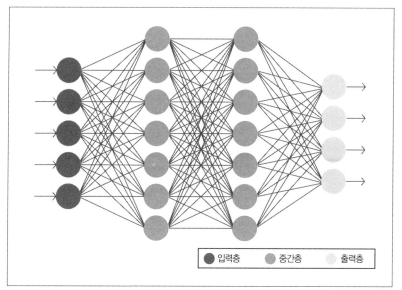

[그림 6] 신경망에 있어서 '가중치 최적화'는 '조합 최적화 문제'와 공통점이 많다.

한편 조합 최적화 문제의 일종인 '최단경로 검색'의 경우를 살펴보면 노드(거점) 간의 연결 강도(거리)는 정해져 있으며, 그 안에서 해답이 되는 최단 루트를 찾는다는 문제입니다. 이것만으로는 신경망과는 다르다고 느낄지도 모르겠습니다.

하지만 이 조합 최적화 문제를 '처음부터 루트가 정해져 있고 거점 간의 거리를 모르는 문제'로 형태를 바꿔보면 일종의 신경망의 가중치 문제로 바뀝니다. 말하자면 조합 최적화 문제의 '문제'와 '해답'이 반대로 되어 있는 형태입니다.

엄밀히는 출발점과 종착점만 정해져 있는 '루트 검색+거리 설정'이라는 0부터 지도를 만드는 듯한 문제가 되기 때문에 상당히 복잡하지만 이징 방식의 양자 컴퓨터를 사용하여 망의 가중치를 부여할 수 있습니다.

양자 컴퓨터의 장점은 이것뿐만이 아닙니다. 신경망으로 조합 최적화 문제를 푸는 경우는 기계학습을 실시합니다. 그런데 기계학습에는 대량의 학습용 데이터가 필요합니다. 애초부터 학습에 사용할 수 있는 '조합 최적화 문제의 해답'을 간단히 손에 넣을 수 있다면 일부러 AI를 만들 필요는 없습니다. 학습용 데이터가 부족하기 때문에 만드는 것입니다.

그래서 양자 컴퓨터에게 조합 최적화 문제를 대량으로 풀게 해서 그 해답*을 학습 데이터에 사용합니다. 신경망을 사용한 AI의 학습에는 시간과 비용이 들지만, 학습을 끝낸 AI가 문제를 푸는 경우에는 시간과 비용이 들지 않아 스마트폰에서도 사용할 수 있습니다. 즉, 고가의 하드웨어인 양자 컴퓨터에게는 해답을 제시하게 하고 이를 사용하여 소프트웨어인 신경망을 양자 컴퓨터와 똑같은 해답을 낼 수 있을 때까지 성장시킵니다. 소프트웨어라면 무수히 복사할 수 있으므로 양자 컴퓨터와 같은 해답이 여기저기서 나와 다양한 문제에 활용할 수 있을 것입니다.

---

*   조합 최적화 문제에서 양자 컴퓨터가 내는 것은 '근사해'이며, 근사해는 무수히 존재하기 때문에 대량으로 해답을 생성할 수 있다.

5-2
양자세계가 어렵게 만드는 양자 컴퓨터의 이해

    실용화된 양자 컴퓨터에 의해 조합 최적화 문제와 관련된 각종 문제가 해결된다는 것을 알았습니다. 하지만 양자 컴퓨터 관련 뉴스를 주목했던 사람이라면 납득할 수 없는 부분이 있을 것입니다.

    지금까지는 '양자 컴퓨터가 등장하면 암호가 무의미해진다', '양자 컴퓨터가 등장하면 기존 컴퓨터는 시대에 뒤떨어지게 된다'라고 말해 왔는데 실용화된 이징 방식의 컴퓨터로는 그런 일이 일어나지 않는다고 말하고 있습니다.

    그 이유를 올바르게 이해하기 위해서는 기존에 주목을 받았던 게이트 방식과 근래 실용화된 이징 방식의 차이에 대해 올바르게 이해할 필요가 있습니다. 그러기 위해서는 지극히 난해한 **양자역학**의 세계를 이해해야 하는데, 이것이 양자 컴퓨터의 이해를 방해하고 있습니다.

    그래서 이 책에서는 양자역학에 대해 간단히 설명한 후에 양자 컴퓨터의 이징 방식과 게이트 방식의 차이에 대해 설명하겠습니다.

직관과 다른 양자역학의 세계

    양자의 미크로한 세계는 기존의 상식으로는 설명할 수 없는 현상들이 많습니다. 마치 기존의 상식을 만들어 온 이론이 시대에 뒤떨어졌다고 말하려는 듯이 양자역학이라는 새로운 이론이 등장했습니다. 이에 반해 미크로한 세계를 제외한 매크로한 세계만으로 설명하는 기존의 이론은 '고전역학'이라고 불러서 케케묵은 것으로 취급하게 되었습니다.

■ 양자역학으로 바뀌기 시작한 기술

게다가 양자역학은 미크로한 세계뿐만 아니라 우리가 직관적으로 이해할 수 있는 매크로한 세계의 현상을 설명하는 것도 가능합니다. 한편 고전역학은 '우리 주변의 현상을 알기 쉽게 설명하기 위한 이론'으로 간주되어 의무교육의 물리 수업에서 중심적인 역할을 다하게 되었습니다.

의무교육에서 양자역할을 가르칠 수 있으면 좋겠지만 이를 올바르게 이해하기 위해서는 매우 난해한 수학지식이 필요합니다. 그런 연유로 양자역학은 일반인은 이해할 수 없는 것이라 여기고 멀리하는 경우가 많았습니다.

하지만 양자역학은 우리의 생활과 크게 관련되는 중요한 학문입니다. 무선통신, 컴퓨터, 고도의료기기의 기초기술에는 양자역학이 관련되어 있으며, 우리 눈앞에서 양자역학의 이론을 사용한 기기가 아무렇지 않게 움직이고 있기 때문입니다.

생활 속에 이렇게까지 양자역학이 침투해 있음에도 불구하고 우리가 양자역할을 깊이 이해하지 않고도 생활할 수 있는 것은 양자현상을 거기까지 고도로 조작하는 기술이 존재하지 않았기 때문입니다. 그랬던 것이 양자 컴퓨터가 등장한 이상은 무시할 수 없게 되었습니다.

비유를 하자면 변화구가 등장하게 된 구기 종목과 같은 것이라 할 수 있습니다. 변화구에 의해 일어나는 플레이 스타일의 변화에 대응하기 위해서는 공의 회전과 유체의 성질과 관련된 지식이 필요해집니다.

이와 똑같은 것을 양자 컴퓨터에 대해서도 말할 수 있습니다. 양자 컴퓨터의 등장으로 기술에는 많든 적든 변화가 일어납니다. 양자 컴퓨터와 양자역학의 관계를 올바르게 이해하고 그 변화를 예측하는 것이 앞으로는 필요할 것입니다.

■ 물질이자 파장이다 – 상식에 반하는 양자의 성질

양자역학 중에서도 특히 이질적인 것이 **물질파**라는 성질입니다. 원자 레벨의 아주 작은 미크로 세계에서는 물질이어야 할 입자가 파장으로서의 성질을 띤다*는 것으로, 이것은 들어도 좀처럼 이해하기 힘든 부분일 것입니다.

우선 물질과 파장을 나눠서 생각해 봅시다. 물질의 성질은 그렇게 깊게 생각할 필요 없이, '공간 속에서 질량을 가지고 존재하는 것'으로, 말하자면 무게가 있어서 거기에 확실히 존재하는 무엇인가를 말합니다.

파장이란 물리학에서 말하는 파동으로, '상태가 단속적으로 변화하여 진동하는 현상'을 말합니다. 바다의 물결도 소리의 진동도 물이나 공기와 같은 물질이 진동하여 파장이 발생하는 것으로, 기존의 개념에서 물질과 파장은 양립하지 않는 것이었습니다(그림 7).

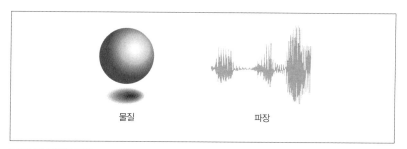

물질　　　　　　파장

[그림 7] 물질과 파장
양자세계에서는 양쪽의 성질이 동시에 나타난다.

---

*　　실제로는 '물질'과 '파장'의 성질을 동시에 갖고 있는 것이 아니라 그렇게 보이는 현상이 일어난다는 것을 말한다.

또한 파장은 물질에는 있을 수 없는 성질을 몇 가지 갖고 있기 때문에 그 점에 있어서도 '물질파'라고 부르는 현상은 상당히 이해하기 힘든 것이었습니다(그림 8).

[그림 8] 물질과 파장의 성질 차이

물질(고전역학)	파장
여러 개의 물질이 동일한 장소에 중복되어 존재할 수 없으며 사라지지 않는다.	여러 개의 파장이 동 시점에 겹쳐지면 증폭이나 소실이 일어나 파장의 상태가 바뀐다(중첩, 간섭).
물질은 장애물이 있으면 그 앞으로는 나아갈 수 없다.	파장은 장애물 등을 넘어서 퍼져 나간다(회절).
물질 자체가 단독으로 전달되는 일은 없다(파장의 전달을 도와주는 매개가 된다).	파장의 상태(진동)는 다른 장소로 전달된다.

공의 움직임을 떠올려 봅시다. 공과 공이 충돌했을 때는 질량이 늘어나지도 질량이 감소하여 사라지지도 않습니다. 벽에 부딪힌 공이 벽을 돌아 우회해서 나아가는 일도 없습니다. 이것이 고전역학의 상식입니다.

그런데 이것을 공 대신 전자로 실시해 보면 양상이 달라집니다. 전자는 서로 간섭하여 강해지거나 약해지거나 한 결과 장애물을 우회하듯이 날아 파장과 같은 움직임을 하는 것입니다. 여기서는 분명히 고전역학은 통용되지 않습니다.

이것만으로도 미크로한 세계는 매크로한 세계와는 상황이 다르다는 것을 알 수 있는데, 이것을 잘 실명하기 위해 양자역학이 등장했습니다.

■ 양자역학을 복잡하게 만든 '상태의 중첩'

상태의 중첩이란 결론부터 말하자면 '입자가 물질과 파장의 성질을 동시에 갖고 있는 것은 아니지만 어느 한쪽의 성질이 그때그때 나타난다'는 것입니다. 이것이 미크로한 세계의 기본 원리로, 양자세계에서는 모든 상태가 중첩되어 존재한다고 하는 것입니다.

상태의 중첩은 양자역학에 있어서 '새로운 상식'이 되어, 이해하기 힘든 상식은 물질과 파장이라는 입자의 상태뿐만 아니라 스핀*, 위치, 운동량과 같은 입자의 모든 상태에까지 적용하게 되었습니다. 즉, 입자가 회전하는 방향, 존재하는 장소, 이동하는 속도까지 중첩 상태로 존재하고 있다는 것입니다.

중첩이라는 표현이 좀 이해하기 어려울지 모르지만 중첩을 '가능성'이라는 말로 바꾸면 조금 이해할 수 있을지도 모르겠습니다. 가능성이므로 기본적으로는 관측해서 결과가 나오면 상태가 확정됩니다. 하지만 결과가 나올 때까지는 입자는 모든 가능성을 갖고 있다고 취급하기 때문에 입자의 상태는 항상 모호한 채로 남아 있는 것입니다.

예를 들어 고전역학의 경우 아무 것도 하지 않으면 좀 전까지 있었던 물체는 지금도 존재하며, 없었다면 지금도 거기에는 없을 것입니다. 기본적으로는 1이나 0인 세계입니다. 반면 양자역학에서는 거기에 있었던 것이 그 다음 순간에 사라지거나 좀 전까지 없었던 것이 나타납니다**. 미크로 세계는 모든 상태를 '가능성' 중 하나로 고려하기 때문에 결과가 나올 때까지 1이나 0이라고 분명히 말할 수가 없습니다(그림 9).

---

* 입자가 갖고 있는 성질 중 하나. 일찍이 입자의 회전이라고 생각했지만 실제로 '입자가 특정한 방향으로 회전하고 있는' 것이 아니라 '똑같은 입자인데 뭔가가 다르다'는 차이를 고전역학에서 표현하기 위한 명칭

** 관측 지점에 없다는 것일 뿐 세상에서 사라진 것은 아니다. 다른 장소에 존재할지도 모르며, 물질이 아니라 파장의 상태로 존재할지도 모른다. 단, 그것은 관측하여 찾아낼 때까지는 모른다.

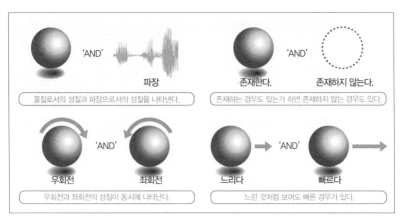

[그림 9] 미크로 세계에서는 항상 여러 가능성이 존재한다.

　비상식적인 이야기로 들리겠지만 사실 그렇게 이상한 이야기는 아닙니다. 애초부터 '좀 전까지 거기에 있었다면 그 다음 순간에도 거기에 있다'는 생각이 매크로 세계에서만 해당되는 이상한 상식이었다는 것일 뿐입니다. 양자역학에서는 보다 정확하게 '모르는 것은 모르는 것으로 취급한다'라고 할 뿐 충분히 이론적인 개념입니다.

　예를 들면 한국에서 생활하고 있으면 모두 한국어를 말한다고 생각하기 쉽지만 사물을 보다 엄밀히 생각한다면 '길을 물어본 상대가 대답을 할 때까지 한국어가 통할지 아닐지 모른다'라고 생각하는 것이 세상을 올바르게 이해하는 지름길일 터입니다. 또한 조금 철학적으로 생각하자면 양자역학은 '완벽하게 미래를 예측하는 것은 불가능하다'고 과학적으로 증명한 것일 뿐, 그 개념 자체는 자연스러운 것입니다.

　말하자면 양자역학 세계는 한국사람에게 있어서 외국과 같은 것일지도 모릅니다. 양자역학에 의해 자신이 좁은 세계에 있었다는 것을 알아차린 것일 뿐, 비상식적인 것은 양자역학이 아니라 지금까지 우리가 지내온 세계였다고 생각하면 양자역학의 개념도 자연스럽게 받아들이게 될 것입니다.

■ 가능성이 있기 때문에 일어나는 '양자 요동'과 '터널 효과'

상태의 중첩이 '양자는 많은 가능성을 갖고 있다'고 한다면 그로 인해 특수한 현상이 일어납니다. 바로 '**양자 요동**'과 '**터널 효과**'입니다.

양자 요동

가능성이란 지극히 모호한 것으로, 이것을 확률과 같이 수치로 나타내려고 하면 상당히 골치 아픕니다. 왜냐하면 모든 상태가 중첩되어 존재하는 모호한 상태이기 때문에 확률조차 확정되지 않기 때문입니다.

예를 들어 '오른쪽으로 도는 스핀'과 '왼쪽으로 도는 스핀'이라는 상태가 중첩되어 있다고 하고, 그 상태를 확률적으로 표현하려고 해도 'R:50% | L:50%'이었던 것이 그 다음 순간 'R:40% | L:60%'이 되거나 'R:60% | L:40%'이 됩니다. 이렇게 요동을 치면서 전혀 일정한 상태가 되지 않는 것을 양자 요동이라고 합니다.

터널 효과

상태가 모호하면 거기에 계속 존재하는지 아닌지도 확정지을 수 없습니다. 양자를 상자 안에 가둬놔도 다음 순간에는 상자 밖에 나와 있는 일이 일상다반사입니다. 이와 같이 입자가 벽에 구멍을 뚫고 빠져나오는 듯한 현상을 터널 효과라고 합니다.

이 효과는 입자의 장소뿐만 아니라 스핀이나 운동량 등 다른 상태에도 적용됩니다. 우회전으로 고정했다고 생각한 것이 좌회전이 되거나, 본래는 밀려야 하는 강한 역풍(역장力場)을 돌파하거나 만화의 주인공처럼 터무니없는 일을 해냅니다.

중첩 현상은 그 외에도 여러 양자 현상을 낳습니다. 특히 이 둘은 양자 컴퓨터 중에서도 중요한 의미를 가지는 현상이므로 기억해 두면 좋을 것입니다.

■ 보이지 않는 연결을 갖고 있는 '양자 얽힘'

상태의 중첩이라는 성질에 덧붙여 또 하나 설명하기 어려운 현상이 있습니다. 바로 **양자 얽힘**이라는 것으로 '입자의 상태가 관측에 의해 확정된 순간 다른 입자의 상태도 확정된다'는 현상입니다(그림 10). 이것은 입자 사이에 보이지 않는 연결이 있다는 것을 나타내는데, 입자끼리 연결되어 있는 상태를 **인탱글(Entangle) 상태**라고 합니다.

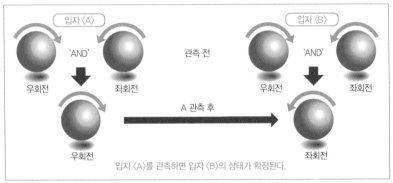

[그림 10] 양자 얽힘

'특정한 입자 간에 연결이 있다'는 것뿐이라면 그런 일도 있겠지 라고 생각할 수 있지만 이 연결은 거리나 장벽에 의한 영향을 받지 않습니다. 벽을 통과할 뿐만 아니라 인탱글 상태에 있는 입자 A와 B가 지구와 화성에 있다고 해도 타임랙 없이 이 현상이 일어난다고 여겨지고 있습니다.

또한 이 양자 얽힘을 이용하면 입자 A를 관측함으로써 멀리 있는 입자 B의 상태를 확정시킬 수 있습니다. 이 현상은 마치 입자 A에서 입자 B로 정보를 순식간에 전송한 것처럼 보인다는 점에서 양자 텔레포테이션이라고 합니다. 실제로 지상의 시설과 우주의 위성을 사용하여 **양자**

텔레포테이션을 발생시키는 데 성공했으며, 몇 백 킬로 떨어져 있어도 양자 얽힘이 일어난다는 것이 확인되었습니다.

이런 현상이 왜 일어나는지는 모르지만 '한 쪽을 확정시키면 다른 한 쪽의 상태가 결정된다'는 현상 자체는 확실한 것입니다. 이 현상은 양자 컴퓨터에서도 사용하고 있으며 응용 범위가 넓은 현상이라고 할 수 있습니다.

양자 컴퓨터란 무엇인가?

양자역학 이야기는 이 정도로 하고 양자 컴퓨터 이야기를 시작해 봅시다. 먼저 역시 '양자 컴퓨터란 무엇인지' 그 정의부터 확인해야 할 것입니다.

양자 컴퓨터는 최근에 사용하기 시작한 것이지만 연구 중인 것도 포함하면 그 종류가 방대하므로 무엇이 양자 컴퓨터라고 할 수 있는지에 대해 이해할 필요가 있습니다. 그 다음에 양자 컴퓨터의 능력을 나타내는 '양자 비트'라는 개념에 대해서도 설명하겠습니다.

■ 양자 현상을 사용한 컴퓨터

양자 컴퓨터란 간단히 말하자면 '양자 현상을 사용하여 계산을 수행하는 기계'를 말합니다. 계산을 수행할 때 양자 현상이 중요한 역할을 하고 있다면 양자 컴퓨터라고 부를 수 있으므로 지금까지의 컴퓨터와 똑같은 구조일 필요도 없으며 정해진 방식도 없습니다.

그런데 실용화된 이징 방식의 양자 컴퓨터는 지금까지 생각해 왔던 게이트 방식과는 구조가 완전히 다르기 때문에 '이런 구조로 움직이는 것은 양자 컴퓨터가 아니다'라는 견해도 있었습니다. 하지만 이징 방식이 실제로 양자 현상을 이용하고 있으며 매우 뛰어난 능력을 갖고 있다는 것이 확인되면서 양자 컴퓨터로 인정받게 된 것입니다.

양자 컴퓨터라고 하면 바로 '이런 구조일 것이다'라고 이미지를 잡으려는 것은 별로 의미가 없습니다. 왜냐하면 양자 컴퓨터는 크게 나누면 게이트 방식과 이징 방식이 있지만, 그 안에도 몇 가지 종류가 있기 때문입니다. 각각 특성과 구조가 다르며, 기존 컴퓨터처럼 '컴퓨터라고 하면 노이만형'이라 할 수 있는 것도 없습니다.

따라서 양자 컴퓨터를 생각할 때는 '어떤 양자 현상을 사용하는지', '그 구조의 특성은 무엇인지', '어떤 계산이 가능한지'와 같은 부분에 초점을 맞춰 생각할 필요가 있습니다.

■ 양자 비트란?

양자 컴퓨터의 구조는 각각 다르지만 정보의 단위로서 **양자 비트**를 사용한다는 점은 공통적입니다. 기존 컴퓨터가 사용하는 '1비트'의 경우는 0과 1밖에 표현할 수 없지만, 양자 컴퓨터에서 '1 양자 비트'는 0과 1을 중첩시킨 상태로 표현할 수 있습니다.

'상태가 모호한데 도움이 될까'라고 생각할지도 모르지만 모호한 상태란 정보량으로서는 '밀도가 크다'는 상태입니다. 1비트가 갖고 있는 정보는 '0과 1' 두 종류뿐이지만 양자 비트의 경우 '0일 확률:1일 확률'의 비율을 제어함으로써 얼마든지 많은 정보를 집어넣을 수 있는* 것입니다.

단, 1 양자 비트가 갖고 있는 실질적인 정보량은 양자 컴퓨터에 따라 다릅니다. 특히 양자 요동의 영향으로 양자 비트가 갖고 있는 정보는

---

*   1 양자 비트는 수학적으로는 벡터(행렬)로 표현하지만, 보통의 비트를 사용하여 벡터를 표현하려고 하면 비트 수가 폭등한다.

항상 조금씩 변화하며, 요동을 억제하면서 요동의 영향을 고려하여 계산하는 장치가 필요합니다.

이러한 특성 때문에 양자 컴퓨터에 따라 1 양자 비트가 가지는 정보량이나 양자 비트를 사용한 계산 방법이 달라집니다. 따라서 20 양자 비트의 양자 컴퓨터가 10 양자 비트를 다룰 수 있는 양자 컴퓨터보다 더 뛰어나다고 단정할 수 없습니다[**]. 양자 비트에 의해 성능을 재는 경우는 그 양자 컴퓨터의 동작 방법에 대해서도 올바르게 이해할 필요가 있습니다.

또한 양자 비트의 표현 방법은 양자 컴퓨터에 따라 다릅니다. 양자 얽힘 상태에 있는 한 쌍의 양자, 아주 작은 원 모양의 금속에 발생하는 자기력, 원자핵과 전자파의 상호 작용 등 양자적인 겹침 현상은 다양한 형태로 나타납니다. 어느 현상을 사용해도 '겹쳐진 정보'를 표현할 수 있습니다. 더욱이 어떤 양자 현상을 사용하여 양자 비트를 표현하는지에 따라 양자 컴퓨터의 성능이나 작동 방식이 나뉩니다.

양자 컴퓨터의 성능은 단순히 양자 비트의 수로 측정할 수 없다는 것을 기억해두기 바랍니다.

[**] D-WAVE의 이징 방식 양자 컴퓨터는 2000 양자 비트를 넘는 양자 비트를 다룰 수 있는 반면, IBM의 양자 컴퓨터는 50 양자 비트밖에 다룰 수 없지만, IBM의 게이트 방식 양자 컴퓨터가 더 뛰어난 부분도 있다.

양자 비트는 관측하면 상태가 고정됩니다. 그래서 모호한 상태를 가진 양자 비트와 똑같은 것을 재현하려고 해도 관측하면 원래의 모호한 상태를 잃어버려 복사를 할 수 없습니다.

기존 컴퓨터의 경우는 계산 중에도 정보를 다른 CPU로 복사하여 동시에 계산을 할 수 있지만 양자 컴퓨터에서는 불가능합니다. 따라서 실제 운용에서는 주된 계산으로 양자 컴퓨터를 사용하면서 기존 컴퓨터를 보조로 사용합니다.

또한 양자 컴퓨터가 양자 비트를 사용하여 어떻게 계산하고 있는지를 관측할 수도 없기 때문에 계산 실수를 체크하려면 양자 컴퓨터용 특수한 오류 체크법을 개발해야 합니다.

더욱이 문제가 발생했을 때 양자 컴퓨터의 계산을 검토하려고 해도 양자 비트를 복사해서 정확한 계산 기록을 남길 수 없기 때문에 다른 컴퓨터로 하는 시뮬레이션에 의존할 수밖에 없습니다. 여기에는 슈퍼 컴퓨터 또는 다른 양자 컴퓨터가 필요하기 때문에 이런 문제들이 양자 컴퓨터의 개발을 보다 어렵게 만들고 있습니다.

양자 컴퓨터의 종류와 특징

양자 컴퓨터는 크게 게이트 방식과 이징 방식으로 나눈다고 설명했습니다. 여기서 게이트 방식과 이징 방식에 대해 간단히 설명하겠습니다.

■ 게이트 방식

게이트 방식은 **논리 게이트**라 부르는 장치를 사용하여 수학적인 계산을 수행하는 방식입니다. 논리 게이트는 'AND(그리고)', 'OR(또는)', 'NOT(~이 아니다)'와 같이 정보를 논리적으로 다루기 위한 기능을 갖고 있습니다. 이 게이트에 정보를 흘려보내, 게이트에게 필요한 처리를 시킴으로써 다양한 계산을 가능하게 합니다.

기존 컴퓨터의 논리 게이트에는 [그림 11]과 같은 것이 있습니다. 트랜지스터가 이 논리 게이트의 역할을 전자회로에서 재현하며 **논리연산**을 수행합니다.

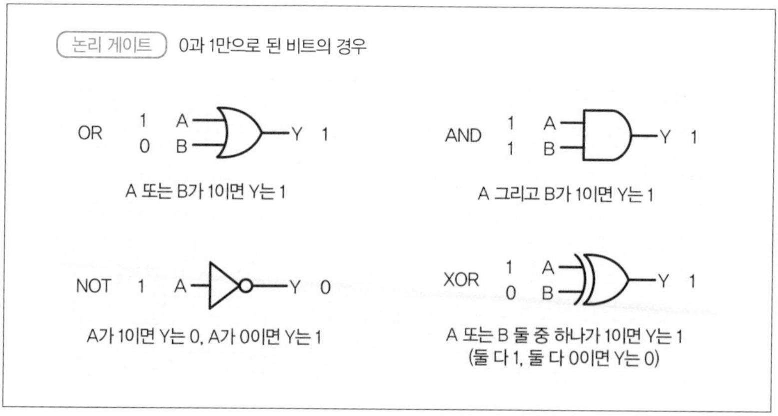

[그림 11] 기존 컴퓨터의 논리 게이트

그림에서 알 수 있듯이 상당히 심플한 계산을 하고 있습니다. 이 논리 게이트를 회로 안에 대량으로 나열해서 가감승제 계산을 하여 보다 복잡한 계산을 가능하게 만듭니다.

게이트 방식의 양자 컴퓨터에서도 이러한 논리 게이트를 사용하지만 모호한 상태의 양자 비트를 0과 1이 아니라 '행렬(벡터)'로 바꾼 후 논리 연산을 수행합니다. 때문에 위와 같은 단순한 논리 게이트가 아니라 행렬 계산을 하는 **양자 게이트**를 사용합니다. 그리고 양자 컴퓨터에서는 이 양자 게이트를 물리적으로 개발하는 것이 중요합니다.

기존 컴퓨터에서는 0과 1을 '전압'을 사용하여 표현하고 있기 때문에 전압을 자유롭게 변화시킬 수 있는 트랜지스터가 탄생하여 기존 컴퓨터가 폭발적으로 발전했습니다. 이에 반해 게이트 방식 양자 컴퓨터에서는 행렬을 양자의 중첩 상태로 표현하기 때문에 양자의 중첩 상태를 자유롭게 제어할 수 있는 양자 게이트의 존재가 필수불가결합니다.

그냥도 모호한 상태로 존재하는 양자를 자유롭게 제어해야 하는데다가 정확하게 제어하지 않으면 중첩 상태가 흔들려 예상했던 것과 다른 상태가 되어 버립니다.

더욱이 정확성이 요구되는 논리연산을 할 때는 작은 오류로 신뢰성을 크게 손상 받을 가능성도 있어서 **오류 정정***이라는 계산 실수의 정정 기능도 필요합니다. 하지만 양자 계산에서는 복사를 만들 수 없기 때문에 계산 상황의 확인이 어려우며 오류 정정 기능이 큰 문제가 되었습니다.

이런 기본 구조인 게이트 회로를 만드는 것만으로도 상당히 어렵다는 것을 알 수 있을 것입니다.

원리적으로는 현대의 컴퓨터와 비슷하므로 정밀도가 높은 양자적인 회로를 여러 종류 개발하여 양자 컴퓨터에 탑재하면 현대의 컴퓨터와 같은 범용 컴퓨터를 만들 수 있다고 합니다. 하지만 현시점의 양자 컴퓨터에서는 한정적인 계산밖에 할 수 없습니다. 실용 레벨에는 이르지 못해 **범용 양자 컴퓨터****의 실현은 아직 멀었다고 보고 있습니다.

■ 이징 방식

한편 실용화에 성공한 이징 방식은 게이트 방식과는 구조가 전혀 다릅니다. 왜냐하면 이징 방식의 양자 컴퓨터에서는 논리회로를 일절 사용하지 않기 때문입니다. 사용하는 것은 **이징 모델**이라는, 격자점이 2가지 상태를 갖고 있는 격자 모양의 모형입니다.

이징 모델의 격자점(교차하는 점)은 각각 '0'과 '1' 등에 대응하는 상태를 가집니다. 본래 이 모델은 자성체(금속과 같이 자기를 띤 물체)의 내부 구조를 모델화한 것으로, 격자점의 상태는 상하 등의 자력의 방향(N극·S극의 방향)으로 표현하는 경우가 많습니다.

---

*　1 양자 비트의 정확성을 확보하기 위해 오류 정정용으로 1만 개의 다른 양자 비트를 마련해야 하는 경우도 있다.

**　유니버설 양자 컴퓨터라고도 부른다. 현대의 컴퓨터를 모두 대체할 수 있는 것으로, 양자 튜링 기계 등도 포함된다.

이징 방식의 양자 컴퓨터에서는 양자적인 성질을 나타내는 장치를 나열하는 형태로 이 모델을 만듭니다. 그리고 자력의 방향에 해당하는 상태를 양자 비트로 표현합니다. 이것만이라면 양자 컴퓨터라고 부를 수 없지만 격자점의 상태를 겹친(중첩) 상태로 표현함으로써 '양자 이징 모델' 안에 수많은 이징 모델의 가능성을 만들어 낼 수 있습니다(그림 12).

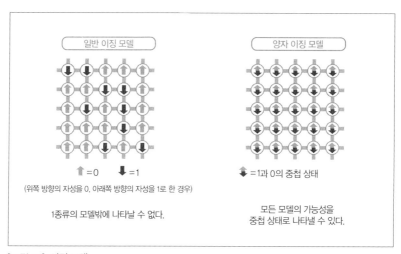

[그림 12] 이징 모델

다양한 이징 모델의 가능성을 만들어 낼 수 있다는 것만으로는 실제 계산에 이용할 수 없습니다. 중요한 것은 격자점 간의 상호작용을 조절하여 점들 간의 연관성을 표현하는 일입니다. 연관성을 '거리'나 '가중치'로 바꿔보면 무엇을 나타내려고 하는지가 보일 것입니다.

이 이징 모델은 소위 깔끔한 네트워크와 같은 것으로, 네트워크 간의 상태를 잘 제어함으로써 다양한 환경을 시뮬레이션할 수 있습니다. 이 성질을 응용하면 조합 최적화 문제의 환경을 재현하고, 각종 조합을 실제로 시뮬레이션할 수 있는 것입니다(그림 13).

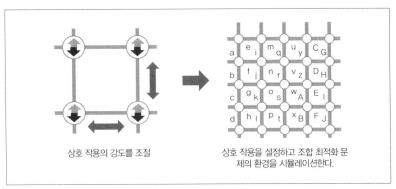

상호 작용의 강도를 조절   상호 작용을 설정하고 조합 최적화 문제의 환경을 시뮬레이션한다.

[그림 13] 상호 작용을 조절한다.

그림에서는 평면으로 되어 있지만 입체형 이징 모델을 사용할 수도 있기 때문에 보다 복잡한 망이어도 효과적으로 표현할 수 있습니다. 이징 모델을 사용하여 시뮬레이션을 하는 장치를 **이징 머신**이라고 하며, 매스컴에서는 이 호칭을 사용하는 경우가 많습니다.

격자 모양 이징 모델을 사용하여 정말로 조합 최적화 문제를 시뮬레이션할 수 있을 지 의문이 들지도 모르겠습니다. 그래서 이징 머신을 단순화한 이미지를 사용하여 앞에서 예로 든 심플한 외판원 문제를 재현해 보겠습니다(그림 14).

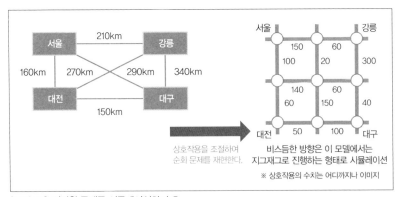

상호작용을 조절하여 순회 문제를 재현한다.

비스듬한 방향은 이 모델에서는 지그재그로 진행하는 형태로 시뮬레이션
※ 상호작용의 수치는 어디까지나 이미지

[그림 14] 외판원 문제를 시뮬레이션하기 ①

격자 모양의 평면 모델을 그대로 사용한 경우 그림과 같이 비스듬한 루트가 지그재그로 되지만 '거점 간의 최단 루트'를 실현하는 것은 가능합니다.

또한 실제로 이와 같은 형태로 되어 있는 것은 아닙니다. 이징 모델은 깔끔한 격자 모양으로 되어 있지 않은 것이 일반적이며, 여러 개의 격자점을 사용하여 '서울' 등을 나타내는 구조로 되어 있습니다. 그래도 격자 모델의 자유도는 의외로 높아서 다양한 환경을 재현할 수 있다는 점은 이 그림으로 알 수 있으리라 생각됩니다.

그리고 양자 이징 모델의 경우는 양자 비트를 활용하여 어떤 종류의 '루트 선정'을 합니다. 이번에는 아래 방향끼리 연결을 실제로 사용하는 루트라고 가정하고 순회할 루트의 모델을 만들어 봅시다(그림 15).

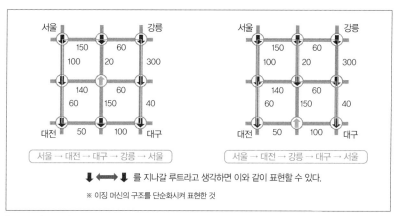

[그림 15] 외판원 문제를 시뮬레이션하기 ②

그림은 좀 엉성한 모델이지만 아래 방향의 점을 이어가면 대강의 순회 루트가 나옵니다. 그리고 점들 간의 거리를 더해 가면 순회 루트 전체의 대략 거리(이 모델에서는 부정확하지만)가 됩니다. 이것은 어디까지나 단순화시킨 아주 심플한 형태의 예이지만, 격자점을 늘려 입체형 모델을 사용하면 보다 복잡하고 대규모의 모델을 정확하게 구성할 수 있습니다.

　이징 머신에서 문제가 되는 것은 '어떻게 양자 비트(자기력의 방향)를 결정할 것인지'입니다. 조합 최적화 문제에서는 '효율적인 선택지를 찾아내는 것'이 요구되기 때문에 중첩 상태에서 적당히 양자 비트를 결정하는 것은 의미가 없습니다. 양자 비트를 적절히 제어하고 모델 안에서 제시된 해답이 이상적인 상태에 가까운 것일 필요가 있습니다.

　이것을 실현하는 이징 머신의 종류로는 어닐링 방식(Annealing)과 신경망 방식(QNN)*이 제안되었습니다. 상용 양자 컴퓨터로 성공한 양자 어닐링 방식의 경우 **어닐링**이라는 자연현상을 이용합니다. 어닐링이란 금속 등을 가열하여 부드럽게 만든 상태에서 단숨에 열을 식히는 열처리 공법으로, 이 작업을 하면 내부 조직이 보다 '안정된 상태'로 바뀝니다.

　이 '안정된 상태'란 전체 에너지가 적은 낭비가 없는 상태입니다. 양자 어닐링에서는 가열하는 대신 자기장을 사용하여 전자 요동 상태를 크게 만들고, 식히는 대신 자기장을 약하게 해서 서서히 요동을 줄임으로써 보다 안정된 형태가 되도록 유도합니다.

　자연 환경에 있어서 입자는 각각 '보다 편하게 연결되는 관계를 모색하려고 하는 성질'이 있기 때문에 양자 어닐링 법에서는 이 성질을 이용하여 전체적으로 편하게 연결되는 상태(순회 루트가 짧은 상태)를 만들도록 하는 것입니다.

---

*　레이저망 방식, 결맞음(Coherent) 이징 머신 등 다양한 호칭이 있다. 결정에 레이저를 쏘아 중첩 상태에서 나온 빛의 상태를 양자 비트로 이용하는 것

그리고 양자 어닐링 현상은 단시간에 끝나기 때문에 복잡한 최적화 문제에 있어서 고속으로 결과가 나옵니다. 하지만 이런 시뮬레이션은 자연현상을 사용하는 것에 지나지 않아 계산이라 부르기에는 좀 조잡합니다. 또한 양자 요동이나 터널 효과에 의해 마음대로 양자의 상태가 변화하기 때문에 나오는 해답은 항상 제각각**입니다.

그래서 기본적으로는 단기간에 여러 번 시행하여 최적의 해를 찾아내게 됩니다. 해답의 신뢰성에 의문을 품을지도 모르지만 최적화 문제에서는 기존 컴퓨터에서도 똑같이 여러 번 해답을 찾아 검토하고 있습니다. 한 번에 최적의 해답이 나오지 않는다는 이유로 컴퓨터의 신뢰성이 떨어지는 일은 없습니다.

오히려 기존 컴퓨터의 경우 알고리즘에 의해 신뢰성이 크게 바뀌는 특성이 있습니다. 자신이 뛰어난 알고리즘이기도 한 양자 어닐링 방식은 신뢰성에서도 속도 면에서도 뛰어난 점***이 많습니다.

덧붙여 게이트 방식처럼 논리연산에 의존하지 않는다는 점과 엄밀해 (Strict Solution)를 구하지 않아도 되기 때문에 양자 비트가 오류를 포함한다 하더라도 그 영향은 한정적입니다. 소비 전력****도 똑같은 계산능력을 가진 슈퍼 컴퓨터에 비해 적어서, 어닐링 방식은 실용성이 높은 양자 컴퓨터로서 주목을 받게 되었습니다.

** 해답이 터널 효과 등의 양자 현상에 의해 우발적으로 제각각이 되는 것은 '국소 최적해'라 부르는 어중간한 해답을 피하는 것으로 이어지므로 오히려 장점으로 여겨지고 있다.

*** 양자현상을 사용하지 않고 기존 컴퓨터에서도 어닐링 알고리즘을 사용하여 최적화 문제를 시도할 수 있는데 이를 '시뮬레이티드 어닐링'이라고 한다.

**** 양자의 상태를 쉽게 제어하는 초전도환경을 만들기 위해 극저온 상태에서 운용되고 있지만 계산과 프로세서의 냉각에 방대한 전력 에너지를 사용하는 기존 컴퓨터의 소비 전력에는 미치지 않는다.

실용 단계에 이른 양자 컴퓨터는 어닐링 방식뿐으로, 범용 컴퓨터가 될 수 있는 게이트 방식이 실용 단계에 이르기까지는 아직 시간이 걸릴 듯합니다. 하지만 게이트 방식이 실용화되어, 여러 작업에 있어서 기존의 모든 컴퓨터를 웃도는 **양자 초월성***을 실현하는 경우 옛날부터 말해지던 큰 사회 변화가 일어날 것입니다.

그것은 암호해독이나 고성능 AI의 등장, 경우에 따라서는 싱귤래리티도 포함됩니다. 이러한 미래를 향해 지금 어떤 대책이 모색되고 있을까요?

양자 컴퓨터와 암호해독

양자 컴퓨터의 실현과 관련하여 가장 우려되고 있는 것 중 하나가 바로 암호해독입니다. 현재 사용되는 암호 기술이 안전하다고 할 수 있는 이유는 암호해독에 필요한 계산능력이 너무 커서, 기존의 기술로 해독을 하는데 시간이 너무 걸리기(현실적인 시간 안에 해독할 수 없기) 때문입니다. '시간을 들이면 해독할 수 있지만 슈퍼 컴퓨터를 사용해도 10년이 걸린다'는 수준이라면 성기적으로 암호를 변경하기만 해도 암호해독을 다시 해야 하기 때문에 불가능하다는 뜻입니다.

---

* quantum supremacy. 기존의 가장 빠른 컴퓨터를 양자 컴퓨터가 성능적으로 압도하는 것을 말한다. 작업이 한정적이어도 상관없다.

하지만 양자 초월성을 실현한 양자 컴퓨터의 경우 해독이 몇 초 안에 끝날 가능성이 있습니다. 당연한 이야기지만 몇 초 안에 해독되어 버리는 암호는 암호로서 사용할 수 없습니다.

암호는 데이터의 저장이나 통신과 관련되는 모든 곳에서 사용하고 있습니다. 누구나 신호를 수신할 수 있는 무선통신 등은 암호를 사용하는 것을 전제로 성립되는 구조라 할 수 있습니다.

만일 암호가 간단히 해독되어 버리면 휴대전화의 통화나 메일이 모두 유출되어 인터넷에 있어서 비밀번호나 계정이 의미가 없어질 것입니다. 누구나 통신 내용을 훔쳐볼 수 있고, 통신 상대가 정말 그 사람인지를 확인할 방법이 없어집니다. 양자 컴퓨터가 실현되면 정말 그런 사회가 되어버리는 것일까요?

▓ 암호화와 소인수분해

우리는 평소 통신을 당연히 생각하고 있습니다. 무선 전파는 공중을 날아 다니고 있고 인터넷에 연결되는 모든 전자기기로부터 정보를 얻을 수 있습니다.

누가 봐도 상관없는 정보도 있지만 통신에 포함되는 정보에는 개인정보와 같이 비밀성이 높은 것도 포함됩니다. 그런 정보는 암호화되어 '암호를 해독할 수 있는 암호키'를 가진 특정 사람만 해독할 수 있다**는 것을 전제로 성립되어 있습니다.

이 암호키는 기본적으로는 암호를 만드는 사람이 작성하는 것으로, 그 사람 외에는 키의 자세한 내용을 모릅니다. 하지만 계산에 의해 암호키를 찾아낼 수도 있습니다. 암호에 대해서는 제3장에서도 다뤘지

** 제3장(블록체인)의 전자서명·공개키 암호 등 참조

만, 여기서는 왜 양자 컴퓨터로 해독이 가능한지라는 관점에서 암호의 구조를 설명하겠습니다.

암호의 기본은 '암호가 되는 문제를 만들기는 쉽고 풀기는 어렵다'는 점에 있습니다. 암호는 자주 사용하는 것이기 때문에 만드는 데 시간이 걸리면 곤란하며, 간단히 해독이 되어서는 안 됩니다. 이상적인 것은 '키를 모르면 절대 풀 수 없는' 것이지만 암호 이론을 이해하고 있다면 짐작으로 키를 만들어 전부 시도를 하는 것은 가능하므로 완벽한 암호를 만드는 것은 어렵습니다.

현대의 주요 암호인 RSA 암호는 **소인수분해**를 이용하고 있습니다. 문제(키)가 되는 숫자는 곱셈을 하기만 하면 만들 수 있기 때문에 간단하지만, 곱셈에 사용한 숫자(소수)를 찾아내는 것은 어려우므로 암호로서 성립하는 것입니다(그림 16).

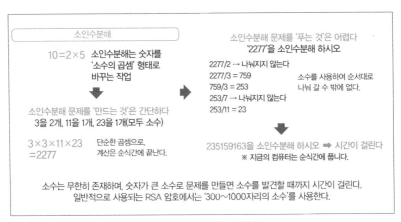

[그림 16] 소인수분해는 문제를 만들기는 쉽지만, 풀기는 어렵다.

소인수분해는 숫자를 소수로 분해해 가는 단순한 작업입니다. 하지만 이것도 조합 최적화 문제처럼 '간단히 풀 수 있는 계산법'은 존재하지 않기 때문에 소수를 계속 넣어가면서 '이것으로 분해할 수 있을까?'라는 확인 작업을 계속해야 합니다.

암호에는 이 소인수분해의 요소가 포함되어 있습니다. 더욱이 단순히 소인수분해를 하면 되는 것이 아니라 소인수분해하는 것보다 계산에 시간이 걸리도록 되어 있어서 사용된 소수의 자릿수가 크면 그것을 찾아내는 일이 매우 어렵습니다.

그런데 게이트 방식의 양자 컴퓨터로 전용 양자 알고리즘을 사용하면 자릿수가 많은 소인수분해여도 순식간에 끝낼 수 있습니다. 그리고 키가 되는 소수를 알면 암호는 간단히 해독할 수 있습니다. 이렇게 되면 지금까지의 암호는 신뢰성을 잃게 되어 기존의 암호는 사용할 수 없게 됩니다. 이것이 양자 컴퓨터의 등장으로 암호가 무의미해진다고 하는 이유입니다.

■ 양자 시대의 암호 '포스트 양자 암호'

이런 이야기를 하면 암호 이론을 모르는 사람은 '소인수분해를 사용하지 않는 암호를 만들면 되지 않냐'고 생각하는 사람도 있을지도 모릅니다. 사실은 그 해결책이 바로 정답입니다. 지금까지는 양자 컴퓨터에서도 해독이 어려운 **포스트 양자 암호**(Post-Quantum Cryptography)를 찾지 못했지만, 양자 컴퓨터에 관한 관심이 모아지면서 연구가 활발히 진행되어 몇 가지 방식이 제안되어 있습니다. 그중 하나가 **격자 암호**(Lattice Cryptography)입니다.

격자 암호란 기존에 사용하던 정수가 아니라 모든 정보를 벡터(수열)화시켜 표현하는 것이 특징입니다. 이것은 정수가 '점'을 의미하는 데 반해 벡터는 '평면'을 의미한다*는 점에서 실로 차원이 다른 정보를 표현하는 방법이라고 할 수 있습니다. 게이트 방식의 양자 컴퓨터가 양자 비트의 계산에 벡터를 사용한다는 이유도 있어서 같은 차원 이상의 레벨로 암호를 만드는 것도 충분히 가능합니다.

격자 암호에서는 먼저 암호의 베이스가 되는 격자점을 작성하고, 격자점을 나타낸 후에 '단순한 벡터**'를 비밀키로 취급하고, '복잡한 벡터'를 공개키로 사용하는 기법입니다. 이 경우 암호화할 때는 '복잡한 벡터'를 사용하고 해독할 때는 '단순한 벡터'를 사용합니다(그림 17).

격자 암호는 해독이 상당히 어렵고 공개키 암호 방식을 사용할 수 있기 때문에 양자 시대의 암호로서 가장 유력하다고 보고 있습니다. 양자 컴퓨터가 실용화될 때까지 이러한 포스트 양자 암호가 보급되면 양자 컴퓨터가 등장해도 지금처럼 암호를 사용할 수 있을 것입니다.

---

*   평면은 2차원이지만 격자 암호에서는 벡터의 차원을 늘림으로써 보다 난해한 암호를 만들 수 있다. 몇 백 차원의 벡터를 사용하는 것도 가능하다.

**   단순·복잡이라는 말은 격자 암호를 마련한 쪽에서의 이야기(단순한 벡터를 베이스로 복잡한 벡터를 만들기 때문)로, 벡터 자체에 특별한 차이가 있는 것은 아니다.

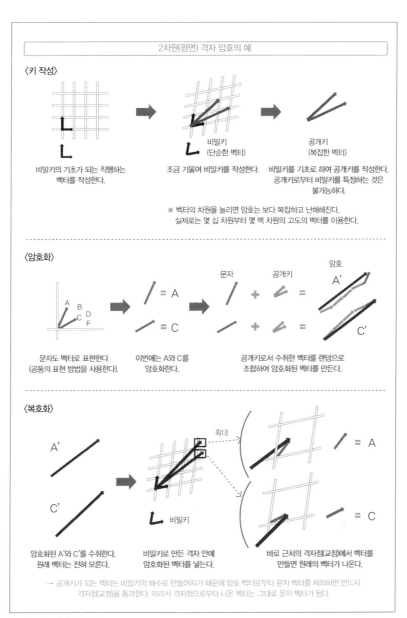

[그림 17] 격자 암호의 구조

양자 컴퓨터에 의해 모든 암호 기술이 뚫린다는 우려는 포스트 양자 암호의 발달과 함께 사라질지도 모릅니다. 그래도 양자 컴퓨터가 사회에 큰 영향을 준다는 점은 틀림없습니다. 양자 컴퓨터 시대가 오면 무엇이 바뀔까요?

■ 클라우드 양자 컴퓨터

양자 컴퓨터는 그렇게 간단히 사용할 수 없다고 생각할지 모릅니다. 하지만 이미 IBM이 연구자용으로 클라우드 양자 컴퓨터를 제공하기 시작했습니다(그림 18). 비즈니스에 사용할 수 있는 수준의 성능은 없지만, 양자 컴퓨터 연구자들이 성능이나 성질을 연구하는 데 도움이 되므로 이에 의해 양자 컴퓨터 이론이 박차를 가하리라 기대됩니다.

[그림 18] IBM의 양자 컴퓨터 'IBM Q'
제공: IBM
URL: https://www.sciencetimes.co.kr

또한 D-WAVE의 양자 어닐링 방식의 양자 컴퓨터도 클라우드 제공을 시작했는데, 이 컴퓨터는 실용 수준의 조합 최적화 문제에 이용 가능합니다. 이미 연구개발이나 대기업 등에서 활용을 시작했으며, 운용 방법이 확립되면 참가 조직도 늘어날 것입니다. 이 두 회사에는 늦었지만 Google도 게이트 방식과 어닐링 방식의 연구를 진행하고 있으며,

클라우드 서비스로서 제공 준비를 진행하고 있습니다. 이처럼 **양자 컴퓨팅 플랫폼**은 급격히 퍼져가고 있습니다.

현 시점에서는 양자 컴퓨터용 운영체제 등이 발전되지 않아 누구나 간편하게 사용할 수 있는 상태는 아닙니다. 하지만 마이크로소프트 등 IT 기업이 양자 컴퓨터용 소프트웨어 개발*을 진행하고 있어서 손쉽게 양자 컴퓨터를 사용할 수 있는 시대가 착실히 다가오고 있습니다.

■ 각국의 연구와 현 상태

양자 컴퓨터 관련 사업은 전 세계의 기업이나 연구기관에서 진행되고 있습니다. 그중에서 최첨단을 달리고 있는 D-WAVE가 있는 캐나다와 IBM과 Google이 있는 미국입니다.

양자물리학 연구가 활발하여 D-WAVE의 바탕이 되는 이론을 낳은 일본도 양자 컴퓨터의 연구가 활발했었습니다. 하지만 연구에서 사업화까지의 길을 만들 수 없어 양자 어닐링의 등장 이후는 미국과 캐나다에 크게 뒤쳐져 있습니다.

하지만 일본에서도 이징 방식의 일종인 신경망 방식의 양자 컴퓨터를 개발하고, 게이트 방식과 양자 어닐링 방식에서 앞서가는 미국이나 캐나다에 대해 독자적인 방법으로 뒤를 따라가고 있습니다.

이 방식은 초전도상태를 확보하기 위해 극저온 상태를 유지할 필요가 있는 D-WAVE의 어닐링 방식에 대해 상온에서 사용할 수 있다는 큰 장점을 갖고 있어서 다양한 환경에서 이용할 수 있는 가능성을 품고 있습니다. 상용 레벨에 달하려면 아직 시간이 걸리겠지만 앞으로의 발전에 기대를 하고 있습니다.

---

*   Microsoft는 양자 컴퓨터용 언어로 'Q#'을 개발했다.

양자 컴퓨터 연구는 근래 10년 동안 큰 발전을 보였지만 실용 수준에 달하는 것은 이징 방식밖에 없습니다. 이것은 용도가 조합 최적화 문제에 한정된다는 점에서 기존의 범용 컴퓨터를 대체하기에는 아직 멀었습니다.

게이트 방식의 연구로는 IBM, Google, Intel이 앞서가고 있지만 게이트 방식의 경우 양자 비트는 50~100비트가 한계이며, 오류 정정 문제도 해결되지 않았습니다. 하지만 이런 문제를 해결하기 위한 이론도 많이 고안되고 있기 때문에 앞이 전혀 보이지 않았던 범용 양자 컴퓨터의 실현이 조금씩 보이기 시작했다는 단계입니다.

실현까지 10년 이상이 걸린다고 보고 있지만 양자 어닐링 방식의 등장으로 투자가 활발해져 새로운 방식이나 기술의 등장으로 크게 발전할 가능성도 있습니다. 앞으로도 주목할 만한 기술이라고 할 수 있습니다.

■ 바뀌어 가는 사회

근래는 개발 도중인 제품을 베타 버전으로 제공하는 경우도 많아서 양자 컴퓨터도 여러 기업이 클라우드 제공을 시작했습니다. 때문에 게이트 방식, 이징 방식을 불문하고 몇 년 안에 양자 컴퓨터를 손쉽게 사용할 수 있는 시대가 찾아올 것입니다.

'연구에 사용할 수 있는' 정도부터 '비즈니스에 사용할 수 있는' 단계가 되어가고 있으므로 용도가 한정되어 있다고는 해도 양자 컴퓨터의 활용으로 차이가 벌어지는 시대가 도래하기 시작했습니다.

더욱이 게이트 방식을 사용한 범용 양자 컴퓨터가 등장하면 정말 기존의 컴퓨터는 양자 컴퓨터로 대체될 것입니다. 모든 것이 대체되지는 않아도 기존 컴퓨터가 잘 못하는 분야에 양자 컴퓨터를 사용하는 사회가 되는 경우, 암호기술, 의료기술, 기계학습, 최적화 문제에 관한 분야에서 큰 변화가 시작될 것입니다(그림 19).

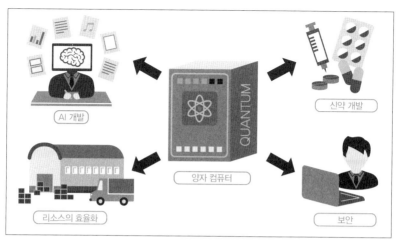

[그림 19] 양자 컴퓨터로 바뀌는 분야

양자 컴퓨터에 의해 보안 관련 기술의 혁신이 진행되는 것 외에 AI 개발도 가속화되며, 새로운 소재도 나오게 되므로 로봇 개발도 발전할 것입니다. 또한 이징 방식과 함께 최적화 문제의 해결에 이용되면 사회 리소스의 최적의 배분이 이루어질 것입니다.

또한 게이트 방식의 양자 컴퓨터가 클라우드로 제공되면 새로운 양자 알고리즘이나 소프트웨어 개발 등 이론이나 소프트웨어 면에서도 발전이 일어날 것입니다. 컴퓨터 시대, 인터넷 시대, AI 시대에 이어 양자 시대가 도래합니다.

지금의 양자 컴퓨터는 트랜지스터가 등장하기 전의 컴퓨터와 같은 것이라, 거대한 진공관을 사용하여 계산을 하는 수준입니다. 과제가 해결된 순간 양자 컴퓨터는 단숨에 실용 수준에 이르러 널리 퍼져갈 것입니다. 그 순간이 다가오는 속도는 옛날보다 분명히 빨라지고 있습니다. 우리도 조금씩 그에 대비를 해야 하지 않을까요?

EPILOGUE

정리

5개의 핵심 기술의 관계

지금까지 이 책에서는 하나의 장에 하나의 기술을 설명하는 형태로 5개의 테마를 다뤘습니다. 하지만 기술이란 따로따로 진화하는 것도 아니며, 단독으로 사용되는 것도 아닙니다. 항상 다른 기술과 밀접한 관련을 갖으면서 발전하고, 하나의 제품에 여러 개의 기술이 사용됨으로써 가치를 가집니다.

그래서 마지막으로 5개의 기술이 어떻게 관련되어 있으며, 사회에 어떤 영향을 주어 갈지에 대해 설명하겠습니다.

양자 컴퓨터가 가상 통화(암호 통화)를 파괴한다?

블록체인을 기반기술로 하는 가상 통화는 암호화폐라고도 부르는데, 그 가치의 근간에는 '암호화에 의한 비밀성'이 있습니다. 그런데 양자 컴퓨터는 암호해독이 쉬워져서 암호가 가치를 잃게 만드는 힘을 내재하고 있습니다.

또한 채굴은 투입할 수 있는 계산 자원이 유한하다는 것이 전제인 시스템인데, 양자 컴퓨터는 기존의 슈퍼 컴퓨터의 한계를 훨씬 뛰어넘는 계산능력을 갖고 있습니다. 이미 실용화된 이징 방식에 아직 그 정도의 능력은 없지만, 연구 중인 게이트 방식이 실용화되면 이론상으로 계산능력이 비약적으로 향상됩니다.

그렇다면 양자 컴퓨터에 의해 블록체인의 신뢰성이 파괴될 가능성이 있지 않을까요?

■ 암호가 무효화되면

게이트 방식의 양자 컴퓨터가 실용 단계에 이르면 기존의 암호가 해독되어 내용이 읽혀질 우려가 있습니다. 블록체인에서는 많든 적든 데이터 내용이 공개되어 있지만, 누가 그 데이터를 작성했는지와 같은 중요 정보는 암호에 의해 감춰져 있습니다.

그것이 양자 컴퓨터로 뚫려버리면 블록체인에 저장되어 있는 데이터가 모두 공개되어 버립니다. 누가 어느 정도의 자산을 갖고 있는지를 알게 될 뿐만 아니라 그 사람으로 위장해서 거래 데이터를 작성할 수도 있어서, 사실상 그 블록체인 내부의 자산을 지배할 수 있게 됩니다.

하지만 이런 암호해독의 위험은 블록체인에 국한된 문제가 아닙니다. 중앙관리형 은행의 온라인 계정도 암호해독에 의해 부정 송금의 위험에 노출됩니다. 차이가 있다면 은행의 경우는 온라인 계정을 정지시켜 인터넷 등장 이전의 시스템으로 되돌릴 수 있다는 데 반해, 블록체인의 경우는 가상 통화의 가치까지 폭락해버린다는 점입니다.

적어도 해커 등이 자유롭게 참가할 수 있는 퍼블릭형 블록체인은 암호해독에 의해 무용지물이 될 것입니다. 외부 네트워크를 끊는 형태로 극히 폐쇄적인 프라이빗형 블록체인만이 살아남을지도 모릅니다.

하지만 암호에 대해서는 양자 컴퓨터에 의한 해킹을 견딜 수 있는 포스트 양자 암호 등이 고안되고 있으며, 암호를 양자 시대의 암호로 바꿈으로써 막을 수 있습니다. 암호의 형태가 기존과 전혀 다른 형태가 되므로 대규모의 변경이 필요하지만 양자 시대에 들어가자마자 바로 블록체인이 쓸모없게 되는 일은 없을 것입니다.

■ 양자 컴퓨터에 의한 51% 공격

암호해독은 막았다 해도 블록 작성에 채굴을 채택하고 있는 블록체인의 경우는 다른 문제가 있습니다. 양자 컴퓨터의 압도적인 계산능력을 활용하여 채굴 선제의 계산 자원의 51% 이상을 점유하는 51% 공격에 의해 부정거래를 포함한 블록을 정당한 체인으로 승인시키는 일이 가능합니다(제3장 '3-2 블록체인의 기술적 포인트'의 설명 참조).

채굴에 의한 블록의 승인이 의미를 가지는 것은 채굴을 하는 채굴자의 계산능력이 서로 비등할 때입니다. 각각이 블록체인의 가치를 유지하기 위해 신뢰성이 높은 체인을 승인하도록 블록을 추가해 간다는 것이 전제 조건입니다.

하지만 거기에 양자 컴퓨터를 사용한 압도적인 계산능력을 가진 채굴자가 나타나면 자신만 유리해지는 부정 블록을 계속 작성하여 부정한 체인이 승인되는 조작이 가능합니다(그림 1). 이렇게 되면 채굴에 의한 블록체인의 신뢰성 확보가 어려워집니다.

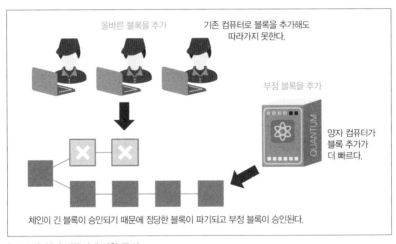

[그림 1] 양자 컴퓨터에 의한 공격

하지만 이런 부정 공격에 의해 가상 통화를 부정으로 입수했다 하더라도 신뢰성을 잃은 가상 통화는 가치가 폭락해 버립니다. 그렇기 때문에 단순히 가상 통화(직접적인 이익)를 얻기 위해 이런 공격을 한다는 것은 상상하기 힘들다고 할 수 있습니다.

반면 양자 컴퓨터의 운용비용이 아주 낮아져서 누구나 간편하게 공격을 할 수 있는 상황이라면 잘 모르겠습니다. 가상 통화의 폭락으로 인해 경쟁기업이 손해를 보고, 그로 인해 이익을 얻을 수 있는 기업이 존재하는 경우는 공격을 하는 경우도 충분히 생각할 수 있습니다.

이와 같이 블록체인은 양자 컴퓨터의 영향을 크게 받지만 이런 위험은 어디까지나 '새로운 블록'에 관한 것입니다. 블록체인의 경우 승인된 블록은 작성자라 하더라도 변경할 수 없다는 특성이 있기 때문에 지금까지의 거래 데이터가 변조될 가능성은 양자 컴퓨터라도 희박하다고 할 수 있습니다.

물론 가상 통화에 따라 블록체인의 사양이 다르기 때문에 뭔가 취약성이 있으면 그것을 뚫는 형태로 과거의 블록을 수정해버릴 가능성은 있습니다. 하지만 암호해독이나 51% 공격을 받을 가능성에 비하면 낮다고 할 수 있습니다.

▨ 반대로 좋은 용도도 있다

지금까지는 양자 컴퓨터의 등장으로 인한 단점만 설명했지만 반대로 장점도 있습니다. 일부 채굴자가 양자 컴퓨터를 독점하는 경우는 분명 채굴의 신뢰성이 손상됩니다. 하지만 양자 컴퓨터가 널리 보급되어 모두가 양자 컴퓨터로 채굴을 하는 상황이 된다면 이야기가 달라집니다.

블록체인은 체인이 대규모가 될수록 계산에 필요한 비용이 증대하고, 블록 추가에 시간이 걸립니다. 채굴이 불필요한 프라이빗형 체인이라도 네트워크와 블록의 규모가 커지면 승인에 시간이 걸린다는 점은 똑같습니다.

하지만 여기에 양자 컴퓨터를 사용하면 상황이 달라집니다. 체인이나 네트워크의 규모, 블록의 크기가 커지더라도 양자 컴퓨터의 계산력을 활용하여 재빨리 승인되도록 하는 구조를 실현시킬 수 있습니다.

현 시점에서는 '계산자원이 부족해서 블록체인을 이용할 수 없다'고 여겨지는 분야에도 사용할 수 있게 되어, 응용 범위가 넓어질 가능성이 있습니다. 이처럼 양자 컴퓨터와 블록체인은 반드시 대립하는 것은 아닙니다.

로보틱스의 발전으로 가치가 올라가는 데이터 마이닝과 신경망

로보틱스는 하드웨어와 소프트웨어가 융합된 분야로, 소프트웨어 측면의 기술인 데이터 마이닝이나 신경망이 교차하는 곳이기도 합니다. 그래서 지금까지 다룰 수 없었던 하드웨어의 아날로그 정보가 소프트웨어의 디지털 정보로 대체되어 가게 됩니다.

이것은 어떤 의미에서는 지금까지 컴퓨터도 사용한 적이 없는 사람이 스마트폰을 사용하게 되는 순간과 비슷합니다. 그때까지 누구에게도 전하지 못했던 '눈에 보이는 세계', '자신만이 들은 소리', '누군가에게 전하고 싶었던 말이나 아이디어', '자기 자신의 몸의 상황' 등의 정보를 전달할 수 있게 되는 것입니다.

그 사람에게 있어서는 '조금 편리해졌을 뿐'일지 모르지만, '정보의 종류와 규모' 면에서 보면 이것은 패러다임 시프트로 이어지는 큰 변화입니다. 이것이 하드웨어와 소프트웨어의 융합에 의해 일어나는 것입니다.

■ IoT 기기에 의한 정보 폭발과 데이터 마이닝

하드웨어와 소프트웨어의 융합 지점으로 이해하기 쉬운 것이 IoT입니다('Internet of Things: 사물 인터넷'이라고 이름도 딱 입니다).

지금까지 단독으로 존재했던 아날로그 세계의 사물이 디지털 세계인 인터넷과 연결되어 인터넷을 통해 정보를 교환할 수 있게 된 것입니다. 소비자 입장에서 보면 '스마트폰으로 가전을 조작할 수 있게 되었다' 정도의 변화이지만, 비즈니스나 사회에 있어서 정보 리소스의 증대라는 관점에서 보면 이 변화는 일종의 혁명입니다.

전기주전자의 IoT화를 예로 들어 보겠습니다. 전기주전자의 사용상황을 인터넷으로 확인할 수 있게 되었다고 해도 소비자 입장에서 보면 겨우 '시골집의 할머니 할아버지가 건강한지를 파악할 수 있게 되었다'는 정도의 변화에 불과합니다.

하지만 이것이 통계 데이터로 모이고, 전기주전자의 사용빈도나 사용량이 연령, 성별, 지역, 시간별로 다르다는 것을 알게 되었다고 합시다. 그 데이터로부터 따뜻한 음료를 선호하는 연령이나 마시는 계절 및 시간을 알 수 있으며 뜨거운 물의 소비량으로부터 컵라면의 종류를 판별할 수 있을지 모릅니다. 또한 기계학습과 조합하면 이용자의 몸의 변화를 감지하는 데 도움이 될 가능성도 있습니다.

이런 예는 어디까지나 IoT의 사소한 응용 예에 지나지 않습니다. 가전 외에도 옷이나 구두의 IoT화가 진행되면 사람의 몸이나 행동에 관한 데이터를 모을 수 있습니다. 커튼이나 문이 IoT화되면, 기상시간이나 출근시간 데이터를 모아서 거기에 도로상황 데이터를 조합하면 사회전체의 활동 패턴을 파악할 수 있게 됩니다. 또한 회사의 제품 및 자산을 IoT화하여 효율적인 리소스 관리로 이어질 수도 있습니다.

이런 IoT의 활용은 이미 시작되었으며, IoT 기기로부터 수집한 데이터는 빅 데이터가 되었습니다. 거기서 가치 있는 정보를 추출하기 위한 데이터 마이닝도 이미 시작되고 있습니다.

IoT 기기로부터 수집하는 빅 데이터는 기존의 정보 단말기나 웹 사이트 상에서 수집하는 데이터와는 질이 다르며, 사람의 행동이 직접 반영되어 있습니다. 관심을 가지고 클릭한 횟수도 의사를 가지고 구입한 상품도 아닙니다. 그저 '이 루트를 지나갔다', '가전을 이렇게 사용했다', '심박수가 이렇게 바뀌었다'와 같이 단독으로는 의미를 갖지 않는 데이터입니다. 거기서 가치를 끌어내기 위해 데이터 마이닝 기술의 중요성이 커지고 있습니다.

■ 로보틱스의 발전에 의한 정보의 다양화

사물에 인터넷을 연결시키기만 한 IoT 기기로부터 얻을 수 있는 정보는 한정되어 있지만, 드론이나 자율주행차, 산업 로봇, 아바타 로봇처럼 높은 정보처리능력과 자율성을 갖고 있는 기계로부터 얻는 정보는 보다 큰 가치를 지닙니다.

자율성이 높은 로봇은 능동적으로 행동하고, 적극적인 정보 수집을 할 수 있습니다. 즉, 심플한 IoT 기기에서는 '사람의 행동으로부터 얻을 수 있는 정보'밖에 다룰 수 없는 데 반해, 로봇으로는 '기계 자신의 행동에 의해 얻어지는 정보'도 다룰 수 있게 되는 것입니다.

드론의 경우 비행한 지역의 정보를 각종 센서로 수집할 수 있으며, 자율주행차는 도로의 상황 정보나 운전 노하우를 축적할 수 있습니다. 정해진 일을 할 뿐인 산업 로봇 조차도 데이터 마이닝에 의한 정보 분석과 신경망에 의한 학습에 의해 작업 방법이나 제품의 문제점을 개선할 수 있게 되었습니다.

또한 신경망에 의해 로봇이 높은 정보처리능력을 획득했다는 것은 상당히 큰 의미를 가집니다. 지금까지 센서는 '물체가 있는지 없는지'라는 정도의 정보밖에 입수할 수 없었습니다. 하지만 현재는 카메라를 사용하여 '물체가 무엇인지'까지 알 수 있게 되었습니다. 소리의 분석도 가능해진 덕분에 '무슨 소리인지'도 이해할 수 있게 되어, 신경망을 구사한 센서를 설치하기만 하면 사람의 눈과 귀로 판단했던 대부분의 정보를 자동으로 수집할 수 있게 되었습니다.

신경망의 등장은 때로는 '로봇이 눈과 귀를 얻었다'로 표현합니다. 당연하지만 눈과 귀를 얻은 로봇이 얻는 정보량은 기존과는 비교할 수 없습니다. 모인 정보는 빅 데이터가 되어 데이터 마이닝에 의해 가치 있는 정보로 바뀝니다(그림 2). 얻은 정보는 비즈니스나 연구에 도움이 될 뿐만 아니라 기계학습에도 사용되어 더 많은 정보수집의 품질향상에도 기여합니다. 정보는 질을 바꾸고, 형태를 바꾸면서 순환해 가는 것입니다.

정보를 수집하는   다양한 데이터가 모여   데이터 마이닝으로 가치 있는
IoT 기기와 로봇   빅 데이터로 축적   정보를 추출

[그림 2] 실사회의 정보로부터 가치 있는 정보를 얻으려면

▨ 블록체인과 양자 컴퓨터로 바뀌는 IoT

위와 같은 정보 순환의 흐름을 가속화하는 데는 블록체인이 도움이 됩니다. 사실은 IoT에 의한 정보수집에는 단점이 많습니다. 네트워크에 연결되면 외부로부터 공격을 받을 위험을 안고 있음에도 불구하고 비용이나 하드웨어 면의 제약 때문에 충분한 보안을 실시할 수 없는 경우가 많습니다. 이처럼 중대한 취약성을 안은 채로 운용되고 있는 IoT 기기는 실제로 많이 있습니다.

또한 데이터센터에 걸리는 부하도 커서 방대한 정보를 안고 데이터 마이닝을 하면서 충분한 보안을 실시하는 것이 어렵습니다.

그래서 IoT 기기에서 사용하는 데이터의 처리에 블록체인을 사용하려는 시도가 나왔습니다. 이 경우 블록체인은 등록된 IoT 기기로만 네트워크를 만드는 프라이빗형으로, 채굴과 같은 계산 비용이 드는 처리는 필요 없습니다. 서로 정보를 공유하여 신뢰성을 확보하면서 외부 공격에 대해서도 IoT 기기의 네트워크 전체로 대응*할 수 있습니다.

이런 접근은 자율주행차와 같은 높은 처리능력을 가진 기기에서 특히 큰 힘으로 발휘하지만 별로 큰 처리능력을 갖고 있지 않은 소형 IoT 기기에서도 네트워크의 규모나 블록체인의 구조에 따라서는 활용할 수 있습니다.

이와 같이 블록체인은 하드웨어와 소프트웨어가 융합됨으로써 발생한 '중앙형 관리방법에서는 다 처리할 수 없게 된 정보량'과 '네트워크로 연결된 기기가 늘어나서 발생하는 보안 문제'를 해결할 수 있습니다. 이로 인해 IoT 기기의 보급은 가속화되며, 보다 민감한 정보도 IoT

---

*   IoT 기기의 일부가 해킹되어 부정한 정보를 보내와도 정상적인 IoT 기기나 승인용 시스템이 부정한 정보를 승인하지 않음으로써 데이터의 변조를 저지할 수 있다.

기기에서 다룰 수 있게 될 것입니다.

그리고 양자 컴퓨터를 사용한 양자 통신기술도 여기에 추가됩니다. 데이터를 양자화하여 계산에 사용하는 것이 양자 컴퓨터인데, 데이터를 그대로 양자적으로 암호화하여 통신하는 것이 **양자 통신**이나 **양자 암호** 기술입니다. 이것은 어디까지나 통신할 때만 양자적인 정보로 바꾸는 기술이지만, 이것을 IoT 기기의 통신에 사용하면 정보량과 데이터의 신뢰성은 한층 더 올라갈 것입니다.

사람에게 다가오기 시작한 기계

하드웨어와 소프트웨어가 융합하여 실세계의 정보를 수집하여 학습을 해 가면 기계는 서서히 사람에게 다가갈 것입니다. 이것은 하드웨어와 소프트웨어 양쪽의 시도이기도 하며, 각각 양자 컴퓨터가 기술의 발전을 가속화시킬 가능성을 품고 있습니다. 모든 기술이 정확하게 맞물릴 때 기계와 사람은 구별할 수 없게 될지도 모릅니다.

■ 보다 정교한 육체를 얻는 기계

로봇은 본래 '사람 같은 기계'를 가리키는 것이었지만, 아직 거기까지의 여정은 먼 듯합니다. 로봇을 사람처럼 행동하게 하고 실패로부터 학습해 가는 강화학습을 사용할 수 있게 되었지만 그 방법에는 큰 과제가 남아 있습니다. 물리적인 신체를 가지면 필연적으로 시간이나 비용에 의한 제약을 받게 된다는 점입니다.

이것은 소프트웨어적인 학습의 경우는 모두 컴퓨터 안에서 할 수 있지만 실세계 환경을 완벽하게 시뮬레이션 하는 것은 슈퍼 컴퓨터라도 어려우며, 가령 시뮬레이션을 했다고 하더라도 막대한 비용이 듭니다.

한편 양자 컴퓨터가 실용화되면 그 계산력을 사용하여 저비용으로 지극히 높은 정밀도의 '실세계 환경 시뮬레이션'을 할 수 있습니다. 그러면 사람다운 몸을 갖고 있고 사람답게 행동을 하는 로봇의 연구는 크게 발전할 것입니다.

더욱이 양자 컴퓨터는 세포나 재료의 시뮬레이션에도 도움이 되기 때문에 사람의 몸의 연구나 로봇에 사용할 수 있는 소재의 연구도 가속화될 것입니다. 그렇게 되면 인공 근육이나 인공 피부도 발전되어 생물적인 방식의 사람형 로봇(바이오로이드)의 연구도 진행될지 모릅니다.

또한 만일 양자 컴퓨터 연구가 벽에 부딪힌다 하더라도 VR·AR 기술에 의해 '사람의 움직임'과 관련된 데이터를 쉽게 모을 수 있어서 기존과 비교하여 학습속도는 확실하게 올라가고 있습니다. 적어도 기계가 사람 '답게' 행동하는 순간은 시간문제라 할 수 있습니다.

■ 사람과 같은 지능을 가지는 기계

사람과 기계의 차이에 대해서 이야기를 할 때 정해진 화제는 항상 AI입니다. 사람처럼 하나의 뇌로 모든 지적 문제를 해결할 수 있는 지능을 **범용지능**이라고 하지만, AI에 의한 범용지능의 실현은 아직 멀다는 견해가 주류입니다. 정말 사람과 같은 지능을 가질 수 있을지 없을지는 아직 논의의 여지가 있습니다.

그래도 AI는 사람 흉내 정도는 낼 수 있습니다. 사람 흉내에 필요한 사람의 행동과 관련된 데이터가 IoT나 스마트폰의 보급으로 쉽게 모을 수 있게 되면 외견상 사람처럼 말을 하고 판단하는 AI가 등장할 것입니다.

하지만 여기서 문제가 되는 것이 **프레임 문제*** 입니다. 현실 세계에는 모든 가능성이 존재하기 때문에 그중에서 최적의 해를 찾는 것이 쉽지는 않습니다. 기계는 주어진 프레임 안에서만 사물을 생각하기 때문에 실사회에서 유익한 활동을 하는 것이 어렵다고 여겨졌습니다. 그랬던 것이 신경망과 양자 컴퓨터를 조합함으로써 이 문제가 해결될 가능성이 생겼습니다.

프레임 문제의 근본적인 과제는 실사회에서는 가능성이 무한으로 팽창되는 '조합 폭발'이 일어나는데 그 안에서 최적해를 구해야 하는 조합 최적화 문제라는 점입니다.

제5장에서 말했듯이 이 부분은 양자 컴퓨터가 잘하는 분야라 할 수 있습니다. 양자 컴퓨터를 사용한 AI 또는 양자 컴퓨터가 제시하는 해답 샘플을 사용하여 학습한 신경망이라면 프레임 문제를 넘어선 영역으로 나아갈 수 있을지 모르겠습니다.

기술은 사람을 뛰어넘을 것인가

사람의 움직임을 배우고 자연스럽게 움직일 수 있게 된 로봇과 사람 흉내를 냄으로써 마치 지능을 갖고 있는 것처럼 행동하는 AI가 결합하면 '사람 같은 기계'는 충분히 나올 수 있을 것입니다. 하지만 '사람처럼 행동하는 것'이나 '사람과 비슷한 것'과 '사람과 같은 지능을 가지고 사람을 뛰어넘는 것'은 전혀 다른 문제입니다.

당연한 이야기지만 사람 흉내를 내기만 해서는 사람을 뛰어넘을 수 없습니다. 그러기 위해서는 기술 자신이 고도의 자율 진화 시스템을 획득할 필요가 있습니다. 게다가 사람을 뛰어넘을 정도의 혁신적인 진화를 해야 합니다. 그럴 가능성은 있는 것일까요?

---

*   실사회에서 일어날 수 있는 무한의 가능성을 모두 고려해 버리기 때문에 AI는 현실적인 문제 해결을 할 수 없다고 간주하는 문제. 이 문제는 '조합 폭발' 때문에 일어나며 조합 최적화로 대처할 수 있다.

■ 기술의 자율 진화

사람이 자신이 알고 있는 것을 기계에게 제공하기만 해서는 기술의 진보에는 한계가 있습니다. 사람과 똑같은 수준에 이르기 위해서는 기계가 스스로 학습하고 진화해 갈 필요가 있습니다. 이 과정은 매우 어려울 듯하지만 이를 위해 필요한 기술은 이미 모두 갖춰져 있습니다.

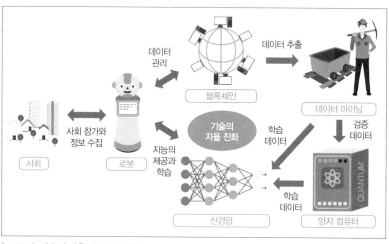

[그림 3] 기술의 자율 진화 프로세스

실사회에서 활동하고, 학습에 필요한 정보를 모으는 것은 로봇입니다. 모은 데이터를 관리하고 안전하게 운용하는 것은 블록체인입니다. 데이터 속에서 유용한 것을 찾아내고 학습에 필요한 수준으로 높이는 것은 데이터 마이닝입니다. 더욱이 실사회에서는 배울 수 없는 환경을 시뮬레이션 하고 그런 데이터를 사용하여 학습하고 고도의 지능을 재현하는 것이 신경망입니다. 그렇게 학습한 신경망을 로봇에게 탑재시키고 새로 학습을 진행해 감으로써 기계의 자율 진화는 가능할 것입니다(그림 3).

물론 이런 프로세스를 바로 자동화하는 것은 어렵습니다. 실제로 사람이 일절 관여하지 않고 기계가 자율 진화를 시작하기까지는 시간이 걸릴 것입니다. 생각지 못한 벽에 부딪혀 연구가 정체될지도 모릅니다. 오히려 아무 일 없이 모든 것이 순조롭게 진행되어 갈 가능성이 더 낮다고 할 수 있습니다. 그래도 그 순간을 향한 걸음은 분명히 시작되었습니다.

■ 싱귤래리티는 일어날 것인가?

자율 진화의 저편에는 **싱귤래리티**가 존재합니다. 싱귤래리티는 AI의 발전에 대한 화제에서 많이 이야기되지만 실제로는 AI만이 단독으로 발전해 가는 일은 없습니다. 또한 이 책에서 다루지 않은 바이오 기술의 발전도 상당히 중요합니다.

그리고 싱귤래리티는 기술의 완전한 자율 진화가 전제 조건이기 때문에 기술의 진보에 사람의 관여가 필요한 동안에는 일어나지 않습니다. 기술의 상호작용을 자동화하고, 기계의 자율 진화가 시작된다 하더라도 사람이 지금까지 만나온 다양한 문제에 부딪혀 사람의 도움을 필요로 하는 사태가 많이 일어날 것입니다. 그런 프로세스를 뛰어넘은 저편에서 범용 AI가 탄생해야 거기서부터 드디어 사람의 관여가 완전히 불필요해집니다. 거기서 드디어 싱귤래리티에 다가가 큰 사회변화가 시작됩니다.

하지만 이것은 어디까지나 이론일 뿐 이런 프로세스가 언제 실현될지는 전혀 모릅니다. 왜냐하면 앞으로 부딪힐 과제의 해결에 얼마나 시간이 걸릴지 아무도 모르기 때문입니다.

그래도 우리가 직면해 있는 과제는 조금씩 해결되고 있으며, 무엇이 해결되고 무엇이 남아 있는지를 주시해 감으로써 그 순간마다 기술 진보의 속도를 어느 정도 예측할 수 있습니다. 그리고 현 시점에서 알 수 있는 한 가지는 그 속도가 점점 빨라지고 있다는 것입니다. 지금 이대로도 좋다고 생각하고 있으면 급격한 기술 진보에 발목을 잡힐지도 모릅니다.

맺으며

    산업혁명 이후의 역사가 보여준 것처럼 기술은 발명된 순간 또는 오랜 세월 품어왔던 문제가 해결된 순간에 단숨에 세상에 퍼져 사회를 바꿔 갑니다. 이러한 기술과 사회의 발전은 정도의 크고 작음, 분야의 차이는 있지만 상당한 빈도로 일어나고 있습니다. 그리고 그 빈도는 정보처리의 속도를 바꾼 컴퓨터와 정보공유의 속도를 바꾼 인터넷의 등장에 의해 급격히 증가해, 몇 십 년 전과 비교할 수 없을 정도가 되었습니다.

    IT 업계에 종사하는 사람조차 그 변화에 따라가지 못해 '낡은 지식만으로는 바로 시대에 뒤쳐진다'는 의미에서 프로그래머나 SE의 수명이 짧다고 말하는 경우도 있었습니다. 하지만 모든 분야에 있어서 극히 짧은 간격으로 새로운 기술이 도입되는 지금은 시대에 뒤쳐지는 것은 IT 업계에 종사하는 사람뿐만이 아닙니다.

    그리고 급속한 기술의 발전으로 인해 우려되는 것 중 하나로 '기술의 독점'이 있습니다. 이것은 특히 사회적 영향이 큰 AI나 양자 컴퓨터에 대해서 말하는 경우가 많습니다. AI든 양자 컴퓨터든 응용범위가 넓고 특정 작업에 있어서도 매우 높은 능력을 발휘하는 기술는 독점함으로써 큰 이익을 얻을 수 있습니다. 이는 경제적인 이익에 그치지 않고 경우에 따라서는 기술을 독점함으로써 사신에게 편한 형태로 사회구조를 변화시킬 수도 있습니다.

    그래서 기업이나 연구기관들은 제휴, 합병, 공동 프로젝트 등을 통해 적극적으로 정보공유 시스템을 구축하고 있습니다. 이는 기술의 독점을 막으면서 발전을 가속화시키는 시도라 할 수 있습니다. 하지만 새로운 기술은 때때로 일반인은 이해하기 어려워서 기술이 급속히 진보하는데 그 한편으로 많은 사람들이 뒤쳐지고 있습니다. 더욱이 기술을 단독으로 이해하는 것만으로는 그 영향의 정도를 가늠하기 힘듭니다. 기술을 실제로 사용하는 비즈니스 세계에서도 기술을 올바르게 평가하는 일조차 제대로 되고 있지 않습니다.

이 책에서는 앞으로 사회에 큰 영향을 줄 5가지 기술을 선별하여 각각에 대해 간단히 설명하면서 서로 어떻게 영향을 주는지에 대해 설명했습니다. 이 책이 눈이 어지러울 정도로 바뀌는 기술의 구조를 이해하고 그 가치를 올바르게 평가하는 데 도움이 되기를 바랍니다.

Mitsumura Naoki

찾아보기

3
2
2

ㅎ